何建明文集

卷二十二

恐惧无爱

何建明 著

新世界出版社
NEW WORLD PRESS

图书在版编目（CIP）数据

恐惧无爱 / 何建明著 . -- 北京 : 新世界出版社 ,
2018.3
（何建明文集 ; 22）
ISBN 978-7-5104-6383-9

Ⅰ . ①恐… Ⅱ . ①何… Ⅲ . ①报告文学—作品集—中国—当代 Ⅳ . ① I25

中国版本图书馆 CIP 数据核字 (2017) 第 203371 号

恐惧无爱

作　　者 : 何建明
特邀丛书编辑 : 韩小群
责任编辑 : 贾瑞娜
责任校对 : 宣　慧
责任印制 : 王宝根　苏爱玲
出版发行 : 新世界出版社
社　　址 : 北京西城区百万庄大街 24 号(100037)
发 行 部 :(010) 6899 5968 （ 010 ）6899 8705（传真）
总 编 室 :(010) 6899 5424 （ 010 ）6832 6679（传真）
http://www.nwp.cn
http://www.nwp.com.cn
版 权 部 : +8610 6899 6306
版权部电子信箱 : nwpcd@sina.com
印　　刷 : 北京京华虎彩印刷有限公司
经　　销 : 新华书店
开　　本 : 710mm × 1000mm　1/16
字　　数 : 350 千字　　印　　张 : 23
版　　次 : 2018 年 3 月第 1 版　2018 年 3 月第 1 次印刷
书　　号 : ISBN 978-7-5104-6383-9
定　　价 : 62.00 元

1978 年——中国改革开放启幕

1978 年——我的文学生涯开始

庆幸，我的命运与时代、与祖国同行。还有一份安慰：当我离开这个世界时，有人可以从我的文字里触摸到中国今天的脉搏是如何跳动的……

何建明

重要创作历程及个人成就

1978 年	创作第一篇中篇散文《湘西探险记》
1980 年	发表第一篇报告文学《腾飞吧，苍龙》
1982 年	创作第一部军事题材小说《第二道战壕》
1986 年	出版第一部报告文学作品集《缉私大王》
1988 年	出版第一部长篇小说《东方毒蛇》
1989 年	由同名作品改编的电影剧本《西行囚车》被搬上银幕，此片获珠江电影制片厂优秀故事片奖
1990 年	第一次获中华宝石文学奖
1993 年	任文学杂志《新生界》主编
1993 年	发表第一部长篇报告文学《野性的黑潮》
1994 年	第一次成为《青年文学》封面人物
1995 年	《共和国告急》出版，此后获第一届鲁迅文学奖
1995 年	《科学大师的名利场》发表
1998 年	《落泪是金》发表，此后获第二届鲁迅文学奖、第一届徐迟报告文学奖、中国改革开放优秀报告文学奖
2000 年	《中国高考报告》出版，此后获第一届正泰杯全国报告文学奖
2001 年	《中国高考报告》被日本、澳大利亚翻译出版
2002 年	《根本利益》发表，此后获第二届徐迟报告文学奖、人民文学奖特等奖、第六届国家图书奖提名奖、第二届正泰杯全国报告文学奖，入选中宣部推荐的党的十五大献礼书目
2002 年	《国家行动：三峡大移民》出版，此后获中宣部第九届“五个一工程”奖，入选中宣部推荐的党的十六大献礼书目

2003 年	《北京保卫战》发表，获《文汇报》优秀作品奖
2003 年	完成电影剧本《廊桥悠悠》创作（此为与谢晋导演合作项目）
2004 年	由《根本利益》改编的电影《信天游》上映
2004 年	《永远的红树林》发表，此后获第四届正泰杯全国报告文学奖
2005 年	《李琬若：从中国留学生到美国市长》出版，并被美国翻译出版
2005 年	获国务院授予的“全国劳动模范”称号
2005 年	任《中国作家》杂志主编
2006 年	《男人的美丽男人的梦》出版
2007 年	散文《父亲的体温》入选中学课本及教辅资料
2007 年	《部长与国家》获第四届鲁迅文学奖、第三届徐迟报告文学奖荣誉奖
2008 年	《生命第一——5·12 大地震现场纪实》出版，此后获第二届“中华优秀出版物”奖、第四届徐迟报告文学奖
2008 年	任作家出版社社长
2008 年	荣获“全国新闻出版行业领军人才”称号
2008 年	根据《国家行动》改编的同名电视连续剧在央视播出
2009 年	任中国作家协会党组成员、书记处书记，中国作家出版集团党委书记、管委会主任
2009 年	《国家行动》电视连续剧获中宣部第十一届“五个一工程”奖
2009 年	《我的天堂》出版，获中宣部第十一届“五个一工程”奖
2009 年	《永远的红树林》获新中国六十年优秀中短篇报告文学奖

2009 年　　获中华全国总工会“时代领跑者——新中国成立以来最具影响的劳动模范”评选活动提名奖

2010 年　　根据《部长与国家》改编的电视连续剧《奠基者》在央视黄金时段播出，此后获中宣部第十二届“五个一工程”奖

2010 年　　《忠诚与背叛：告诉你一个真实的红岩》出版，此后获中宣部第十二届“五个一工程”奖、第三届中国出版政府奖，入选“2013 年全国青少年推荐阅读的优秀书目”

2010 年　　任中国作家协会副主席至今

2011 年　　《国家——2011·中国外交史上的空前行动》出版，后获人民文学奖特等奖，入选“2012 年中国报告文学优秀作品排行榜”、中宣部推荐的党的十八大献礼书目

2012 年　　《三牛风波》出版，荣登北京图书大厦畅销书排行榜

2012 年　　任中华文学基金会理事长至今

2012 年　　当选中国报告文学学会理事长至今

2014 年　　《南京大屠杀全纪实》出版，此后获第四届中国出版政府奖、人民文学奖特等奖

2015 年　　获亚洲品牌协会“中国文化品牌新领军人物”荣誉

2015 年　　《真假之间》发表

2016 年　　《爆炸现场》出版，获中国出版集团优秀销售奖，入选“2016 年中国报告文学优秀作品排行榜”

2017 年　　《死亡征战》出版，被英国、法国翻译出版

2017 年　　《那山，那水》发表

（截至 2017 年 9 月）

目　录

恐惧无爱

序　为了更多地爱我女儿

我的女儿从小就是个小美人儿——其实在天下所有疼爱儿女的父母眼里，自己的孩子总是世上最美的小人儿。我的女儿 15 岁了，长得比她的妈妈还要高些，但在我的眼里她还是小童车里的那个样儿。每天清晨我送她上学，傍晚接她回家。长大了，走在一起，有一次她调皮地说："爸，瞧你这个大作家，我跟你在一起，有点儿像'小蜜'不是？"我听了一怔，反应过来后随即将她搂在怀里，心里真的很甜蜜，因为我知道女儿也快长成"女人"了。然而与女儿相比，"小蜜"能有这样的甜蜜么？那是绝对不会的，对此我是深信不疑。

不久前的一个阳光和美的星期天，女儿和我一起骑车上街，一路上尽是插彩披红的结婚车队，女儿好奇地停下来要看热闹，有求必应的我只好停下等候。不一会儿，看完热闹的女儿一脸兴奋地走到我身边，突然她惊诧地看着我叫起来："爸，你为什么掉眼泪了？"我？掉眼泪了？是的，我点点头，因为我真的在掉眼泪。我这个军人出身的男子汉是从不轻易为情感所动的，但此时此刻，我的双眼却被泪水所模糊……

"知道爸的眼里为什么有泪吗？"依然在伤感中的我轻轻地问女儿。

女儿疑惑不解地摇摇头。

我看看她，仰头长叹一声："你是不会明白的。但我知道，过不了多少年，你也会被婚庆车队从我身边接走，而我和你妈再也不会有你陪伴在我们身边了……"

当我说完这话再看女儿时，她那双清澈美丽的眼里也涌出了两行泪水。

我伸出胳膊，一把将已经长大了的女儿搂在怀里……

记得以前，女儿曾经让我流过三次泪。

第一次是她出生后三个月的某一天。

与所有相亲相爱的年轻夫妇一样，在我的宝贝女儿没有出生时，我和她妈就已经为她起了个非常特别的名字，把我的小名和她妈的小名联起来，组成了一个我们认为是象征爱情与婚姻的名字——“阿明君子”。将在南方素有“天堂”之称的苏州出生的我的小名“阿明”和在京城出生的她妈的小名“君子”组合起来，可谓意味深长，别具一格。当时我们的宝贝女儿在妇产医院一出生，就有了自己四个字的复合名字，而且在20世纪80年代中期，有人竟然用一组四个字起名，这在周围一些人的眼里可算是件稀奇的事儿。我当时也心血来潮，想给《北京晚报》写篇“小消息”，说京城出现了一位四个字名字的新生婴儿。这样做在当时绝对是非常前卫的。

我还没有写就文稿，就被妻子告知：饱受日本侵略者侵犯之苦的老岳母坚决不同意她的外孙女有个“鬼子名字”。我一听实在哭笑不得，但“老佛爷”之令怎敢不从。这下可好了，在众目睽睽之下被逼着为女儿重起名的我，怎么也想不出一个好名字来。主要是因为看着刚刚出生的像只丑小鸭似的婴儿，我怎么也找不到灵感与激情——好在做过多年妇产科工作的妻子安慰说：新生儿都是这个样。她的话至少使我这个“长相有点困难”的人可以推卸某种责任吧，我由衷期望女儿与她妈一样能有倾国倾城的美貌。然而很长时间里我这个被人称为“作家”的新父亲怎么也起不出一个名字给女儿，我心底知道最致命的原因是我面对襁褓中的“丑小鸭”实在有点懊丧。

可怕的是，突然有一天我和她妈发现“丑小鸭”的头上长出两个像核桃那样大小的血泡，这可吓坏了我。懂医的妻子安慰我说，这得靠孩子慢慢吸收，血泡可以自行消掉。尽管如此，在我看来，一个极其脆弱的小生命要承受这样的痛苦，实在是太残酷了。可问题远不止此，紧接着小家伙又出现了可怕的黄疸，与此同时还有缺钙的困扰。小宝宝整日整夜地哭号，弄得我不知所措，就连她妈妈也不知所措——其实我的妻子也是个没有经验的新母亲，据她自己说在医院见过多少死人也从来没有惊恐过一回。但到自己的孩子出现这些小毛病后她比我还惊慌失措。接下来是我们没完没了地朝医院跑，本来我妻子是完全可以独立处理的，然而这回对待她自己的孩子时，她却对自己的那点医学技术不自信了，我们就这样一天天地瞅着可怜的小宝宝继续痛苦地哭号……那些日子是难熬的，我甚至怀疑这么个小家伙怎能经得住这样的痛苦。更令我不安的是孩子头上的血泡消掉后，会不会留下痴呆这样的毛病呀？

我暗暗地祈求苍天有眼，保佑我的女儿平安渡过这一劫难！

苍天真的开眼了，我们的“丑小鸭”头上不仅没有了那两个可怕的血泡，而且仿佛一夜间变得美丽如花，特别是在梦中微笑时更加可爱可亲……

那几天我整日趴在床边，一手搂着妻子，一手轻轻抚摸着小宝宝。有一天我的“灵感”突然一下子喷发出来了：“有了有了，你看她睡觉的时候，多么舒展，多么可爱，就叫她梦舒吧！怎么样？”

妻子先是一愣，继而侧过头，也深情地瞅了瞅小宝贝，然后欣然地朝我点点头。

她同意了。我高兴得忍不住抱起熟睡中的小家伙，嘴里不停地喊着：“梦舒，你叫梦舒呀，快答应爸爸呀！”

小家伙突然睁开眼睛，朝我笑起来，笑得那么甜美，那么欢畅。

啊——那一刻，我自认为是人间最幸福和最美丽的，我猛地发现自己泪水横流……

女儿从此一天天开始长大，长的速度有时我认为太快，有时又认为太慢，这也许是因为我天天看着她的缘故。感觉她长得太快，是因为我有时正在家里写作，她咿咿呀呀地在旁边叫嚷，我就觉得她长得快了，要像小时候那样静静躺在床上多好！感觉她长得太慢，是因为我觉得她常常得让我抱着，不管到什么地方，不管什么时候，她都要伸出那双小手，不停地冲着你叫嚷“抱抱”。

小家伙小时候不像是个女孩，哭的时候，声音之大，能把邻居都吵醒；欢笑的时候，也是惊天动地，常令我咂舌。

爱乐爱闹，是她的幼儿时代的全部内容。

那时恰逢我从一个部队要换到另一个部队工作，所以有时间在家里看着她。我在桌子上写字看书，她在我身后的小床上蹦来蹦去，一刻也不停。小床四周是低栏，她的双手就支在上面蹦蹦跳跳的，嘴里“咿咿呀呀”地学说着能听懂又不全听得懂的话。突然有一天，她跳啊跳，一下子从小床上翻个跟头跌到了小床底下……我回头一看，床上的孩子怎么没有了，再一看怎么躺到地上去了，怎么也没有了声音？当时我吓坏了，赶紧从地上将她抱起，轻轻摸摸她的小胳膊小脑袋，就在这时她“哇”的哭出了声……

“怎么啦？孩子怎么啦？啊？”隔着三间房子的岳母在病榻上大声询问，我赶忙过去解释“没事没事”，心里则“怦怦”乱跳。好几天我都不敢在妻子和岳母面前吭一声，只是静悄悄地观察我的小天使有没有出什么毛病。老天保佑，我的小梦舒还是像过去那样又蹦又跳，还是像以前哭的时候能惊天动地，笑的时候“哈哈哈”地震动四邻。

不知是什么缘故，从小她就爱“遛街”，待在家里她就哭闹，用车将她推到大街上玩，她就乐。那时我们住在京城西城区的三里河，每天我都趁买菜时将她推出去玩。这下她可高兴了，蹦蹦跳跳乐得直用小手拍打着小车的挡板。她小时候长得好，又理了个男孩头，只要我把小车一停下，就会有人围过来不停地说着“这孩子真好看，像洋娃娃似的”一类话，那个时候，我心里很得意，得意的是我找了个北京好媳妇——当然在她面前我从不承认这一点，我说是因为我这个南方人与她这个北方人及我这个汉族人与她这个少数民族组合的基因好。

随着小家伙一天天地长大，她越来越调皮，爱动爱闹的毛病没改，更甚的是到了有小哥哥小姐姐的亲戚家后就再也不想回自己家了。有一次我和她妈都有事，非得回家不可，再说时间也不早了，我们就硬将她从她舅舅家拉了出来，可她一个劲儿地哭着还要跟小姐姐玩。回家的路上，我们三人骑着一辆自行车。那时“打的”好像不时兴，再说也觉得乘出租车的绝不该是我们这些人。可从舞蹈学院出来到紫竹院走的一路上，坐在自行车前面的小家伙又哭又闹，且一路不停。更可恼的是，小家伙一边哭着还一边将一双小腿乱甩动。我心头恼怒着，又没有经验，车骑至紫竹院门口，女儿突然大哭起来，而这时我的车子也突然骑不动了……

“怎么啦？怎么啦？”妻子从后座上跳下来，惊恐地叫嚷起来。我一看坏事了：孩子的小腿夹在了前车轮的钢丝里了……车子因此停止了转动。那一刻，我的心像猛地被什么扎了一下，不顾一切地从车上跨下来，用双手使劲地扒着将女儿小腿夹得牢牢的钢丝，但就是扒不开。女儿还在哇哇大哭……

这时马上围过来一帮路人，有几辆汽车也停了下来，几位好心人帮我出主意，有的就干脆过来与我一起扒钢丝……终于，孩子的小腿从车轮里拉了出来，可她还在大哭。我知道今天出大事了，妻子也在哭，我们马上想到的是送医院，因为不知孩子的腿到底怎么样了，我当时直觉就是骨头会有问题。你想我是在气头上蹬着车，那时的车速应该不算太慢，她那么细嫩的小腿哪经得住这样的折腾？换了大人也说不定会怎样呢！

“走，到三〇四医院去！”妻子命令道。她姐姐在这个医院工作。

我们轮流抱着哇哇直哭的孩子向三〇四医院飞奔，但还是觉得走得太慢。只好再一个人骑着车，另一个人抱着孩子坐在车后座。那一路，是我有生以来唯一感到最紧张的路途，因为孩子的哭声在刺我的心，她一声“爸”一声“妈”地哭喊时，我的眼里也盈满了泪水……

这是我第二次为女儿流泪。

还好，女儿的骨头没有大的损伤，却也缝了12针。在医生为她缝针的时候，等在门外的我和她妈，仿佛医生的每一针都扎在我们的心尖儿上一样……那一次事故让我在很长的时间里感到内疚，而她则在第二天又开始无忧无虑地乐啊闹啊，像什么事也没有发生似的。

女儿慢慢地在长大，后来上了托儿所。那时我们借住在小西天的总参管理局大院，托儿所与我们的住处只有一墙之隔，可以说是个最安全和最令我们放心的地方。我当记者的“自由职业”可以天天早晚接送她，日子非常平静地过着，而且一切都在规定的钟点进行——我指的是女儿的衣食住行。

可就在这糖罐里泡着、大院里待着的小家伙，突然有一天在应该从托儿所回来的时间里却没有回来，问过老师和其他家的孩子，都说没有看到她，还说一定是回家了。于是我和她妈到处找啊找，那时天已黑下来，总参管理局大院内的几处室外活动的地方都找遍了，我们在附近的每一座楼的楼道里大声喊着她的名字——想她可能是去了哪个小朋友家玩，但我们不认识人家的家门，故而只得在楼道高喊。

可任凭怎么叫喊，就是听不到小东西的回音，也不见她的影子。我和妻子的嗓子都喊哑了，该找的地方似乎都找了，然而仍然没有她的踪影。

天色越来越黑了，已经过了《晚间新闻》节目时间，这下我心里真的急出了毛病，因为虽说是住在总参大院，但这个院子人来人往也十分杂乱，我越想越觉得孩子是被什么坏人拖走了，要不然这个时候不可能不回家呀，她可从来没有单独到过哪个地方呀！

越想心里越急，当再一次顺着楼道叫喊时，我发现自己的声音都变了调……

“梦舒，梦舒——你快回来呀！你在哪儿呀？爸爸妈妈找你——”

“爸爸，妈妈，我在这儿呢！”正当我和妻子彻底绝望之时，穿着花衣服、扎着小辫的女儿，蹦蹦跳跳地从一个楼道里跑了出来……

“你……你这个小东西，你到哪儿去了？！”我又惊又喜，说不清的万般滋味一齐涌上心头，握紧的拳头高高地举至半空，却怎么也落不下来——天真无邪的女儿不解地望着我，一双大眼睛里闪动着亮晶晶的光，我放下举在半空中的拳头，伸开双臂，紧紧地将她搂在怀里……“你这小东西……”此时我和她妈妈已是泪流满面。

这是我在女儿面前第三次流泪。

所有这些，到底是怎么回事，我这个刚性男子汉为何变得如此心软？

虽然女儿现在长大了，而且是在我和她妈的眼皮底下一天天长大的，可我觉得她仍然与襁褓中的她、与蹒跚学步时的她没有多大区别。现在的她，高高的个头已经超过了她妈，漂亮的脸蛋已可与她妈年轻时媲美，上学时潇洒的动作令人陶醉……进入高中了，一向出门都需要我这个老爸跟在后面的她，突然挺严肃地告诉我：以后我上学放学你不用再跟在我后面。

以往为接送孩子烦得不能再烦的我突然一下子感到了一种行动上的解放。可没几天，我逐渐发现我的心里空荡荡的，出现了一种强烈的失落感，就像自己养了多年的小鸟突然飞走了似的。

如今我依然心甘情愿地在早晚两顿饭上为女儿下功夫（中午饭她在学校吃），清晨当她骑车飞出家门融入滚滚的车流时，我就站在楼上的窗边，直到看不见她的身影为止……虽然我知道这根本不起任何作用，即使有什么危险我也帮不上忙，但我的心却像那风筝下面的线，天天这样连着已经起飞的女儿……

这是一种什么心态？现在我细细寻味，其实很简单，那是一种很清清白白的、浓浓烈烈的血缘上的亲情啊！

是的，人间什么情最真挚、最无私？最让人牵肠挂肚、撕心扯肺？那就是亲情！是父子之间和母子之间，是父女之间和母女之间，是兄弟姐妹之间和夫妻之间以及祖孙之间的那种割不断理不完抹不去的亲情！

亲情在本质上超过了一切情感，甚至比爱情更崇高和珍贵，它是人类赖以生存和繁衍的感情，它有时超越了信念，超越了法律，甚至可以用它换取人的生命。

人有了亲情才有了群体；人有了对亲情的特殊理解才有了比动物更高的智慧和更繁荣的发展；人有了亲情才有了如果哪一天地球不再留下我们时要到另一块星球上生存的企盼……

其实有亲情的不仅仅是我们人类。你只要细细去观察就会发现，自然界的许多动物和生物也有亲情——即使是树木、蚂蚁。

亲情是组成我们这个世界上所有物质之外的最重要的另类物质。

然而，突然有一天我发现在我们的社会里，亲情变得淡薄了，稀少了，无力了，甚至令人心碎和失望……

也许我们今天的生活太富裕，也许我们今天时代的节奏太快，也许我们今天的感情变换得过于频繁，但由此难道就可以忘却亲情，不要亲情了吗？

这样的事几乎天天在人们中间谈论和在互联网上闪现——

父亲为了一瓶老酒，可以把自己的亲生儿子赶出家门……

母亲为了一份脸面，可以把自己的亲生女儿毒打致死……

儿子为了一次赌注，可以把自己的亲生母亲一脚踢残……

女儿为了一张存单，可以把自己的亲生父亲毒死在病榻上……

哥哥为了一块宅基地，可以把自己的同胞弟弟“逼上梁山”……

妹妹为了一门婚事，可以把自己的同胞姐姐活埋在荒沟里……

结婚才一年的夫妻，为了各自的利益可以不顾刚满月婴儿的死活而各奔东西……

腰缠万贯的大老板，可以轻易给女伴百万千万却要饿死自己的老娘……

这样的事第一次听后我们感到震惊，第二次听后我们有些吃惊，第三次听后我们有些麻木，第四次听后我们也就听听而已，因为我们全都快没有了感觉……

啊，人类和社会进入文明时代的又一悲哀。无奈中我仰首问天——

亲情何处在？

亲情何处归？

第一章　孤儿院里我为何揪心落泪

当我在“大同育孤学校”听到着装整齐的孩子们泪洒胸襟地高唱“母亲只生了我的身，党的光辉照我心”时，我忍不住跟着泪流满面……

我知道一个事实：凡是有人类的地方就有孤儿的存在；我同样知道一个事实：中国的众多孤儿享受着别的国家不可能有的阳光雨露。

然而，我不能不指出的是社会上还有一些失去基本道德准则的人，他们仍在制造孤儿的悲剧——

20个世纪的最后一个秋日，我到了山西大同的一所孤儿学校。这是一次公益性的采访，不料在这个几乎被人遗忘的世界里，我看到了几百个孤儿的生活，并了解到他们生活后面的无数个让人揪心落泪的故事。

用故事这个词儿其实并不十分准确，因为这里的一切都是此时此刻正在发生的事。

这是肯定的，如果没有张洪图好心创办起这所孤儿学校，我不可能这样集中地把这一群失去亲情的孩子们的事告诉读者；更何况假如不是我亲眼所见，甚至连我自己都很难相信在我们的身边竟然还会有这等凄惨的事情发生……

张洪图是个煤厂老板，靠辛勤经营办煤厂赚了几千万元，自己和家人什么都没有享受，却干起了一件让人难以置信的事：到全国各地收养那些没爹没娘的孤儿，为他们办所学校，让他们有学上，有个温暖的家。说出来你也许不相信，他竟然收养了来自全国各地的600多个这样的孩子！

600多个呀！那天我到孤儿学校已是夜晚，因为夜已深，便没有打扰这些孩子。第二天一早我就被叽叽喳喳的声音吵醒了，我在学校的招待所楼上推开玻璃窗朝下一看：哇，黑压压的一片……他们三三两两地在一起，却没有几个孩子在欢乐地玩耍，多数孩子有些呆傻地坐在学校操场边的石板上和公寓楼前墙边的台阶上，默默地做着只有他们自己才知道的一些极其无聊的事：比如挖土，比如捉虫，比如玩弄手指，比如干脆支着双手在呆想着什么。这种情景，只有在这样特殊的孩子群体中才能看到——几乎没有任何的欢乐，没有任何的相互交流，甚至没有任何的规范行为……

他们所穿的衣服多数是不合身的，不是大了就是紧了，不是破的就是旧的，不少孩子的鞋子也是不配套的。学校的老师告诉我们，孩子们穿的大部分都是社会各界资助的，所以只能是这个样子。

他们的脸显得呆板、麻木和茫然，对我这样的陌生来访者充满了好奇，只是远远地瞅着却并不上前来与我打招呼。

开始我以为他们对我的询问会很紧张和胆怯，但当我走近他们时，竟然意外地发现这些被采访者一点也不怯生，且无论岁数大小，都十分清楚地记得自己家庭的事，自己的出生地，是什么原因成为孤儿的，又是什么时候到的这里。

女孩陈红梅说：“我现在念四年级。老家在湖南桑植，爸在一次施工时被山上的石头砸死后，妈就上吊了。后来张爷爷把我接到了这儿。”

男孩伍新文说：“我读三年级。家在湖南新化，爸爸在湖北打工时死的，妈是被火车轧死的。是省团委的阿姨把我送这儿的，在张爷爷家里住了很久，后来长大了就搬到学校来了。”

男孩林诗阳说：“我是海南来的。到这儿那年 12 岁，是跟我妹妹一起来的。爸妈是渔民，出海打鱼时翻船死了。喂，妹妹你过来……”

小诗阳主动把正从“爱心公寓”里走出来的一位小姑娘叫到我身边。于是有了我和小诗慧的下面这段对话：

来后，想过你爹妈吗？

做梦想过。可记不得他们什么模样了……

第一次到这儿害怕吗？

不，张爷爷对我们特好。

到大同印象最深的是件什么事？

下雪。我们海南没有雪。

长大后想做什么？

唱歌，得大奖。供哥哥上大学。

那你自己呢？

回海南。

为什么？

想我的小伙伴……

你手里是什么东西？

方便面。

谁给你买的？食堂里吃不饱？

不，每天我可以吃几个大包子。可我挺想尝尝方便面的味道……

那你怎么会有钱呢？

张爷爷给的，每月都有。

每月都有？给多少？

上中学的大哥哥大姐姐们每月10块，我们小学生是5块。

钱是自己保管，还是交给老师？

都有。我是让哥哥保管的。

如果现在送你回家你走吗？

不走。

为什么？

张爷爷和老师对我们好，要让我们读完中学再上大学。

你有决心上大学吗？

（小诗慧不好意思地看看站在一旁的哥哥）有。

……

那一个早晨，我一连问了近20个孩子的情况，令我吃惊的是他们都能对答如流，孩子们在谈起有限的悲惨记忆时，表现出惊人的平静，而这恰恰又让我感到异常酸楚……

王兵，一个来自宁夏西吉县的小伙子，身高与我只差半个头。他说他自幼失去了双亲，跟着一位远房的穷表哥以放牛为生。在茫茫的戈壁滩上，小王兵天天与牛为伍，日久天长，口中除了会几声“嗷嗷”的沙哑赶牛号子外，连称呼人的话都不会说。小王兵身体瘦弱，因他蓬头垢面一身野性而且能嚎几声令野兽也畏惧的尖叫，就被当地人取了一个令人心酸的名字——“小狼孩”。

苔莎，一个非常漂亮的女孩子，秀发披肩，如果稍稍打扮一下，绝对是可以上《七色光》节目的美少女。而她站在我眼前只有泪水……她说她家在深圳，因为父母离异，母亲出国远走后，父亲遗弃了她，小小年纪就已经在街头流浪数年。她来到孤儿学校后总是躲在别人身后，一双充满仇恨的眼睛里不时闪烁着贼溜溜的目光。但大家发现，在小苔莎拿东西的时候，她的手却会不停地哆嗦，甚至连一个鸡蛋都拿不稳，“是那天我在街头饿极了，到一个店铺拿东西吃时，有个人用大脚狠狠地碾踩我的手后落下的病……”流浪街头数年的小苔莎唯一能记得的就是这件事，那是刻骨铭心的一幕，也因此在她幼小稚嫩的肢体上留下了终身不愈的残疾。

程珊，也是来自广东的一个小女孩，她的入学卡片上注明她已经 12 岁了，可看她那羸弱的样子，像只多月未进食的小猫，没人相信这孩子已经是这个年龄了。问她生父生母是谁，她摇头；问她今年多大，她摇头；问她叫什么名字，她想了半天还是摇头。“我知道换了三个爸爸妈妈，可他们对我都不好，后来就都不要我了……”小程珊的记忆里只有三个同样将她当做猫狗使唤的“家长”。

王忠银，13 岁，一个唯一追着要跟我说话的孩子。我问他家里的情况，他能倒背如流地给我讲：开始父亲没有了，后来母亲也没有了，于是就只能同一个哥哥和一个妹妹到处流浪，给人家当过小牛倌，干过拉砖活，也偷偷卖过血……特别爱读书和唱歌。“你不信我唱给你听……”于是他就先给我唱《唱支山歌给党听》，见我一脸凝重，没等唱完便说来首轻松点的，就又唱了首《潇洒走一回》。看着这位天真无邪的孩子伸着脖子高声唱着这样的歌，我无法不皱起眉头，可哪知小忠银还一个劲儿地要给我背唐诗，而且背了一首又一首。就在我弄不明白这么高智商的孩子怎么也成了孤儿时，一位老师走过来，对他吆喝道：“行了行了，何老师还有其他事呢！”小忠银这才默然了。后来老师告诉我，小忠银刚出院，他的神经有点问题……我听后心头一阵紧缩，忍不住又回头看了他一眼，只听王忠银朝我说：“老师，什么时候我再给你背段英语……”

不知怎的，我被他的话弄得眼眶里泪水盈盈的。

多么不幸的孩子。

可他们又是多么幸运的孩子！假如他们没有遇见张洪图爷爷，他们现在该在什么地方？过着怎样的凄凉生活呢？我不敢设想。学校的老师告诉我，张洪图为了把这些孩子收养到这儿，不知费了多少心血。

那一天，张洪图和几位助手经过几天几夜，才在山西太原市郊的一处不知废弃多少年的某单位仓库边的杂草丛生的小木棚内，找到一个躺在一张千疮百孔的席子上已奄奄一息的女孩，她是罪犯白建荣的女儿白婷婷。好端端的一个姑娘，由于失去亲人的关爱，在数年间孤苦一人漂流四方，谁也不知道她的名字，谁也不知道她的家。张洪图他们从山西某监狱得知，该监狱的服刑犯白建荣因不知幼小的女儿的下落数次自残，变得人模鬼样。白建荣当然罪有应得：那年在太原摆摊的他，经人介绍认识了一个广州人。发财心切的白建荣把辛苦挣来的10000多元拱手给了广州人“投资”，事后才知是上当受骗了。之后一年多他一直没有那人的音讯，巧的是在一年多后的一天，白建荣无意间在一位朋友处见到了冤家对头。当时气昏了头的白建荣狠狠打了那人一顿，并抢走了他15000多元，后来也因此被判重刑入狱。可令他想不到的是他进大狱后，妻子便无情地抛下当时不足一周岁的小婷婷一去不回。小婷婷的爷爷早逝，退休的奶奶还要负担白建荣的妹妹上中专。加上白婷婷的妈妈与白建荣属于非法同居，也没有办婚姻手续，白婷婷因此成了“黑孩子”。苦命的小婷婷从会走路开始，便不被人承认，户口上不了，学校进不去，最后连属于她的家门都找不着了，于是便成了太原街头到处流窜的小乞丐，人称“黑妞”。“黑妞”受的苦难数也数不清，在白婷婷童年的记忆中，她只知道经常有那些年老或者年少的坏男人老拿她寻开心，他们不是拿一个吃剩的馒头换得在她细嫩的脸上啃一下，就是用烟屁股在她尚未发育成熟的胸脯上烫一下取乐……医生说，要不是张洪图他们救得及时，小姑娘早已命归黄泉……

在我眼前的这600多名孤儿，几乎都有与白婷婷类似的命运和遭遇。

山西籍孤儿赵秀才也有着多次被遗弃的经历。不知道那对年纪轻轻就扔下孩子去见阎王的父母是否期望他们死后，自己的孩子能成为光宗耀祖的读书人。他们已不可能知道苦命的孩子在失去父母之后的岁月里，连一顿饱饭都吃不上。这位赵氏小“秀才”第一天见了张洪图爷爷端来的一大盆热腾腾的白面饺子，两眼顿时闪着光，一下子扑过去抓起就吃。无论一旁的叔叔阿姨们怎么劝他慢吃慢吃也不管用，这赵氏小“秀才”竟在短短的数分钟内，一下子吃进了42个肉馅的饺子。在场的人全都惊呆了，更让人吃惊的还在后面：不出一刻钟，赵秀才突然捂着鼓鼓的肚子大叫“疼啊疼”的。这时有人嘀咕道：谁让他贪吃吃那么多。“啥叫贪吃？你饿过三年五载吗？可这孩子靠乞讨和捡别人剩饭过日子，当乞丐的时间已整整七年了！七年啊！”收留赵秀才的张洪图听了这话气得直跺脚。

孩子们来到孤儿学校的头几天，几乎都有与赵秀才同样的贪吃毛病，几顿下来，又都喊肚子疼。老师让他们慢些吃，先不要吃那么多，开始孩子们都不听，到后来才发现在张洪图爷爷这儿，每天都能吃到这么多这么好的食物时，才变得“文明”起来。

可怪事仍不断出现。

一位孩子指着松花蛋，满脸狐疑地问张洪图：“爷爷，你为什么给我们吃坏蛋呀？瞧这些蛋都发黑发黄了。”

另一位孩子手拿香肠，兴高采烈地拉着何玉霞的手走出食堂，跑到场地上乐着直要这位阿姨妈妈给他点“鞭炮”——从未见过香肠的孩子错把“春都”当鞭炮……

在这儿管理生活的几位年轻老师，好不容易把这群浑身污秽不堪的孩子像赶鸭子似的拉到澡池前，但面对热腾腾的池水，孩子们竟然畏缩着不敢进水。

“下去吧，多好的热水呀！”老师们急得只好像赶鸭子似的将孩子们往水池里赶，哪知这群可怜的孩子们竟然不知进洗澡池前要脱下衣服，一个个像煮饺子似的穿戴着衣帽直往干干净净的热水池子里跳……

刚给洗澡池子里的孩子们扒掉身上的“饺子皮”，张洪图叫来几位医务人员，他要给这些没爹没妈的孩子们看病治病，自然抽血体检是免不了的。但令老张和老师们又一次想不到的是竟然有不少孩子哇哇大哭起来，说啥就是不愿挽起袖子让医生们抽血。

“张爷爷，老师，求求你们放了我呀，求求你们放我们回家吧……”这回把自认见多识广的张洪图给弄糊涂了：娃呀，你给我说说咋想回家？是嫌爷爷和老师给的吃的不好？还是住的穿的不暖？

在那个哭得最凶的宁夏同心县来的小春梅床头，张洪图使出一个慈父所能有的全部耐心思忖着答案。因惧怕缩成一团的小春梅终于张口告诉了张洪图一件往事：那年小春梅成孤儿后，被一个外乡“好心人”收留到家，什么好吃的都不给，却要她每天不停地喝盐水，后来便隔三岔五地被那“好心人”带到街上的医院去抽血，看到那鲜红的血液被一支大针管抽走的情景，小春梅一次次吓得直晕过去，而那“好心人”则一脸铁青地告诉她：只要多喝几口盐水就啥事都没有了。小春梅虽说年少，但看到自己本来就快枯竭的血液被一管管抽走的情景，心里不知有多害怕！终于有一天她从那个靠收留孤儿卖血赚钱的黑心人的魔掌里逃了出来。小春梅从此有了见人要给她抽血便恐惧不已的毛病，而与小春梅有同样境遇的孤儿又何止是她一个！

望着眼前向自己跪下求情不要抽血的一群孩子，张洪图的心都碎了。“好孩子们，快快起来！爷爷让医生来给你们抽血检查身体，就是为了不再让你们以后被人抽哪怕是一滴血啊！”五十出头的张洪图，此时此刻却只得半跪着双腿，一个一个地轻轻将惧怕抽血体检的孩子扶起……

张洪图用他胜过慈父般的伟大胸怀收留了这几百名可怜的孩子，建起了中国第一所（至今也是唯一的一所）“大同育孤学校”，并亲自出任校长。开学那天，全国人大常务委员会原副委员长孙起孟先生和山西省领导也前往学校出席了开学典礼。

所有在这里的孤儿们是幸运的，他们在这儿找回了自己的家，找回了自己的父爱与母爱，还找回了上学的机会。现在他们正在健康成长着，幸福生活着。

然而我们知道，像张洪图收留的这600多个没有家庭、没有父爱母爱的孩子，在全国仍然还有很多很多，至于那些即使有父亲与母亲的存在但却根本得不到任何呵护的孩子，更是不计其数；同样即使有自己的亲生儿女，却得不到赡养、过着凄凄切切生活的孤寡老人有多少，我们更无从计算……

他们，难道不是我们最应该关注和最需要给予爱心的群体吗？

他们，可以用自己的忍耐和艰辛维系着自己的生命和生活，但他们最渴望和呼唤的只有一样东西，在他们看来远比给予他们金山银山更宝贵的东西——那就是人间亲情！

呵，人间亲情，你在何处？

第二章　车站码头边那黑影幢幢的是人是鬼?

家是我们每一个人的生命起点，也是生命的最后归宿。它温暖又温馨，中国人对家的营造和珍爱家的传统美德至今仍令西方世界羡慕。曾有一位美国的年轻博士为了体验中国式家庭的亲情，在北京一位普通市民的家里生活了三个月，而正是这样一次普通而短暂的体验，使他下定决心把自己一生的美好前程和远大理想一并永远留在中国。

他如此感叹道：在中国，我找到了真正的家的内容与感受，这一切也许比我的整个生命还重要。

谁都知道，没有家的人就像一叶漂泊在大海上的孤舟。可生活里，竟然还真有些无情地将自己或他人的孩子逐出家门、驱之户外，让其流浪四方，从小饱尝辛酸的人——

这一幕我无法忘记：

前年我到石家庄出差，回来的时候乘坐火车，在我到达火车站时，还有约一个小时的时间开车。我孤单一人坐在候车室里很无聊，几张小报翻不了几分钟便把上面的内容来回看了几遍，于是只好坐在那儿装睡——周围吵吵嚷嚷的不可能真睡得着。突然有人用脚轻轻碰了我的腿一下。我睁开眼睛，不由吓了一跳——一个中年男子站在我面前，手中抱着一个婴儿向我乞讨：行行好给点钱，好让我给这娃儿治病……听了这中年男子的话，我便瞟了一眼他怀中的孩子，这一瞟可把我惊得不轻，因为我还没有见过病成这样的小孩子：那孩子看上去不足一岁，硕大的脑袋却与成人的头颅不相上下，再看看那张蜡黄的脸，一双蛋黄色的眼睛大如核桃，孩子的眼神几乎看不到，只有偶尔眨动一下的眼珠，说明他还活着……

“这这……这孩子是什么病？这么严重呀！”我不由得惊叫着问道。

“黄疸。”那中年男子毫无表情地说。

“这么重的病你还不带他上医院？”

“没钱。先生行行好吧。”

“给……”我当即拿出一张百元钞票。

“我代孩子谢谢你……”

“不用谢，给孩子看病要紧。”

那抱孩子的中年人走了，我赶紧闭上眼，可满眼却是刚才那可怕的婴儿硕大的蜡黄脑袋——我发誓从没有见过病得那么重的孩子。我甚至在默默想着这家人也够可怜的，孩子都病成这个样了，还靠乞讨治病，等钱乞讨齐了，那孩子还有救吗？

“走开走开，你这个骗子还有没有点人性？把孩子折腾成这个样了，你还拿他当摇钱树呀？呸，给你钱还不如喂狗！”突然，有人在大声嚷嚷。

我睁眼一看是离我座位不远的一个上了年岁的等车人，正在骂那个刚才向我讨钱的抱孩子的中年人。

“这人，不愿给就算了，说这么难听的干吗？”我见状有些不平地嘀咕了一句。

“先生，你不知道，那抱孩子的人才缺德呢！刚才我看你给他钱，要是早点坐在你身旁我也不会让你给的。”不知什么时候坐在我旁边的一个姑娘对我说道。

“为什么？难道那抱孩子的人真是骗子？”这回轮到我瞪眼睛了，“我不相信，孩子都快死了，他干吗还要骗人呀？”

“哼，他就靠这样缺德才能骗到钱呗！”

“怎么说？”

“你以为那孩子是他家的孩子吗？”

“不是他家的孩子，还有谁家肯把病重的婴儿交给这样的人满世界跑？”我一惊。

“说那中年人缺德就缺在这儿，他把这些垂死的孩子当做摇钱树，像你这种好心人不知缘由，他可怜兮兮地抱着病孩儿伸手向你要钱，你不就给他了吗？”姑娘一脸鄙视地说。

“这也不失为一招，若能要到钱，就可以给孩子看病，总比见死不救好些吧？”

不想那姑娘瞪了我一眼，说：“我说这世界怪就怪在这儿，明明有人当骗子，偏偏有人傻乎乎地给他提供机会嘛！”

“话不能这么说，我给他钱总比没人给他要好吧？”我依然认为自己方才的做法并没有多少错。“要说错也该是那抱孩子的人不该采取这种办法，说不定就把孩子耽误了，如果他要不到那么多钱看病的话……”

不想我的话引来姑娘的一阵讥讽：“看你戴一副眼镜的模样，大概也是属于那类书呆子吧？我实话告诉你吧，那人抱的孩子根本不是他自已的孩子，所以我们说他太缺德。”

“真不是他自已的孩子？”我再次惊诧起来，“世上竟然会有这样丧尽天良的人呀？”

“这还用说嘛！这年头啥样的人没有？”姑娘一副很懂世故的样子“教导”我，“所以你今天是上当了，那100块钱又可以让骗子美餐一顿了……”

我当时脸色一定很难看。这真是见鬼了!

“我常在这儿乘火车，所以见得多了，这样见鬼的事多了。”姑娘开始有些友好地对我说，“在石家庄火车站这些年经常看到一些装得可怜兮兮的人抱着少胳膊少腿的孩子或像刚才那样半死不活的婴儿在车站行骗。我也被他们骗过几次，但现在本地人都不会上他们的当了。他们能骗的也就是你们这样的外地人……”

“可我不懂，既然孩子不是他们的，那谁家愿意把自己的孩子交给他们这些骗子呢?再怎么着，就是看不好病，人家也不会做出这样的事嘛!”我始终不明白。

“那当然，换谁也不会把那么可怜的孩子交给这些骗子。”姑娘告诉我，“他们这些骗子的手段多着呢。通常是在一些公园和垃圾堆等地方捡的孩子，这些孩子大部分都是别人丢下的，要么是私生子，要么就是生下后见有残疾便不要了，还有一些是属于超生的……”

“你怎么知道得那么清楚?你是……”我对身边的这位姑娘产生了某种好奇。

“职业关系，因为我是报社记者。”她向我掏出一张名片，“看样子你也是同行?”

“算是吧。”我出于礼貌也递给她一张名片。

“噢——是何先生呀?《落泪是金》是你写的吧?”

我点点头。

“太好了!那书在社会上反响可大呢!你这回是来石家庄采访的?”

“不，是出差。”

“噢，是这样。”女记者马上一副很认真的样子，“我建议你写写刚才我们说到的这个题材。应该向社会呼吁呼吁，这帮拿孩子当做摇钱树的人太可恶了，连起码的人性都没有。我曾经追踪采访过，有几个人竟然还抱着自己家的孩子出来骗钱，整个儿一点亲情都不讲，能把人气死！”

“能举个例吗？”

“我在公安局里采访过一个人，他是在汽车站行骗长达三个多月后被公安局收容的。那人是内地来的，他孩子生下后，脚先天性残疾。本来他是到石家庄来看病的，医院说看病动手术和住院得先交3000元钱。那人口袋里只带了2000多元，钱不够，他就到大街上行乞。后来发现一天下来还真能乞讨到三五百元，于是他就开始每天沿街讨钱了，日久天长后他把给孩子治病的事反倒扔在脑后，天天打着为孩子治病的幌子在外面乞讨要钱。石家庄的大大小小的街道都讨过后，他便到了车站，发现这儿比大街上更容易讨到钱，于是就干脆在车站里安营扎寨了。在汽车站的那些日子里，他最多一天竟然乞讨到近千元钱，这么多钱可把这位穷惯了的人心也给养黑了，其实给孩子看病的钱他早就要够了，但他直到最后也没把看病放在心上。用他自己的话说：看病还要花钱，看好了又能怎么样？于是这位父亲从此把自己残疾的孩子当做了摇钱树，时间一长，他连家都不愿意回了，干脆以此为生。他带着孩子走遍了石家庄和邻近的几个城市，就连天津、北京等城市他也都去过。有一次他带着孩子在保定车站时，因为上厕所，结果出来一看自己的孩子不见了，这下他可急坏了——他不是急可怜的孩子，而是急自己的摇钱树没有了。你说，孩子丢了，反正他自己也不喜欢这个孩子，丢就丢吧，可这位已经连良心都被钱吃掉的父亲，怎么也不甘心从此断了财路，于是他千方百计开始寻找别人家的孩子……”

“怎么着，还有谁家甘心情愿把可怜的孩子交给这种人嘛！”我摇头说。

“你是常规思维。”女记者有些讥笑我。她说：“这个没人性的家伙就开始在医院旁边守着，因为在那些小地方的医院里，经常有人把有病或者有残疾的孩子扔掉，或者是那些私生子被偷偷地扔在公园和垃圾堆里。他还真又抱到了自己想要的孩子，令他想不到的是那次他在一个公园抱到一个放在一张座椅上的婴儿时，竟然还碰上了这样一件‘好事’：等他喜出望外抱起那个襁褓时，突然有人在背后轻轻地拍了拍他的肩膀。当时他吓得差点把孩子丢在地上，因为他做缺德的事心虚呀！但后来出现的一幕又令这人简直高兴死了，拍他肩膀的人是那个孩子的父亲——一个很年轻的父亲。那个年轻父亲塞给他 1000 元钱，说你是个好心人，一定要把孩子带好，不要让孩子受苦，即使以后你自己养不起也想法给家好人家，这 1000 块钱就算是对你的报答。说完那孩子的父亲就走了，再也没有出现。当时这抱孩子的人还真激动了一番，他想不到自己会有这么好的运气，重新找到了一棵摇钱树不说，还白白得了 1000 块钱！开始几天他见这捡来的孩子还真是小宝贝哩，比自己那残疾的娃儿不知好看多少，那颗还留存着一点儿人性的心动了一下，想自己抚养。可一想到钱，一想到能通过抱着孩子行骗轻轻松松一天骗回三五百六七百的花花钞票时，这仅存的一点儿人性也丢在了脑后。他继续回到从前：抱着襁褓，装出一副更可怜的样儿出现在车站码头，向那些善良的人们伸出那双罪恶的手，乞讨道：看在这可怜的孩子面上，因为家里穷，这孩子有黄疸住不起医院可怜可怜吧……这个骗子有时还从地摊上买了劣质的黄色化妆品给婴儿脸上涂了厚厚的一层，以此来行骗。好心的人看到一个如此可怜的婴儿因为没有钱治病而纷纷伸手相助，于是这骗子的口袋便鼓鼓囊囊起来……日复一日，那孩子后来真的有病了，好端端的孩子哪经得起这样的折腾？病了，他不仅不给孩子上医院看，相反觉得影响了他的‘生意’，再加上孩子又不是自己的亲生骨肉，用他自己的话说：人家亲生父母也没有把孩子当回事给扔了，我凭什么对这样苦命的弃婴那么上心？他活该可怜！后来孩子死了，他就趁没有人的时候扔在了一个垃圾站里。而在扔掉这死婴时，他又听到了另一个弃婴在垃圾站的一只铁筒里啼哭着，于是他再一次抱起那孩子，脸上带着那种少有的贪婪，开始了他新的行骗生涯……”

“真是丧尽天良。”我感到无比愤慨，“有关部门为什么不对这样的人采取措施？”

“怎么采取呀？”女记者说，“我曾经呼吁过，但人家说我们无凭无据，怎么好抓人家？公安人员曾经在我一再督促下派人跟我追踪过一个这样拿弃婴骗取钱财的人，但当抓到这个骗子时，那人死不承认自己是在把孩子当摇钱树。他还振振有词地对公安人员讲：我是在乞讨，可我也是准备把讨来的钱给孩子治病的。你们不相信的话，那就把孩子交给你们处理，说完他把已经病得奄奄一息的婴儿往公安人员怀里一塞。这一下让公安局的同志为难了。把那骗子抓起来，你还真拿不出什么证据能证明他是在做违法的事，更重要的是这奄奄一息的婴儿怎么办呢？公安局有收容所，可对这么小的有重病的孩子也真难处理。有一次某市公安局曾抓到一个用婴儿骗钱的人，在报上登出一则弃婴寻亲启事，结果孩子的亲人还真找上门来，因为那孩子的脖子上挂了一个标志物，人家一看启事便知道自己的孩子在公安局。那孩子的家长上门不但没有感谢公安部门的同志，还把他们骂了一通，说自己家超生了，孩子是让那人抱走准备找个好人家收养的。公安局的同志告诉孩子的亲人说那抱走孩子的人是个骗子，并且押来那人当面对质。这骗子还真会耍花招，一口，咬定是受人之托准备给孩子找个好人家的，但因为中途孩子得了病，自己又没钱，所以才不得不到车站码头乞讨的。结果就在这当口，病重的孩子死在了公安局，这下孩子的亲人们不干了，硬说是公安局耽误了给孩子治病的时间，非要跟公安局打官司，闹得死去活来。因为那家人心里明白，跟那骗子闹能闹出什么名堂呀？跟公安局闹说不定还会赔给他万八千的。公安局可就倒了大霉，那骗子是抓到了，可也白白给那死孩子的亲属赔了5000元‘安置费’才算了结了一桩麻烦事。这么着，骗子们就越来越嚣张了。”

“于是这样的骗子在车站码头到处都可以大摇大摆地干这缺德事？”

“不是这样又能是怎样呢？”

我对这位同路的女记者表示感谢。但石家庄车站的见闻，却很难在我脑海中消失。日后我在每一次外出采访或出差时，都会特别注意一些城市的车站码头，几乎毫无例外地看到了这样的情况。一次在某省城车站，我坐了不足半个小时，竟然连续有四五个小孩子走过来向我讨钱，他们的那种职业性讨钱法令人吃惊。

“可怜可怜我们吧！”这样的话本来是一切乞丐们都要说的话，但这浑身脏兮兮的孩子根本连这样的话都不说，他们伸着手，在车站或者码头的候车室和候船室里挨个地向乘客们讨钱，什么话都不说，只是用非常职业性的眼光看着你，将手伸得长长的。如果你是一个穿得很绅士的人，他就赖在你身边死缠着不走，知道你为了顾面子非给他不可。你给少了他还是不走，直到拿到他认为你应该给的数才换个主儿；如果是一对情侣，那他（她）肯定成功，因为他们知道这时的男士总是很大方；如果他们碰到早已盯着他们的人时，他们会远远地离开或者躲过，换个人再伸手，因为他们知道这样的人肯定是不会给他们钱的，弄不好还会遭到一顿臭骂。在郑州车站时，我特意注意了一下这些小乞丐的行踪，发现他们每讨完一圈后就躲到一个人少的厕所边去。原来在那儿有个成人在指挥着他们！显然那人是乞丐头目和“帮主”。那家伙装出一副若无其事的样子，但实际上他在指挥着整个车站大厅的四五个小乞丐的行动，而且在用其实并不怎么隐蔽的手法回笼着每一个孩子讨来的钱。

可恶！那一次因为时间来不及，要不我会走进车站的警务办公室找到公安局的同志把这帮职业讨钱的乞丐们给一网打尽。

“你想得太简单了，那是些社会毒瘤，就像长在人身上的牛皮癣一样，可不是一下子能治得好的。”想不到有一次我在某省城车站的公安处采访时人家竟然这么回答我。这个省城的车站公安处处长告诉我，他们曾经多次对这类专门以孩子出面向旅客索取钱财的“乞丐帮”进行过清理工作，但打了几次后不仅没有打掉，反而越打越多，他说仅他们那个车站大约有三四十个这样的少儿小乞丐，其中还有五六个是六七十岁的老人。

“你今天抓走他们一批，明天又不知从什么地方冒出一批人来，总是铲除不尽。”老处长不无为难地对我说，“可恨的不是有没有乞丐的问题，而是社会上怎么会有那么多没爹没妈没家没亲的孩子！有一年我们作过统计，全年在车站上出现的孤儿、流浪儿多达 97 个！有一小部分是跟大人在一起外出旅行时不慎丢失的，而大部分是被大人半途有意甩掉的，这些孩子可怜哟！他们不是身上有残疾，就是弱智者，或者是离异家庭的孩子。有一次我就碰上一对甘肃小兄妹，大的男孩子十岁，小的女孩子七岁，他们还都知道自己的父母叫什么名字，也知道自己的村子叫什么，可再多的情况就说不清了。孩子说他们的父亲在三年前死了，母亲开始带他们在西安做事，过了两年，有一天说带他们到南方去，就在经过车站转车时，一转眼小兄妹俩就再也找不到他们的母亲了。人生地不熟的，孩子当时吓哭了，他们就在车站等啊等，希望他们的妈妈出现，但一等几天都不见，后来饿了，没有吃的，他们就到卖包子的摊铺那儿看人家吃剩扔掉的就捡起来吃，后来摊贩见了就赶他们走。没有办法，这些孩子又不敢找警察，怕把他们抓起来送到监狱里——他们自己这么想，于是就自己每天在车站向过路的客人讨钱。他们白天做乞丐，晚上就钻在车站旁边的一个旧水泥管道里，这么着过了一年零三个月，要不是后来那个小女孩生病死了，她的哥哥哭着找到我们，我们还不知道这车站四周还有二十几个这样的孤苦伶仃的流浪儿呢！”

“你们进行搜查清理出来的？”

“可不。”

“这么多孩子就这么长年寄生在你们车站？他们靠什么维持生活呀？”

“除了乞讨，就是偷和抢呗！”老处长说到这儿长叹一声，直摇头，“平时这些孩子在车站见我们警察就像老鼠见猫似的。可我们有时为了整顿车站风气也不能不去管管他们，但你把他们抓来后一问，每一个孩子给你讲一个他们的故事，你听后就再不忍心去抓他们了。在常人眼里他们这些动不动向人讨钱的小乞丐确实令人讨厌，而且有伤我们社会的风气，但要我说，这些孩子其实没有多少责任，有罪孽的应该是我们大人们。有一个孩子才三岁，他知道自己的家就住在武汉市，他父母因为打架时撞翻了衣柜，把这孩子砸成了瘸腿，后来父母离了婚，母亲带着这个孩子总觉得是个累赘，将孩子带到我们这个车站，骗他说给孩子买上北京的车票去，便一去不复返了。三岁的孩子，你说可怜不？这样的孩子我们几乎每个月都要碰上一两个，这些孩子的父母们简直连一点点人性都没有，别说是亲情了，自己的骨肉呀！真忍心看着孩子在失去亲人后那种撕心裂肺的哭喊嘛！”

五十多岁的老处长，说到此处两眼泪汪汪的。

是的，孩子们懂得什么？他们天真地跟着父母远行，还以为前面等待自己的是天堂，哪知正是自己的亲生父母把他们送进了地狱。

在北京火车东站和西客站，据说每年收容这样的“丢失”孩子都在三位数以上。在昌平收容所里，至今仍有二十几名大至十五六岁、小至刚刚学会走路的弃儿，他们有的已经在那里生活了一两年，公安部门对这样的孩子甚至有些苦不堪言，因为这些孩子如果是身体和思维健全的一般都被有关机构送走或者被好心人领走了，留下的这些残疾的、智障的，叫公安干警们怎么去管理他们，或者说到底管到哪一天算是出头之日？

在河北某车站的收容所里，我见到一个长得相当漂亮而且身体和智力都没有任何问题的女孩子，她知道自己的名字叫娜娜。小娜娜见生人一点不胆怯，我问她家在哪儿？她说在草原上。

“那你爸爸妈妈为什么找不到了？”

小娜娜说：“我没有爸爸妈妈，我只有奶奶。”

“那奶奶现在在哪儿？”

“奶奶死了。”

“怎么死的？”

“她带我到这儿找爸爸妈妈，没找着，就生病死在了医院……”

小娜娜说到这儿便“呜呜呜”地哭了起来。

收容所的同志告诉我：当时他们从医院接到电话，说有个从内蒙古来的老太太病死在医院，她身边有个小女孩让我们去收容。后来我们听医院的人说，那老太太从内蒙古到我们这儿时已经病得相当重了。据老太太死前说，她家住在内蒙古一个草原旅游点旁边。有一年一对年轻人来到他们家，那女的一到她家就分娩生下了这个女孩。老太太说，人家出门旅行在外生孩子，她是个信佛的，一生以慈悲为怀，便让这对年轻男女留了下来，她还精心为那年轻的产妇坐月子忙这忙那，就像伺候自己的亲生女儿。可不出半月，有一天老太太从外面采蘑菇回家，却发现那对男女走了，婴儿却还在。她开始以为那对男女出去玩了，可等了一天又一天，最后老太太终于明白人家是借她这地方生下这可怜的孩子后便远走高飞了。老太太孤零零的一个人生活，就这样又当妈来又当奶奶地带着这个小娜娜过了一年又一年，后来孩子也能走路了，也能说话了，而且长得十分漂亮可爱。老太太像对待自己的亲生孙女那样疼爱着一手带大的小娜娜——连孩子的名字也是她给起的。但前年老太太发现自己得了绝症，于是就想帮这个孩子找回亲生父母。老太太只记得当时那位年轻女人曾经说过自己的家在河北沧州北边一带，于是她便带着小娜娜不远千里来到这个城市寻觅孩子的生身父母。然而善良的老太太没能实现自己的遗愿便先走了，只留下可怜的刚刚三岁的小娜娜……

“小娜娜，你想爸爸妈妈吗？”

“不，我要奶奶……”

小娜娜眼泪汪汪地看着我，那样子真叫人心碎。

广州和深圳是近十年间外地人口进入最多的南方城市，那儿的车站码头上的“黑人”也就最多。所谓的“黑人”既没有常住证，也没有身份证，更没有固定的居住处，他们以车站为家，有的据说已经在那儿有了第二代。武警某支队的政委是我的一位老战友，他从20世纪80年代在车站当执勤中队长，现在是管辖车站一带内勤工作的支队长。在这13年里，他收容和遣送的无户籍16岁以下的少年儿童就已经超过3000余名，这3000余名少年儿童的故事可以写成一个“长篇”——老战友在几年前就期望我有时间写一写这方面的事。这回为了调查亲情方面的材料，我想应该对他的期望做出回应了。而令我吃惊的是，从他口中我了解到的那些无家可归的孩子们的凄凉境遇，让人有太多忧伤和愤懑。

故事之一——关于“地老鼠”的传说

有个男孩是从江西去的，一口南昌话。他不知道自己是怎么到的广州。那是四年前的一个暑假前夕，学校又要进行期末考试，这孩子准备逃学，因为父亲在前几天已经告诉他：语文算术再不考到 90 分以上成绩，就去死。孩子害怕了，知道考试没几天了，自己的“死期”也快到了，所以他做出了一个“不死”的决定：逃跑。那天他把所有课本连同书包一起烧了个精光，他已经恨透了这些东西，它们使他从一年级到五年级的这五年里饱受了父亲的拳头和母亲的责骂。他偷偷地拿了抽屉里的两百块钱和一身衣服，乘人不备混上了从南昌开往广州的火车。上车后他藏在餐车的一个垃圾筐内，因此一觉醒来就发现车上的人都在往外走，他也跟着出了车站。车站好大呀！人又多，他便不知往哪儿跑了，于是在车站广场的一处台阶上坐下，坐着坐着他便睡着了……等他醒来时，发现有人在嘲笑他，原来他被一个“老板”弄到了一间离车站不远的木房子里。

“小孩，你是哪儿来的？是偷跑出来的吧？要不说我就送你回去！快告诉我，告诉我就给你好吃的，怎么样？”那“老板”手里拿着一只脏兮兮的鸡腿在他面前晃动着。两天没有进食的小孩咽着口水，可就是不敢向眼前的这个陌生人开口。

“不说？哈哈哈，不说也没关系，到我这儿的娃儿开始都像你这样胆小，可过不了几天胆子大得连杀人都不怕。”“老板”露着一口黄牙，一边啃着那只鸡腿，一边这么说着。

“我……我有钱，不住你这儿……”小孩怯生生地将手插进口袋，起身想要走。

“走？想走就走？”那“老板”眼睛一瞪，过去一把从孩子的口袋里掏出钞票，“好嘛，两百块！就算付了我这个‘二星级饭店，一天账单吧！”说完就把孩子的钱塞进了自己的口袋。

“伯伯，你把钱还给我，还我……我还要回家呢！”孩子害怕地哭了起来。

“哈哈哈……你还想回家？知道你家在什么地方吗？乘哪趟车吗？对了，你什么都不知道。所以你回不去了，你一出我这个门就会被警察抓起来关进黑乎乎的监狱里，让你跟毒蛇住在一起，而且永远别想出来！

孩子哪经得住陌生人这般吓唬？就这么着这孩子便落到了这个广州车站“第一偷”手里。一个月后，逃学小孩便成了车站一名小偷，并且一直被牢牢地控制着。半年以后，这个南昌来的逃学孩子已经成了活跃在车站的一名手艺不俗的惯偷了。当他的“师父”被警察逮住后，他竟然凭着腿快而一度消失在公安干警的视线之外。原来的“家”没了，偷性也使这孩子早已忘了南昌的老家。过早的成熟使他心目中树起了一个目标：要继承“老爸”（他的“师父”）业绩，争当车站“神偷”。还真有他的，公安和武警在车站屡屡组织抓捕行动，他却像一只狡猾的小地鼠，转眼就找不到了。原来他在车站广场旁边的一个下水道建立了一个属于他自己的“小天地”，平时他吃住都在那儿，谁也没有把那又脏又小的下水道放在眼里，而那狭窄的下水道正好能容下他这么个瘦小的身体。

他因此在公安干警那儿也挂上了“小地老鼠”的“荣誉称号”。要不是那个夏天公安干警们逮他的时候正好下着大雨，他的“家”被大水灌得满满的不能进去藏身，他这“小地老鼠”可能至今仍在广州车站活动……

故事之二——“卖花小情侣”的心酸浪漫

小妮与小宝本来并不认识，他们认识是因为小妮那天饿昏在候车室时，小宝一直守在她身边，直到小妮醒来把她背到他的“住处”——车站大广告牌后面的一只脱盖的旧油箱内。

小宝问小妮从哪儿来？家里还有人吗？

小妮只是摇头，说不知道，从小就不知道爸妈是谁，她说自己是从一个“姨”那儿逃出来的，因为“姨”逼她每天做很多很多的活，她干不了，就逃了出来。

“我有个妹妹，她长得像你，可是她生病死了，后妈不让我爸给她看病，所以我恨那女人，也恨我爸，我听大人们说到南方可以打工，就跑了出来。可到这儿，人家嫌我太小，所以我就在车站卖花。生意不错，够吃的。也有不够时，我就到车站转转，总能碰到有人扔的面包和矿泉水什么的，你喜欢喝矿泉水还是可口可乐？我这儿什么饮料都有……”他俨然像个英雄似的拿出一大堆各种包装的饮料瓶放到小妮面前。

这对流浪儿就这样成了胜似兄妹的车站“卖花小情侣”，每天出入在川流不息的人群之中，以自己独特的生存方式度过了整整五个春秋。

“我们支队那年抓获他们时，这对孩子怎么也不愿分开，那男孩子据说在少年管教所多次逃跑，想看一眼在另一个少管所接受教养的小姑娘。有一次这个男孩子还想逃跑，结果在黑夜里跳墙，不慎……”

“死了？”

“死了。”

听老战友这么说，我的心头感到堵得慌。问：“那女孩知道不知道？”

“不知道，不敢告诉她，怕她受不了……”

我感到无比难过，不仅为这两个可怜的“小情侣”，更为他们的父母——因为是他们的无情无义，使他们的孩子遭受了这么大的不幸。

这样的父母丧尽天良，应该受到谴责。

故事之三——狗娃与狗友的命运

狗娃没有名字，他自己也不知道自己叫什么，只是特别喜欢狗。广州城里有钱人多，养狗的人也多，但爱狗者却总容易丢失一只只价值连城的宠物。那些失去主人的爱犬一旦消失在大街小巷后，就不再被人所宠爱，常常被过路之人痛打。也许有种惺惺相惜的缘故吧，狗娃一见到那些无家可归的“狗友”，就总是尽力地保护和收养起来。有一回爱犬的主人找到了心爱的宠物，还给了狗娃两百元钱。打那回起，狗娃对所有在街上和夜间不知归宿的“狗友”都像自己的亲兄弟一样好好相待。有道是狗是最通人性的，有一回狗娃病倒了，三天没有吃什么东西，结果等他再次从晕晕乎乎中醒来时，发现身边一堆吃食，再转头一看，两只跟随他几个月的“狗友”正趴在那儿眼睁睁地看着他……

狗娃哭了，抱住它们哭了好久好久，一边哭一边说：“我爸妈连狗都不如，他们连狗都不如！”

“正是他这又哭又骂的声音，才让我们的战士发现了他。”我的战友说。

去年我在四川采访，有个码头的老船工告诉我，他曾经收留过四个没有家的孩子，他们都是因为各种原因被自己的父母遗弃的。其中有一个孩子 13 岁了，但从来就没有见过自己的父母是什么样，在他的记忆中父母是个谜，因为在他出生后三个月时母亲就扔下他到浙江去找她那个当地质工程师的夫君去了。孩子懂事后听人说，他妈本来是镇上很出名的“一枝花”，长得特别漂亮，追的男人很多，但她就是不愿意嫁给当地那些“没有出息”的男人。后来有一年镇上来了一批说是找油气的地质队员，那些人个个都是彪形大汉，再说地质队员们至少是大专生和大学生，有文化，吹拉弹唱什么都行，说干活吧也是一把好手，这样的男人在当地是找不到的。“一枝花”就这么着被地质队中的一个浙江男人吸引了，他们好得让当地男人和地质队上的其他男人们都妒忌。两个月后，地质队到了另一个地方，又过了几个月，人们发现“一枝花”的肚子大了起来，这可是又一个不是新闻的新闻。“一枝花”赶紧写信给在另一个地方找油气的男人，可那男人一直没有回信，这可把“一枝花”急坏了，不得不拖着大肚子远行几百里找到那个地质工程师。还算好，人家没有不认她。“一枝花”回来的时候，欢天喜地地捧着那张结婚证，逢人便说她现在结婚了，以证明肚子里的孩子是“合法”的。后来孩子生了下来，奇怪的是她跑到浙江与那个地质工程师成家去竟然没有把孩子一起带上，而且一去就再也没有回过家。有人说“一枝花”跟那浙江男人达成协议：人可以过来，但不能带孩子，因为那男人同另一个女人已经结婚，并且已经生下一个男孩，他离婚后跟“一枝花”结婚就不能再要孩子了。令“一枝花”伤心的是那男人居然对她说：“我在你们那儿才几天，我能相信那孩子一定是我的吗？不过呢，比起我原来的老婆，我还是愿意要你。”“一枝花”就是这样才拿到了结婚证，也就是这样永远地离开了家乡，离开了孩子……

孩子孤单单地留在了小镇上，成了一只孤鸟，是那些好心的大婶大妈用自己的乳汁喂养了他。后来是老船工收留了他，这老船工对我说，在这孩子心目中，爸爸和妈妈就像上帝一样，尤其是看到其他家的孩子有爹有妈、亲亲热热的情景，这孩子就会对路过的成年男女叫“爹妈”。时间长了，大人们开始逗他，说你叫我一声爸或者叫我一声妈，我就给你什么什么的，这孩子就亲亲热热地叫上一声爹和妈。从四岁一直这样叫到十岁，大了后他就再也不叫了，而且一改过去对爹妈的崇拜与渴望，一有人对他提起爹妈什么的，他就发怒。有一次又有人逗他说你叫我一声爸，我就给你五块钱买可乐喝。孩子生气了，看准逗他的人身边带的不足五岁的一个小孩，“噌”的冲过去抱住那孩子就往河里跳，当时把船上的人都吓坏了，逗他的那个男人赶紧跳下去救自己的孩子。而那男孩子从河里上岸后，就再也没有回到船工身边和他出生的小镇，老船工唉声叹气地说这孩子肯定是去浙江找他的爹和妈去了。

“可他上哪儿去找呀？说不定他妈现在都没找到自己的男人呢！真是作孽，大人们作的孽啊！”老船工的长叹回荡在川南的绿水江畔，化作了一个人们渐渐淡忘的记忆波痕。

第三章　弟是宝宝，我是黑奴？

从“上帝”造就男人与女人开始，人类就懂得了这个世界不可能没有男人，也不可能没有女人。男人是力量和雄健的象征，女人是美丽和温柔的化身。尤其值得称道的是：从中国社会主义制度诞生的那天起，男女平等就成为中国婚姻家庭制度的基本原则之一，后更被写入宪法与基本国策。

可是不知从什么时候开始，有人以低廉的价值观将“美丽和温柔的化身”视为发财和光耀祖宗的绊脚石。他们不该把重男轻女的罪恶枷锁施于亲生骨肉身上……

中国的人口控制政策从20世纪70年代就开始了，而且抓得特别严，尤其是在城市，一个已婚家庭生一个孩子已经被绝大多数人习惯性地接受了。但这几年农村和乡镇的计划生育问题却出现了严重失控，多子多福、重男轻女现象极为普遍，由此引发的一件件淡漠亲情的事件和现象令人发指、触目惊心。

这样的事在沿海城市和经济比较发达的东部地区随处可见：广东、福建、江苏、浙江等地的广大城乡有大批来自中西部地区的打工妹，她们中间有近三分之一的人都不同程度地受到家庭的歧视而被逼走出家门，到千里迢迢的外地打工受难。2000年曾经在浙江查出过几十位年龄不足16岁的女孩在私企打工，这些孩子都是来自贫困的广西。这只是查处的一起“童工事件”，其实你到沿海经济发达的地方走一走，尤其是在以纺织业和加工业为主的江浙一带的私营企业里看一看，就会发现那儿不少的打工妹是童工，她们中的多数都是因为不被自己的家庭和父母当做亲生孩子对待的苦命女。

于甜甜，她的名字很好听，可她的命运却是那么的苦。

于甜甜家里有一个姐姐和一个弟弟，她是属于计划之内出生的孩子，但在父母亲眼里她是全家三个孩子中唯一“多余”的人。第一个姐姐不能没有，一是好为家里干活，二是弟弟得有人带。所以身为“老二”的她成了绝对的“多余”。小时候的事她只记得两件：一次是她把母亲留给弟弟吃的一只苹果吃了，爸爸将她的头上打出了一个像苹果一样大的血包，从此她再也不敢轻易动一下弟弟的东西。弟弟受了父母的影响也不把她当人看待，有一次竟然指着他拉出来的屎让她吃，她为此重重地扇了弟弟一巴掌。父亲看到了，不由分说过来就把她扇倒在地，并指着弟弟的屎说：“你弟弟的屎也比你的人值钱！吃一口能怎么着？让弟弟高兴就是你的福气！吃，吃给你弟弟看——”她就在自己的父亲和那个哧哧哧笑个不停的弟弟面前把脸贴在了弟弟的屎上……这一切于甜甜一辈子都忘不了。

到了上学的年龄，看着村上的同龄孩子都往学校走，于甜甜多么羡慕，可等到比她小三岁的弟弟背起书包时她还没有求得父母的同意进学校，如果不是后来村里迫于乡里检查评比“教育工作先进单位”，她也许永远进不了学堂。上学了，早上她要背着弟弟蹚水过河，下课了，她又要帮着弟弟抄作业。考试时还要偷偷地为弟弟作弊。每一次考试她都心惊肉跳，倒并不是为自己，而是担心笨弟弟什么都依靠她。老师不是笨蛋，几次抓住后，又几次将她放了，因为老师知道如果揭发出来，可怜的于甜甜回家一定会惨遭父亲的毒打。小学毕业的那一年，于甜甜不知掉了多少眼泪，笨弟弟每次考试总要她“帮助”，几次三番后老师也忍无可忍了，学校准备让她的弟弟留级。父亲听到这个消息后，什么话也没有说，却用赶马的鞭子连抽了她十几鞭，骂她连一个弟弟都带不好。晚上她浑身疼得在床上打滚，可第二天又不得不跪在老师面前，一边哭着一边乞求："老师，我求求你们了，求求你们别让我弟弟留级，他要留级我会被爸爸打死的啊！我求求你们啦……"老师被她说服了。可不久的期末考试时，她和弟弟又玩起作弊的把戏，这回老师说我们可以放你弟弟一马，你就得停学。于甜甜一听这更急了，"扑通"一下跪在老师面前，哭得死去活来。老师们不解了，说于甜甜这是干吗呀？于甜甜擦着眼泪极其伤心地告诉老师："这回我是死定了。"老师说有那么严重嘛！于甜甜说："可不，爸爸要是知道我不能跟弟弟一起上学了，肯定不会放过我的呀！"这到底是怎么回事？老师们给弄糊涂了。于甜甜说："这还不清楚？我不能上学了，弟弟肯定也没有法子升级呀！爸爸还不把我打死才怪嘛！"原来如此。但学校的纪律还是严肃的，所以最后老师与于甜甜的爸爸商量，说学校只能允许他家一个孩子继续上学，否则两个孩子都得受纪律处分而被开除或者留级。不用说，于甜甜从此便失去了上学的机会。

那年她 13 岁，父亲花了 5000 元钱托人帮儿子上了中学。回家就把"老二"于甜甜臭骂了一顿，说你得把这 5000 元钱还了。就这样 13 岁的于甜甜跟着村上的一群大孩子上了江苏，到了一家私营企业的纺织厂打工，那儿的私企老板什么也没有问她，只问她会不会扫地刷厕所，她就说会，还会做饭抱孩子。那老板无可奈何地一笑，说你留下吧。就这么着，小于甜甜现今还在那个厂，她现在已经长到 1.52 米，刚满 16 岁……

余小芳，江西人，与于甜甜在同一个厂打工，两人同年同月生，余小芳如今却已经是"人家的人"了。开始我不明其意，后来一打听才知道余小芳已经在当地找了一个婆家，虽然由于年龄关系不可能结婚，却早已明着跟婆家的人生活在一起了。再细一打听，原来余小芳“婆家”的独生儿子是个腿脚有残疾的人，不过人还算不傻不聋，当母亲的怕以后儿子找对象难，就看中了外地来这儿打工的余小芳。但人家是有代价的，给了小芳的家人一万元彩礼。余小芳知道自己是跑不了了，她的这辈子已经被“卖”给了人家，好在这回卖的地方是个富饶之地，比起前几次她觉得命好多了。

“不是卖是什么呀？”伙伴们在一起时，小芳总是这样回答别人的询问。她记得这样的“卖”已经是第三次了。头一回她还很小，母亲牵着她的手走了几十里地，到了那家一看，那是家里有五个光棍的穷人家，一个 60 多岁的老汉身边四个儿子，最大的 32 岁，最小的 14 岁，老大老二都是神经兮兮的，村上人都称他们是傻大傻二。老三不傻，却有一只眼是瞎的，人称“独眼龙”。只有老四——也是她未来的“丈夫”还算像模像样是个小男人。这户人家出 3000 元钱把她领来是想给有病的老汉冲冲喜的，而老汉是想趁他还活着，先把小儿子的亲事定下来，免得等他闭上眼后小儿子的婚事给几个傻哥搅了。

把自已的女儿给这么个人家，村上的人背地里直骂小芳的爸，可小芳的爸另有一笔账：儿子——也就是小芳的弟弟要念县重点中学，学费和赞助费加起来近两万元，靠家里种的几亩山地要挣到什么时候才能交得起儿子的学费和赞助费？耽误了儿子上“重点”，就等于耽误了他一辈子，耽误了儿子的一辈子，也就是耽误了他余家下几辈子！小芳的父亲会算着呢！

可小芳哪受得了那家光棍们的生活呀！先不说那两个傻哥哥整天没完没了地缠着她要玩“大鸡鸡”，单说“独眼龙”的另一只睁着的眼，只要一看到她就像要戳穿她衣衫似的令她白天黑夜无时无刻不心惊肉跳。有一夜她刚刚入睡，迷迷糊糊中猛然发觉有人在她身上乱摸乱动，她惊醒而起，黑暗中只见有只闪闪发光的眼睛恨不得要把她吞下……就因为这她逃回了自己的家。

人回来了，父亲则更把她当牲口似的对待，整天骂骂咧咧。据说那光棍家找到小芳的父亲，要他还了余家已经收取的 3000 元钱，否则就告他余家“诈骗”。小芳的父亲怕了，说一定还。可钱给儿子上学用掉了，怎么办？父亲又盯着小芳在想主意，不几日，父亲突然对小芳好言好语起来，说带她到山外的一个“好地方”去。临走时，父亲竟然破天荒地给小芳穿了件不知从哪儿弄来的新衣服。

山外的地方还真好，有公路、有汽车，还有楼房。小芳被父亲留在一个三口之家，这回人家有眼睛有鼻子，看不出有谁是傻是呆。小芳一看就明白了：她又被父亲“卖”给了这家还比较富裕的山外人家。那个比小芳还小两岁的阳阳，大概是她又一位未来的“丈夫”吧！阳阳没有什么特别，正在上五年级，可小芳算了一下年龄应该上初一才对。她偷偷问过阳阳，可当问到这些时，阳阳就会涨红着脸什么都不跟她说。有一次逼急了，阳阳突然浑身抽动起来，再后来便倒在了地上，口中直吐白沫，吓得小芳连忙叫来“爸妈”。阳阳被送到了医院，而“爸妈”回家后则狠狠地打了她一顿，并且警告她：“以后再要是把阳阳吓出个三长两短，就要你的命！”

小芳真以为是自己做错了事，从此小心谨慎地行事，活脱脱的一个“小媳妇”。但后来有一天她看到阳阳又被人从学校抬回家，那样子跟上次一模一样。这时小芳听人说“阳阳的羊角风又犯了……”什么叫“羊角风”，小芳也不知道，但她太害怕看到阳阳发病时的情景，日久天长，小芳经常半夜从噩梦中惊醒，而且慢慢地变得整日神情恍惚。阳阳的父母开始只管骂她打她，后来仍不见她“改掉毛病”，就找到医生。等小芳从医院出来的第二天，他们便把她送回了山里的老家。

苦命的小芳后来又一次被父亲“卖”出去，但因为价格没谈成做罢了。父亲回家后毒打了小芳一顿，并举着大木棍冲她吼道：“你这瘟×，怎么就老没人要？猪都可以卖出去，你就连一头猪都不如？”

小芳恐怖极了，此后她便自已上了往东的火车，而且自己做主“卖”给了现在的“婆家”，当她把自己“卖”掉后，托人给父亲带回了一万元钱，并在一张小纸条上歪歪扭扭写了一行字给她父亲：

我从此再不欠你们一分钱，你们永远不要再来烦我，因为我已经不是你们家的牲口了……

小芳现在很懂事，虽然她在未来的“婆家”常掉眼泪，可她总是知趣地把泪水往肚子里流……

在北京，与上面这些打工妹的命运类似的人其实也不算少。在某居民楼开电梯的一位姓谭的辽宁女孩，到北京已经七年了，一直没有回过老家。每年春节同乡的打工仔打工妹都忙着买东西回家，可她却从来不想回。有人问她为什么不回家，她说她没有家，居民楼里的大婶大妈都认识她，以为孩子真的没有家，就在逢年过节时给她送这送那的，有一天一位大婶把她接到自已家吃了顿年饭，是热腾腾的一大碗饺子。

那好心的大婶说：“孩子，你不要见外，过年了，你没有父母没有家，孤苦伶仃一个人到北京打工不容易，大婶这儿就是你的家，每年逢年过节你就到我家来。”

“大婶，你别说了……我，呜呜呜……”这女孩没等大婶端起盛满饺子的碗，便捂着脸呜呜大哭起来，哭得一双瘦削的肩膀直颤抖，后来她还是没有在大婶这儿吃这顿年饭，独自一人关在地下室的宿舍里从大年三十一直哭到大年初一。之后，这位在居委会工作的大婶才知道，这姓谭的女孩不仅有家，而且父母都曾在辽宁某单位工作。

小谭过去一直隐瞒自己的家世，因为那是一幕对她来说极其黑暗的往事，不堪回首。

小谭今年 20 岁，父母原来在当地的一家国有企业工作，在她 5 岁的时候，父母不知通过什么关系，又生下了一个弟弟。这弟弟生下后，她便开始觉得自己在家里的地位完全变了，尤其是在她进初中读书时，父母简直就不把她当自己的骨肉看待，动不动就打她，逼她出去做事，比如到附近收破烂什么的，就是不让她正经上学，而对她的弟弟则百般呵护。有一回快期中考试了，她的父亲还叫她利用白天时间去一个即将倒闭的工厂那儿捡破烂，她不愿去，说自己要念书，耽误了复习会考不好的。父亲一听这话就将她的书包扔在地上，说：“本来就不想让你再念了，考不好最好。下个月你就去南方打工，要不养你干啥？”

那回考试差点不及格，她虽然还勉强可以继续上学，但这时父亲和母亲相继下岗，本来就并不平静的家庭，一下子像砸了锅似的天天“乒乒乓乓”没个完。后来母亲在一家夜总会找到了一份清洁工的活儿，父亲则因为没有活干而整天在家长吁短叹的，拿她出气。令她小小心灵最忍受不了的是每次开学交学费时，弟弟的学费父母总是给得很痛快，而她的那份就怎么也要不到。为此她受到了老师的批评，回家后她几次跪在父母的面前恳求，遭到的不是一顿谩骂，就是一顿拳打脚踢，最干脆的一句话是：“你弟弟一个人念书就行了，你念书有什么用？”

“我和弟弟一样是人，为什么他有用我就没用？”她一边哭一边不解地问父母。

父亲听后瞪着吓人的眼睛告诉她：“你弟弟是男孩，将来我们还要送他上大学、出国留学！你懂吗？我和你妈就因为文化低而下岗了！我们家里这个样，就是缺文凭，缺大学生！你弟弟将来就要拿高文凭，当大学生、留学生给他们看！你女孩学那么多有什么用？将来你又不是我们家里的人！”

“我……我怎么不是家里的人？”父亲的话深深地刺痛了女孩，她这才明白，原来自己在父母眼里并不是“家里的人”呀！

她悲痛欲绝地止住了哭泣，不等初中毕业就跟着一群同乡跑到了北京，开始了她艰辛的“打工妹”生涯。

北京很大，小姑娘刚到北京真是有喜有忧，喜的是她这辈子能到从小向往的祖国伟大首都，忧的是像她这么小没人要她做工。好不容易找了份保姆的活，可不出两个星期，因为一次给孩子喂奶温度高了一些，烫着了主人的小孩，于是主人一顿臭骂后把她赶了出来。后来她又在一家私人的小餐馆刷碗，一个月200块钱，还管吃管住。可干的活一样，她却发现老板娘给她的工钱却是几个四川打工妹的一半，她怯怯地问了一声，那老板娘就揪着她耳朵告诉她记住这样的话：“你看看自己身份证的年龄是多大？在北京这地方谁敢用你？我用你就已经是给你造福了！你也不想想你老爹在家一个月挣多少钱？哼，想多要钱可以呀，上窑子里去跟那些臭男人睡觉你愿不愿意？”

钱的事她再也不敢提了。有一次工商局来小饭店检查，那老板娘就对人家说她是亲戚的一个孩子，因为不愿在家读书，所以就上北京来玩的，这几天是给店里帮帮手的。这么着她也就蒙过了工商局人员的检查。后来不知是怎么回事，被家里人知道了她在北京打工，还能赚钱，于是父亲就托话说让她寄500元钱回去。

她没有寄，因为她恨透了父母。可没过半个月，她又不得不把自己积攒的仅有的380元钱全部拿了出来。这是无奈的事——父亲见她不寄钱回家，就让她的弟弟专门上北京来找到了她，弟弟哭着对姐说："……妈跟歌厅里认识的一个人走了，爸整天只知道喝酒，我的学费已经两个学期没有交了，老师说再不交下个学期就不让我上学了……"

她哭了，抱着弟弟大哭了一场，第二天带着弟弟上天安门广场玩了一圈，便送弟弟上了回朝阳的火车。弟弟走了，可她打工的小餐馆的老板娘因为她耽误了活而辞掉了她。

后来这女孩在北京城里到处流浪了三个多月，最后是一个居委会的老奶奶帮她找了现在的这份开电梯的活，每月500元，一天工作14个小时，住在楼层的地下室，她每季度给家里寄300元，养活着弟弟和那个下岗的父亲……

某些中国人由于受封建意识的影响，历来就有重男轻女的思想，其实女孩更比男孩懂得亲情和孝心，这位姓谭的女孩就是一例。然而我知道，上面举的仅仅是生活中的几个例子而已，今天在我们现实的社会里，像上面这几位得不到家庭温暖，受尽自己亲人欺凌而遭受人间种种不幸的女孩绝非一两例。

琪琪，广州市某中学的学生，今年16岁，生于1985年1月9日。但这位花季的南国都市少女，从她出生的那天起，就成为被亲生父母遗弃的孩子。广东省人民医院妇产科的大夫们至今还清楚地记着这位不幸少女当年被父母无情遗弃的情景：琪琪出生时，当接生的大夫从琪琪妈妈的腹里抱出胖乎乎的婴儿时，随口夸了一句："好个大肥仔呀！"哪知就这么一句赞语，却断送了琪琪与生身父母的血肉亲情。正是说者无意，听者有心，当产妇和婴儿被送到病房住下时，值班医生接过女婴还特意对产妇说：你生了个蛮好看的女娃儿，琪琪的妈还点了点头。可第二天却出现了连医院都意想不到的后果：产妇突然离开了医院，而生下的女婴却没有被接走。当医院追到她家时，夫妇俩竟然拒绝接受他们的亲生骨肉，理由是：接生的大夫说是个"大肥仔"，现在你们医院却给我们送来个女孩，这孩子肯定不是我们的。人民医院的医生们惊呆了，怎么也不相信一句随口说的夸奖话，结果导致了生身父母不认自己的亲生骨肉！无奈，医院只得暂时先把女婴收养在医院。就这么着一天接着一天，人家就认准了要跟医院过不去，小琪琪在医院一待就是15个月，亲生父母仍然不认领，广东省人民医院成立几十年里还是头回碰到这么件怪事。但孩子在一天天长大，医院总不能这么不明不白地替人家抚养着呀！最后医院不得不向广州市中级人民法院提出起诉，要求琪琪的父母领回自己的孩子。但琪琪的父母坚持不认账，依然说自己的孩子应该是个"大肥仔"。就这样，1986年6月，我国第一例亲子鉴定案由此引发。法院公开审理了此案，并请广州中山医科大学法医系的三名教师对小琪琪和她的母亲苏敏捷及父亲陈郁权进行多项血型测定，结果小琪琪的血型与父亲陈郁权的父权概率达0.999，超过国际上确定亲生关系0.95的标准。法院因此依照《婚姻法》规定，判小琪琪为陈郁权和苏敏捷夫妇所生，要求他们抚养孩子。然而法律虽然把小琪琪判归了她父母身边，可因为这对夫妇一心想争取获得个"大肥仔"，所以对小琪琪依然视为他人所生。本来就没有得到过亲情和家庭温暖的小琪琪祸不单行，五年后，她的父母感情破裂离了婚，两人后来又分别成了家，而他们的亲生女儿小琪琪则无家可归，只得跟着年迈的爷爷住在仅有3.7平方米的一间小平房里苦度岁月至今……如今小琪琪长大了，长到了她完全懂得什么叫家庭温暖和父母亲情的花季年龄，然而她常常背着小伙伴抹泪，因为她生来就没有得到过父母的爱和血缘上的亲情，她总是发呆遥望着苍天，探求一个永远没有答案的问题：为什么就因为自己是女孩，父母便不要我了呢?

小琪琪的命运叫人揪心，但小琪琪的命运还不是最惨的。

就在2001年2月18日这一天，我吃完午饭，无意间看到中央电视台的《今日说法》节目，正在播出的内容更是令我感慨万千。节目讲述的是2000年8月份在上海和江苏两地发生的一起父亲和奶奶亲手残害一女婴的案件。说的是在上海浦东打工的一对江苏泰州的年轻夫妇在上海某医院生下一个早产女婴后，由于孩子的奶奶对儿媳妇生了一个女孩子不满意，便在儿媳杨梅将孩子生下的第二天就要求母女出院，后来经医院多方劝说，才于4天后的8月8日从上海这家医院出了院。可就在9日这一天，也就是杨梅母女回泰州老家的第二天，在自己父亲的协助下，这个女婴被狠毒的亲奶奶活活地埋在毛豆地里。被埋15个小时的女婴后被人无意间发现，从地里挖出来送到医院抢救，还又活了一阵子，可终因严重缺氧而结束了短暂的生命。那个残忍的奶奶在看守所里对着电视镜头还这么说道："我就是不喜欢女孩，我要抱大孙子……"

多么可悲而愚昧，正是她的这种麻木和愚昧使她成了一名等待死刑的囚犯。可是生活中还有千千万万的不把自己亲生女儿当人看待的父母们，难道他们不该受到亲情和人性最严厉的审判吗?难道他们真的不知道女儿也是他们的亲骨肉?难道他们听不到女儿们一声声凄惨的哭泣吗?

我为天底下有这样的父母和爷爷奶奶而感到羞愧与耻辱。

不知什么时候中国社会把男人和女人分为两个完全不同价值的"物种"?我能找出最早的根据是我们的圣人孔子曾说过的"惟

女子与小人难养也”这一古训。孔老夫子应该是中华民族的圣人，但他的话却把普天下的女子们给害苦了。几千年来，女人只配做男人们的附属品。新中国终于使妇女们有了翻身的机会，可以说，男女平等是中国20世纪文明成果中的一个主要成果。然而谁能想到，当我们正在一方面欢呼“半边天”越来越多地支撑着这个多彩世界，用全身心在呵护我们的子女时，而另一方面在同一片蓝天下，有人公然让女人贬值，而且贬到无值可言，甚至连起码的人的价值都彻底被剥夺了。不是吗？我在上面所列举的几个事例绝非是今天我们中国社会中闻所未闻的个案，此类现象其实在现实生活中不鲜见，尤其是在一些经济落后的地区更为严重。在这些地方，女人似乎就不配来到这个世界，来到这个世界便是一种“多余”或者“罪孽”。

我见过一个在北京已经生活了三年的女孩，她已经被公安机关送过两次“少管所”了，而每一次都是因为偷了人家几十元钱。好端端的一个南方女孩，却整天干着见不得人的活儿。公安部门因为她没有任何身份证明而两度遣送她回老家，但她又两次重返北京。问她为什么？她说她爱北京、爱天安门，就是因为没有饭吃才偷人家的钱财，偷别人的钱财是为了活命。女孩回答公安人员的话时没有丝毫的掩饰，也没有丝毫的恐惧。当我被允许单独采访她时，她告诉我的话令人吃惊。她说她永远不会离开北京，因为北京的人就是好。我问她你就不怕警察一次次地抓你？她说：抓我才不怕呢！公安局的叔叔们好，抓了我给我饭吃，是把我当人看待。我便对她说你本来就是人嘛！她竟然哭了，说她从来就不被人当人看待，从懂事起就没有被谁爱护过，父母亲就因为她是个女孩，起初是咒她早点死——被车轧死什么的，后来看她也死不掉，便天天不给她好吃好穿，父母挂在嘴边的话就是：“养你有什么用？死了还能添个儿子！”她在7岁时就真的离开了父母，离开了家——躲在家乡的小县城里。在小县城里她当起了小流浪女，帮着一个花贩子在街头卖花为生，那花贩子经常打她骂她，她不得不回到了自己的家。可回家一看，自己的家已经多了一个弟弟。父母见她回来后很紧张，说：我们早跟村上的干部说你在外面丢了，人家才同意我们再生了你弟弟，你现在回家要是被村干部看到了非让我们全家都得饿死不可。她不解地问父母：干啥我回家后就会饿死全家人呀？父亲过来就是一巴掌，然后告诉她：人家村干部要是看到你还活着，会让我们交超生罚款，可家里没钱交罚款，村干部就会来把家里的东西全部收走，我们不饿死还能怎么办？这有孝心的女孩听了父亲的一番话后，像个小大人似的点了点头，又看了一眼刚刚学步的弟弟，没说一句话就再次走出了家门。她就是这样被自己的亲生父母逼出家门的。她说她知道母亲本不该生她出来："村上的人只喜欢男孩，不要女孩子。"她说不出为什么，只是知道因为自己是女孩子，所以"天生"不该受父母之爱。11 岁那年她搭火车到了北京，从此再也不认识回家的路了，只知道自己的家叫"小河庄"。那模糊的口音让公安人员都无法辨识她的家乡到底在何处。女孩就这样一直滞留在北京，直到一次次被人抓住又一次次地挣脱逃跑。我见她时是在燕莎商场附近，那天我正同一名外地来京约我写稿的女士在一起，于是这小女孩就十分机灵地捧着一束鲜花走过来，说先生你买一束鲜花给"女朋友"吧。我的"女朋友"和我当时又惊讶又好笑，为了表现一下绅士风度，我买下了一束鲜花。但我需要"回报"——于是便知道了她上面的这些情况。女孩子非常坦诚，也不回避，你让她说什么她就说什么，那种毫不避讳的直率使我不愿再带着某种意图去推测，因为我觉得面对这样无辜和不幸的孩子，任何一次再让她重复自己的苦难历程都是一种罪过。

今年"六一"前夕，北京电视台的小叶导演知道我正在写这部书，便要给我做个“专题”，巧在她也有意无意在燕莎附近碰上了一个卖花小姑娘，并且获得了不少“第一手材料”。那流落街头的卖花小姑娘的命运和她的直爽令小叶导演感慨万分，小叶从那小姑娘口中了解了不少这些“另类”孩子的情况。我没有见过小叶说的那小女孩，可我似乎有种预感，小叶见的那女孩可能就是我碰到的那女孩。然而我又知道也许根本不是，因为我知道另一个情况——仅在北京街头，这样的小女孩子至少有一二百个，她们的情况各不相同，但多数还是因为她们是女孩，才或被人诱骗，或干脆就是被自己的父母亲赶出家门，成了流浪女。

女孩有什么错？可在我们这个社会里竟然存在着这样无法回避的事实：因为你是个女孩，在部分人的眼里你从此就低人一等。有人说这是计划生育带来的后果，其实并不确切。我以自己为例，我的孩子同样是计划生育指标以内的孩子——只生一个，可我并不感到她就不应该受到人间的珍爱和呵护，她是我和她母亲的心头肉，是我们做父母的命根子。因为她是我们的后代，是我们生命的延续。然而今天在我们同一个世界里，我知道不少人已经把生男生女看成了家庭和个人的一种资本，在他们看来，男孩是家庭血脉的传承人，是家族姓氏的继承者，而且是家庭经济的顶梁柱；而女孩则不是，女孩是“赔钱货”，是养大了给别人做媳妇的，即使积累财富也是给别人家积累，长大后还得赔上一大笔嫁妆。

女孩子在这些人的眼里甚至是一种罪孽，一种拖累家庭致富、影响传宗接代的罪孽。

女孩子在这些人心目中因此变得不再是人了，即使生下她来，也不会被当做人看待。

我曾经走访过一位把自己的亲生女儿卖给人贩子的庄稼汉，问他为什么这样做。他回答得竟然有几分理直气壮：“我为什么不呢？养一个女孩子从小到大，一年少则几百元吧？到她20岁出嫁，我得花几万元。俺农民辛辛苦苦一年从地里才能弄回多少钱？说句没人味的话，我养一个闺女，还不如养几头猪呢！骂我什么都成，可这是事实呀！儿子就不同了，同样花几万元把他养大，以后他就可以为我把本钱挣回来不说，他一能传宗接代，二能在村上给俺家混出个人模狗样来，至少不受人欺嘛！你不信？那说个真事儿给你听听，俺村主任为什么能当上村主任？就是因为他家有三个儿子，轮上什么事，三个儿子往外面一站，乡亲们谁还敢说个不字？可你要是家里有三个女娃儿就不顶事了，别说当不上村主任，就是轮块风水好的承包地怕也不成。如今都讲效益，都讲从实际出发，俺农民也不傻，生儿就能致富，养女就等于自己给自己掘坑，谁不会算这笔账？”

听完这位卖女儿的父亲的一番话，我觉得自己原先涌在心头的千条道理顿时荡然无存……

我找不出充足的理由说服这位将女儿当做商品卖给人贩子的家长，因为在特定的社会背景下出现的这些畸形现象，用简单的一种错与对的方式来判别似乎很难让人信服。过去我们一议论男尊女卑时总把罪过归结到封建意识上，而且通常认为城市里很少有这种“重男轻女”的“封建意识”，农民或者农村里的这种“封建意识”很严重了。但当你认真去考察一下那些“重男轻女”现象比较严重的地方时，你就会发现，今天发生的“重男轻女”现象，已不单单是“封建意识”的问题了，而是多了一种更加可悲、更加危险的意识，即有人已经把生育性别同家庭和未来的财富连在了一起，甚至可以说是纯粹的价值取向在发生作用！

——你生个男孩就意味着你或者你全家可以在可预见的未来获得致富的可能；

——你生个女孩就意味着你或者你全家可能在可预见的明天

丧失财富或者延缓致富。

于是有人便异常冷静、异常理智、异常清醒地在选择生男生女时做出自己的决定。而一旦女孩降临时，他们就像看到了可预见的巨大财富的丧失，而此时此刻的他们甚至完全不会把自己的亲生骨肉当做人看待，无数至今流落街头或者沦为鬼魂的女孩子因此成了无辜和不幸的对象，因此出现了像上面提到的那个江苏泰州的亲奶奶把自己的孙女活埋的灭绝人性的事件。当时我在电视节目里看到这位年纪并不算大的奶奶被抓进监狱时，脸上没有半点恐惧之感，有人问她为什么做出这等丧尽天良的事时，她的表情依旧坦然如故，而我正是从她那张坦然的脸上看到了一种比“封建意识”更可怕的精神意识，因为在这种精神意识的背后是利欲熏心的利益价值观在作怪和支配着，它因而比单纯的封建意识更可怕。几乎可以判定，所有今天被自己的亲人们抛弃、歧视和侮辱的那些女孩子们，她们多数是这种价值观的牺牲品和祭奠物。来听一听一位化名叫木易的女大学生的诉说吧——

……上大学一年级时，宿舍里的同学们自报家门，一个个兴高采烈地说起了自己的父母兄弟，唯独我一声不吭。“你妈妈呢？”“她不在了。”同学们不经意地问，我轻描淡写地答，宿舍里静了许多，我没有再说下去。母亲？是啊，我的母亲在哪？可我知道我的母亲还活得好好的，只是我感觉她早已在我心目中消失了。她带给我的只能是痛苦的回忆，这是幸福家庭的孩子难以理解的。那一夜，泪水又在我的眼中泛滥。

父母正式离婚那年，我正上初三。导火线似乎还在我身上。那时功课紧，每天中午放学时我早已饥肠辘辘，脸色苍白，可家中并无做好的饭菜在等我。一回家，我

> 就赶紧提水做饭。那天回家晚，我忙放下书包，阴沉着脸的母亲命令我马上去提水，因为我饿得慌，又见水桶里还有些水，就迟缓着嘟哝了一句。母亲立即火起，随手甩了我一巴掌。刚进门的父亲在一旁看不惯，就上前为我说了两句话，这下可好了，母亲立即像一头暴怒的母狮，开始把所有的怒火都向我袭来。而在这暴打中，我反倒平静了下来，只有眼泪从我眼眶中不停地流下，因为我不明白人家的孩子在母亲那儿是个宝，而我为什么就……八岁那年，母亲生下我的弟弟，因为父母都要上班，母亲就叫正在上学的我停学照看小弟。那时家里条件不好，似乎在我记忆中所有好吃的东西都要留着给弟弟吃。而瘦弱矮小、人称“黄毛丫头”的我，却要背上胖墩墩的小弟，站在齐胸高的水池边，用一双瘦弱苍白的手，洗着弟弟的尿布。有一回因为我又饿又馋，趁小弟睡熟的时候偷偷地揣着好不容易积攒的两毛钱上街买了一个眼馋了许久的包子吃。等我大口大口偷吃完再一路飞奔赶回家时，醒来的小弟已尿了一床。我惊恐极了，生怕母亲看到，那将是我又一次灾难……

透过这位女大学生对当年的回忆，我仿佛看到了一幅“苦难童女图”，而悲哀的是制造这幅“苦难童女图”的并非是“万恶的地主”，恰恰是“苦难童女”的母亲。由于采访和接触多了，我始终有些弄不明白，造成这女孩饱受童年苦难的她的母亲，自己也是一位女性，虽然我们不知道她的童年是否也有过同样的经历，但有一点总让人难以理解，即显然这位母亲是因为不喜欢女孩而喜欢她儿子才对自己的女儿如此冷酷，近似虐待。我不知道这位母亲有没有想过自己本身就是女性。我在想：如果她自己小时候同样受过父母和家庭的虐待，那她就不该好了伤疤忘了疼；如果她没有受过父母和家庭的虐待，那她现在这样对待自己的女儿，就只能说明她失去了起码的母性。一个不具备母性的女人，又怎么能成为一个真正的母亲呢？然而大千世界中，那些做了母亲的女人又何止是一两个已经忘却了自己也是女人啊！

正是人世间不乏这样一些“母亲”的存在，使得许多家庭里的女孩的命运变得尤为悲惨。其实她们从出生的那天起，就被自己的亲人不当做人而视为多余的一件廉价之物、一件厌恶之物、一件非弃之不可之物、一件弃之而不悔之物。

有人说过：女人是这个世界的不幸之物。那么我要说，那些生出来就被抛弃的幼女们则是这个世界上最不幸之物。因为她们失去的不仅仅是亲情，还有做人的基本尊严。

第四章　你爱了，就可以扔下我不管？

不知从什么时候起，有人将感情游戏视为时髦，当他们纵情地玩弄所谓的“爱”和沉迷于情欲时，显得那样投入、那样大度、那样忘乎所以，可是他们常常忘却了身边最该投入感情的孩子。如果看到被他们冷落的骨肉在经受怎样的煎熬之后，他们的良心是否会发现——

不知从什么时候开始，洋人的节日渐渐变成了中国人的节日，而且有些人对外国人的节日在某些程度上甚至比过中国人自己的节日还要痴迷。每年 2 月 14 日，在国外叫做“情人节”，大众中的情人之风也越来越时兴。每年到了 2 月 14 日这一天，据说全国的花市销售之旺是空前的，在 2001 年的 2 月 14 日这一天我特意注意了一下电视新闻，从中央台《东方时空》的早间新闻，到地方台的每一个新闻节目里，都在报道这样的新闻，说情人节里花卉市场有多么多么火热，我不知道这种宣传和导向意味着什么？我的直接感觉是，现在人们都在暗地里热衷于找情人——不管你承认还是不承认，情人现象已经泛滥。难怪我在那天上班时，大伙儿吃饭聊天时讲的主题几乎全是有关情人的问题，朋友打电话来谈其他什么事时，也要顺便半真半假地说一声：可别忘了给情人打个电话买枝玫瑰呀？如果是女同胞打电话来就半真半假地说一声，今天向你献一份爱呀。这都是假情人们说的话，但真情人这天也没闲着。我不否认情人节中有那些真心在谈情说爱的年轻人，但道德之外的情人也不少。南京某商城还在这一天搞出个名堂，说凡抽奖者获奖后可以在南京某五星级饭店里免费与异性住上一夜……

我真弄不明白这个世界到底出什么毛病了？

其实我能不明白吗，那就是情人现象如今正在疯狂蔓延，莫名其妙地充斥了社会。南京某商城这么做有人很愤怒，其实想来也是商家的一个炒作而已。

那一天在成都大街上则演出了另一个闹剧：

一位机关的副处长匆匆吃完午饭后，便进了人民路上的一家花店，想给他的在另一个机关当出纳的情人买一枝从荷兰进口的那种带银色滴露的“妖姬玫瑰”，花店这时趁机搂钱，一枝这样的鲜花卖到了300元。这位处长今天把头梳得格外光溜，而且还在头发上喷了很多法国香水，300元一枝的“妖姬玫瑰”对一个月只拿2000多元工资的他来说是显得贵了些，但这只是他心里说的话，今天这个日子再贵的花也不能说贵，而且买越贵的才越显得情深爱浓。

“嗯，真的够派！”副处长出了花店，一边闻着手中的“妖姬玫瑰”，一边匆匆赶到广场的街心花园。那是他和情人约会的地方，本来他们是该到近郊的一处农舍去的，那儿是平时他与情人幽会寻乐的长期居住地。

副处长今年32岁，大学毕业，前年因为妻子发现了他外面有女人，便吵着跟他离了婚。离婚时妻子也干脆，什么都没有要，连7岁的儿子都让给了他。在离婚时，他正处在由科长升任副处长的关键时刻，当领导问及他的家庭问题时，这位副处长候选人一把鼻涕一把眼泪地对领导说都是因为平时他早出晚归忙于单位工作而被妻子踢出了家门。可不，单位的同事都证明这位副处长候选人每天上班是第一个，下班也是最后一个，尤其是他在晚上还常常加班。同事们有时候打电话到办公室问个事请个假，或者询问些什么情况时，他总在办公室忙他永远忙不完的“论文”和“调查报告”。领导一想也对呀，单位里不就是他的论文和调查报告写得最多嘛。几位局长对这一点是再清楚不过了，每次上头急着要个什么材料，哪回不是靠这位“年轻有为”的科长嘛！“你啥都好，就是没学会关心家庭和孩子，以后要给予他们更多的关怀和爱心，一个没有爱心的人是不可能成为一个好领导的。”局长们谆谆教导他。他也连连点头说：我一定培养更多的爱。

领导哪知道其实这位下属的“爱”已经够多的了，只是他的所爱并不是领导们所期盼的。他的爱撒向了阴暗处，最后因为这样的“爱”而把7岁的儿子也给丢了。法院在判离婚时，儿子归他抚养。开始他对这一问题并没有放在心头，有个儿子也行，毕竟7年付出也不算少了，再说孩子大了到了该上学的年龄，因此他觉得这并不会影响他像以往那样在外面献“爱”的行动。但后来他有些后悔莫及，因为他再不能“加班”了——本来这加班是他“献爱行动”的主要内容，一栋办公大楼里同事们都下班了，他会在中国人习惯的晚饭黄金时间的那两小时内，赶紧约同一栋楼的另一个单位的那位情人到办公室来幽会，而等“爱”结束，即使有单位的同事赶巧也来加班的话，看到的准是他在办公室里非常疲劳地“工作着”——或是不停地在喝水，或是不停地在做着怪里怪气的健身操。“革命的路还长着呢，你可得注意身体呀！”同事们总这样关切地对他说，而他总是谦虚地说：没事，一会儿就好。可不，刚做完“热身运动”，他能不显得很疲劳嘛。现在不行了，儿子没有人管了，他想蹲在办公室偷偷幽会和做“热身运动”也不成了，儿子从学校回家后没完没了地打电话喊着问：什么时候回家，再不回来我要饿死了。几回下来，人家同一楼的情人不干了，说要不你另找合适的时间约会，要不干脆分手。其他合适的时间哪儿有呀？白天都在上班，办公室就像茶馆，别说你想偷偷幽会干些什么男女间的情事，就是有哪个女的男的生人打电话进来，同事们还会奚落一通，非让你交代个明白才是。找不出合适时间和合适地方？那就拜拜吧。

瞧人家多干脆。说不来就再也不上门了，你再追着去问，人家准会告诉你这种方式才叫情人嘛——想好就好，想再见就再见。“难道你非得让我天天缠着你才好？”人家说得多有情人派呀！

副处长是当上了，但后来同事们发现他也不加班了。有人感到奇怪，就问他，他说家里的儿子没人带：“有活就只能拿回家加班呗。”

瞧人家的觉悟！“努力吧，不出两年，正处长的位置还是你的。”同事们在他耳边悄悄拍马屁给他听，他能不乐吗？

这回他的新情人才结识 3 个月，但他们从认识到幽会到第一次合欢到租房子总共没出一星期时间，这种速度令身为副处长的他也感到惊叹。他在机关工作，虽然也算副处长了，但实际上也是穷光蛋一个。可人家就不嫌他囊中羞涩，“我以前那男人钱很多，可他连时间连钱一起全都给了别的女人，我只要你的心就行……”

公园门口，两人见面就热烈地拥抱在一起，这时的副处长根本不会考虑形象，他和她仅仅两日不见，却似相别三年五载，这大概就是情人之间的感情那么有魅力的缘故吧。

“给你——”他把一捧“蓝色妖姬”玫瑰轻轻放进她的怀里。

“给你——”她把一只日本卡通小狗塞在他西装里面。

“嘻嘻嘻……真逗。”

“嘿嘿嘿……有趣。”

就这么浪漫，就这么缠绵。

后来他们在公园角落的一个亭子里坐下，便热烈地再次拥抱和接吻……

“呀，我的包呢？我的包被小偷偷走了！”她突然发觉自己的小挎包没了，当她抬头时看到一个小偷正飞步地拐向假山丛中，“快抓住那小偷！快快！”

他松开她的身子，像一下子变成了一名冲锋的士兵似的飞奔向那假山深处追去。“我包里有一张金卡和2000元现金呢——”后面的她在呼喊和提醒着他今天若不逮到小偷，就意味着这个情人节过得乏味和懊丧。

追，一定要追到他！可恨的小偷！一场多么浪漫的约会全给你这可恶的坏蛋给搅了，仇恨就是力量，他加快着速度追去……

他看到了小偷，小偷也看到了他。

“浑蛋！把包放下！你这个可恶的小偷！”他还在一边穷追不舍，一边大声地骂着。

突然，小偷停下了脚步。

“浑蛋！谅你也逃不到哪儿去！”他气喘吁吁地从小偷手中抢过那女人的包时，一下子又松开手，“怎么是你？！”

是他，一个十来岁的孩子，一个满脸灰尘、全身脏兮兮的孩子。

是他，他的儿子，一个离开他已经有三年、在外到处流浪漂泊的儿子。

父子俩久久地站在原地很长时间，他们谁都不曾想到会在这儿见面，而且是以这种尴尬的场面……

“就是他，就是他！”他的那个拿着“蓝色妖姬”的情人带着公园执勤的公安人员不知什么时候赶来了。正是她的一声叫喊，使他和小偷儿子仿佛全都从噩梦中惊醒过来。

他猛地示意想让儿子跑掉，可公安人员和拿“蓝色妖姬”的女人已经把儿子牢牢地抓住了。

“可恶的小偷……”女人一把夺过挎包，赶紧清点着里面的物品，然后长长地松了一口气，走过来挽起情人的胳膊道：“还好，没丢什么。喂，你怎么啦？脸色这么难看……跑累了吧？这个可恶的小偷！”

女人恢复了温情，而他依然呆滞地站在原地。

“快说，你的家人在哪儿？父亲叫什么名字？要不说，就送你到看守所去！快说！”公安人员铁青着脸审问着。

小偷什么话都不说，只是目不转睛地盯着那个被女人挽着胳膊的男人。

公安人员有些奇怪了：“你老盯着人家干什么？也偷了人家的东西？”

他摇摇头。

“小小年纪，你真的就没有家也没有父母亲？”

他还是没有回答公安人员的问话，只是眼睛一直盯着被那个女人挽住胳膊的男人。

公安人员更加奇怪起来：“他是你什么人？是你爸？”

小偷眼里突然流出两行泪水……继而一发不止，号啕大哭起来。

“好啊，你们爷俩合着来害我呀？呜呜呜……”明白过来的女人把手中的“蓝色妖姬”狠狠地扔在地上又重重地踩上一脚，然后朝自己的情人“呸”地吐了一口唾沫，捂着脸走了……

“蓝色妖姬”据说是在今年“情人节”的花卉市场上被那些有情人宠爱的礼物，原因是它的紫色与蓝色就像月光下幽会的情人们那样充满神秘和刺激的色泽，会令人感到异样的激动。这与婚外恋和多角恋的感觉十分接近，它有某种毒性的美丽。

情人这个词，在英文中叫lover，它最早流行于西方社会的贵族之间，后来慢慢流行到社会的各个阶层，并成为一种婚姻之外的有性爱恋情行为的男女的专称。中国人解释情人这个词时开始很雅很纯，新华词典上说是“相爱中的男女的一方”。但中国人往往在对“引进”的东西再“应用”时就会出现偏差，关于“情人”问题也是这样，现在人们谈论起情人这个词其实就是指“情夫”与“情妇”。什么叫“情夫”与“情妇”？再学习一下新华词典中的解释：情夫，即为男女两人，一方或双方已有配偶，他们之间保持性爱关系，男方是女方的情夫；情妇，即为男女两人，一方或双方已有配偶，他们之间保持性爱关系，女方是男方的情妇。按照上述解释与推断和现实中国的国情，人们口头提及的所谓情人，实际上多半是指“违背婚姻道德”的“情夫”与“情妇”们。

情与法历来就有矛盾。有情者通常在“爱”的时候很容易忘却违法，至于那时候的道德之类的东西更是靠边站了。

在情人的眼里，世界上没有第三者存在；

在情人的爱里，世界上没有第二种超越于此的感情；

在情人的天地里，世界上一切两人之外的东西都是多余的部分……

伟大的俄罗斯诗人普希金早就用这样经典式的话总结了情人世界的全部秘密与游戏规则。

中国人现在慢慢走向富有了，感情世界也变得丰富多彩了，于是情人现象成了20世纪最后一二十年间另类“繁荣”的现象。关于它本身存在的意义到底是进步还是落后我们暂且不去解释，但有一点则必须提醒和警示人们，那就是今天的“情人现象”多了，而因“情人现象”造成的众多丢掉父爱和母爱的现象也大为增多，且可以用急剧增多来概括，而且后者现象的增多常常带来严重的后果。

一个本来很慈爱的父亲和母亲，由于角色的更换，成了他人的情人后，他们就不再是自己孩子的慈父慈母了。或者因为有些人一开始就是以情人的角色进入“人生组合程式”的，他们更从一开始便不是慈父慈母。

下面的两位男女“情人”便是这类典型的人物。

杭州李某，原来在一家国企任副厂长，后来企业转制，他被集团公司安排到下属合资公司当首席执行官。李某过去在厂里当副手时，是有名的慈父，把自己的女儿视为掌上明珠，呵护无限。但李某自当了合资公司的首席执行官后，他的身边多了一位外商投资方的女监护人兼秘书。这位“女秘”年轻貌美自不用说，男人难有不被她征服的。李某在一天天的“潜移默化”中成了这位女秘书的俘虏——其实女秘书后来说是她被他“俘虏”了。不管怎么说，有一点是肯定的：他们都被对方的某一点深深吸引并产生了如胶似漆的恋情。

接下去两人的发展是闪电式的，上班时“首席执行官”办公室轻易不开门，负责打扫卫生的小女孩一次推门而入，正碰上“老总”和女秘书在“亲密接触”，这可怜的安徽打工妹便在一小时内失去了饭碗。

接下来的事同样不复杂，李某的事被妻子发现了。妻子是市某著名企业的财务主管，当然受不了自己的男人被“妖精”给拐跑的事实。一纸离婚状和50万元的财产分割过后，李某的家由三人变成了两人——前妻不在乎女儿归父亲，她心里有两个算盘：一则为自己日后嫁人扔掉个负担，二则留着一双“戳心的眼睛”也好让“该死的男人”不得有好日子过。

女人的预谋总比男人强。李某开始为自己既能在家里甩掉包袱，又可以专心同年轻、够味的新相好在一起，以及还能留下掌上明珠而洋洋得意，但不久他马上发现破碎后的家庭完全变了样——正在上初中的女儿天天在下课后催着父亲回家办这事那事的。

“你不是成心嘛，家里有阿姨给你做饭你还非让我早点回去干什么？”李某尽量压住心头之火对女儿说。

“可她怎么能管我学习呀？”女儿用最充足的理由回答。

“你不是不知道爸爸公司里的事多嘛！等周末我一定好好跟你一起把你的功课理一理，现在爸爸有事啊……”他的电话还未放下，前胸已经被另一个高耸的酥胸贴住了……

“丁零零……”电话铃声又开始大作。

“我还没有说完你就挂掉了？肯定是那个妖精和你在一起……”女儿的小嗓门也够大的，话筒里的声音10米外都能听到。

李某一手搂着情人的细腰，一手握着电话怒气冲冲地说：“珊珊，你怎么能跟爸爸这么说话？”

“怎么说？还要让我叫那个女人后妈？没门！”

“啪！”电话挂了。

“这个小东西！”李某瞪大眼珠子瞅着电话机直喘粗气，他推开女秘书，气呼呼地在办公室内来回走动，“不行，回去一定要好好教训教训她！”

“今天不是说好到我那儿过夜的嘛？”女秘书不高兴了，一扭柳腰，出了“首席执行官”的办公室。

“娜娜，娜娜——”李某赶忙追出去。

那一天，李某比任何一天都早早回到家，但足足等了两个多小时仍不见女儿放学回家，打电话到学校，值班老师说早在四点半时学生就都回家了。

“嘟嘟嘟、嘟嘟嘟……”腰间的BP机不停地响起。一看，是她——那位情人女秘书。

“今天是什么日子？你难道真忍心我一个人吃掉这3斤重的生日蛋糕？”她用中文显示责问他。

哟，坏菜了！怎么把这事给忘了！

“王婶，你把这纸条交给珊珊，我有急事要出去，改日我再同珊珊好好谈谈，这小东西越来越野了，你帮我看着点。我走了啊！”李某把匆匆写下的纸条压在桌子上，与家里的保姆打完招呼后便一阵风似的出了门。

“珊珊，你昨天晚上到哪儿去了？几点回家的？不像话，你给我说说清楚，上哪儿去了？”第二天晚饭时，李某一个电话打到家，接电话的是女儿珊珊。

“我到哪儿？你真管吗？”

“怎么不管？不管我还在家整整等了两个小时？”

“两个小时就多了？你知道我等过你多少个小时？你知道吗？你……”电话那边响起哭泣声，随即“啪”就挂掉了。

李某又重新拨号，连续 3 次后，女儿终于又接了。

也许意识到了什么，李某的话变得温情些了。

“珊珊，你不是不知道爸爸公司的事多，每天没个准时间，要不你妈当初也不会因为这才不要我们了……”

“呸，是你不要妈和我的……”

“你这孩子怎么跟爸说话老戗戗？”

“我是戗。戗怎么着？让我像那妖精那样温柔？呸！”电话再次挂断。

“好个小浑蛋！”李某气得将握在手中的电话往桌上“哐当”一扔，“看我收拾你！”

他刚出门又折身伏案匆匆写了几行字，这回是给出去办事的情人留话。

从公司到回家的路，约半小时的车程。但等李某赶回家时，女儿又不见了影子。

“王婶，你难道一点也不知道珊珊现在除了上学都干什么去了？我一个月可没少给你钱，人家雇个保姆每月也就六七百块钱，我给你 900 元，就是让你帮我看着点珊珊，现在倒好，你却天天落个清闲！”李某不由得将怒气撒向保姆王婶。

王婶一脸无可奈何地嘀咕道：“我是管的，可珊珊根本不听我的，管急了，她就骂我是只看家狗……”

“这个混账东西！”李某的嘴都气歪了，“今儿个我非要教训她一顿不可。王婶，我先出去找找看，如果珊珊回来了，你就呼我一下，我马上再赶回家。”

“好的。”王婶胆战心惊地给主人开门。

夜色下的杭州城到处是诱人的景色，尤其是西湖一带更显魅力。李某一边开着车一边沿湖一带寻觅女儿的影子。这一带他过去常来，早先是跟珊珊的母亲，这当然是很遥远的事情了，那是李某的初恋，虽然那时也属于改革开放年代，但他和恋人在晚上到西湖时连拉拉手都不太敢，除非旁边没有人时他才敢偷偷摸摸地慌乱抓一下珊珊妈的手，假如对面有人过来又赶紧放开。这种情调在当时对李某来说似乎也是非常有诱惑的，当然没有后来他与女秘书在西湖边的那种偷情刺激。时间相隔十几年，人们的开放意识大不一样了。今天西湖边那些男女幽会何止仅是拉拉手接接吻，尤其是夏天，你稍稍不注意，就有可能在哪个树林之间或者草地上发现正有一对男女在偷欢，并且毫不掩饰，反正大家觉得谁都不认识谁。

可是今天这一趟，李某丝毫没有对西湖夜景的迷恋，想到不归家的女儿时，李某第一次对神秘的西湖夜景有种敌意。人到中年特别是事业有成的男人，虽然他们在外面喜欢获得另一种从老婆那儿得不到的肉体的激情体验，但大多数人还是不太愿意因此毁掉自己的家庭，尤其是不愿意看到自己培育的下一代因此而毁在自己手中。此刻的李某便是这种心态，而且随着寻找女儿的时间越长，他的这番心态越发强烈，恨不得一下撕毁这黑洞洞的夜幕，重新将女儿寻找回来。

“王婶，珊珊还没有回来吗？”他掏出手机给家里打了个电话，老保姆告诉他还是不见珊珊回家。

到哪儿去了呢？一个十五六岁的女孩，这么晚不在家待着准不会有好事。李某推测着是不是在湖边的几个歌舞厅，于是见前面有个歌舞厅时便把车子停了下来。正当他熄掉发动机，打开车门往外走时，眼前的一幕把他惊呆了：在车场的一块广告牌子底下，一对年龄不大的男孩女孩正在那儿偷偷摸摸地干什么。如果在平时遇到这种情况李某是不会太在意的，不过今天因为是出来找女儿的，所以他特别关注。巧就巧在这时正好另有一辆车子开到停车场，那车子的灯光在拐弯时不偏不倚地正好打在了这对男孩女孩脸上。

“珊珊？！珊珊——”李某发现那女孩正是自己的女儿珊珊。他三步并作两步地冲过去，正蹲在那儿的珊珊和另一个男孩根本来不及反应是怎么回事，便见有人已经站在了他们面前。

李某看清楚了：女儿的手里正拿着什么东西，见他出现后便惊慌失措地把手下意识地藏到了身后。

“你在干什么？这么晚不在家待着，到这种地方偷偷摸摸做什么事？把手里的东西给我看！”李某气愤至极地喝令女儿。

那男孩子见状一溜烟便消失在夜幕中。

“把手转过来！”李某把声音提高了一倍。

珊珊迟疑了一会儿，慢慢把手从背后转过来，然后摊在父亲面前——空空的什么都没有。

李某才不信呢！他转到女儿的身后……这时，珊珊突然紧张地用脚连连踩了几下。

“别动！给我待一边去！”李某用胳膊将女儿一推，低下头在地上找了起来，他摸到了几个药片一样的东西……

“你！你告诉我这是什么东西？啊，这是不是摇头丸？”李某发疯似的扳过女儿的肩膀，要她回答。

女儿沉默。

“你……你你疯了吗？这摇头丸是毒品你知道吗？你小小年纪竟敢吃这玩意儿！走，跟我回家，看我怎么整治你！”李某气坏了，一把抓住女儿就往车子里拖，不料女儿像头小犟驴似的一甩胳膊挣脱了出来。

“你才不要脸呢！”女儿回敬道。

“你你你你……你说什么？”李某不由得浑身哆嗦。

“你才不要脸！”女儿把话重复了一次。

“啪！”李某再也无法忍受女儿的放肆，使劲抡起巴掌抽在女儿的脸上。

“呜呜呜……”女儿踉跄地连退了几步，然后痛哭起来，“就是不要脸！你就是不要脸！你不要脸——”

“回来，你给我回来——”李某没有想到珊珊在被他痛打一巴掌后不但没有屈服，反而拔腿就跑。这一跑让李某顿时感到问题严重，但为时晚矣。

从此后的一年零三个月中，无论他这个父亲怎么寻找再也没有找回女儿。直到去年法院通知他参加贩毒卖淫宣判会时，李某才重新见到了曾经被他视为掌上明珠的女儿——可此时的“掌上明珠”已成了一名吸毒犯和卖淫女。

珊珊因为未成年，被送到省少年管教所改造两年。那天她被押往管教所时，已经被女秘书甩掉的李某第一次强烈地感到作为父亲的内疚，他流着泪希望跟女儿说上几句话，可心如坚冰的女儿连认都不认他。

一年后的一天，我在某少年管教所见到珊珊时，她对我说，她恨透了父亲，并且颇老成地说了下面这些话：“我不是一概反对大人们之间的爱，但你不能因为有了新欢就把最亲的人给丢在一旁不管，这种爱是不是太自私太缺乏人性？我们少年无知容易走错路，可你们是成年人，有些事你们一开始就知道以后的结局，可你们照样会义无反顾地做下去，难道你们这些大人就够格了吗？你们能有什么资格来教训和教育我们呢？”

珊珊的话令我无法答复。确实，据我所知，现在社会上的婚外恋和情人现象较为严重，这些都是成人所为，而且一般做这些事的人都知道这种非正常恋情的结局最后不会有好果子，然而他们仍然在大做特做。现在国家的法律和道德教育对这种现象还不能做出严厉的制裁，婚外恋和情人现象仍属于个人的隐私范畴。但问题是成人们的爱不像少年和青年们的那种爱单一和独立。成人们在寻找新的爱情（暂且称之为“爱情”吧）时通常已经在这之前便有了爱的种子——子女们的存在。因此当成人们在寻找新爱的时候，他们常常忘却了应该承担某种天生的亲情之爱的责任。正如李某的女儿珊珊所说，你们成人虽然有寻找新爱的权利，但你们没有权利不负责任地抛弃对子女的亲情之爱和自然责任。正如现实生活中，有许多像珊珊这样本来生活在非常美好环境下的孩子，失去了他们亲人的珍爱、光明的前程，甚至落得一生美好命运的毁灭。

爱，对成人来说是沉重的，然而许多成人则在自己的热恋狂爱中完全忘记了另一种责任的爱。

在本文中，另一个命运悲惨的群体便是那些被社会歧视，同时也是被自己的父母抛弃的私生子们。这些孩子都是大人在不正常的爱之后结出的果，但他们的父母又对其不负责任，这样的孩子通常都生活在最缺乏人间真爱的环境里。

在中原某市采访，我就听说这样一位“当代祥林嫂”的故事：这位“祥林嫂”姓张名莉，今年才 23 岁。中专毕业时她在一次人才招聘会上被一个私企老板看中挑去当出纳。老板的生意做得不错，在那个中等城市里也算一位有头有脸的“企业家”。姓唐的这位老板在经营油品生意的十几年中对自己的家庭一直比较负责，没听说过在外面有拈花惹草的风流事。

张莉开始时在老板前面连头都不怎么敢抬，因为人家都说她长得“妖”，容易引得男人想入非非，所以她在自己心底暗下决心：在男人面前一定要保持低调和生硬——这也是她父母一直关照的。再说，人家老板是市里有名的人，我算什么？这是张莉心里的想法。

“张莉，这个月税务局要来查账，你帮着加个班，将我们公司的账好好理一理，别让人家查出我们的漏洞来。”一天，唐老板吩咐道，“对了，你加完班后给我打个电话，我再过来一趟。”

“嗯。”张莉像以往接受任务一样只是低头“嗯”了一声——她从没有正面看过老板一眼，只听另一个会计说她们的老板如何如何有魅力，又对家里多么负责任。

当日张莉很卖力地把那些容易被税务局查出毛病的账都认真地清理了一遍。等一切就绪时，张莉看了看墙上的钟已经是深夜了。张莉想起老板的吩咐，犹豫了一下，但还是拨响了他的手机。

老板一会儿就到了，一进屋就将一个塑料袋往张莉桌上一放：“刚从肯德基店买回的，还热着，快吃。对了，你把账本给我看看。”

张莉“嗯”了一声赶紧递过刚刚整理完的一叠账本，然后还是呆呆地站在那儿。

“喂，你怎么啦？快趁热吃呀！干到这么晚了，要不时间一长会弄出胃病的。”老板抬起头疑惑不解地望着张莉，命令似的说。

她和他的目光第一次碰到一起。张莉的心不知怎的强烈地一颤，脸蛋马上红得像只苹果。老板好像也是第一次注意到自己的小出纳这么美，他的眼睛直直地停在了张莉身上……

张莉更加惊慌，忙低头捧起那盒肯德基想端到另一张桌子上吃，可也许太惊慌，结果没有拿住那个塑料袋装着的盒子。

“哎哟！”食物撒落了一地，张莉的脸更加绯红，便急忙蹲下身子去捡。

唐老板也下意识地弯下腰。

她和他的脸挨得那么近，都能听到对方的呼吸……

张莉一阵眩晕，老板赶紧伸手将她扶住。

“你怎么啦？”他无限温存地问道。

她感到从未有过的一种激动。

他和她的感情火花就这么简单地撞击在一起，从此浓浓燃烧，一直燃烧到无法分开。

浓烈的感情很快有了种子。

“喂，我……有了。”一天，她悄悄告诉他。

“真的？”他有些惊慌，“得想办法打掉，要不就麻烦了。”

她第一次感到特别失望。其实他的担心和想法是张莉早已预料到的，只是她期待自己将这个消息告诉他时能够得到一种只有他们两人之间才有的升华了的感情——张莉知道这是她作为女人最重要和伟大的一件事（她这么认为）。至于结果怎么处理她当然清楚，因为他是有家有室的，孩子都已上初中了。

但张莉感到无比失望：“你就知道打打打，我要是不打呢？”

这本来是一句赌气的话，可他听后却如晴天霹雳。

“你疯了？明天你就给我去打掉！”一向持重的唐老板脸都变了形，“我后天要出差，走之前你一定要把这事了了，否则时间拖得越长越不好，听清楚了没有？”

“没有——”张莉声嘶力竭地蹲下身子冲着情人喊道，她的眼泪也随之像两串散落的珠子从脸颊上滚下。

女孩子爱赌气，张莉觉得一肚子委屈，本来她并没有把孩子的事看得那么重，可与情人的这番意想不到的对话，使她一下子改变了以往许多天真的想法：原来他并不真正看重我们之间的感情呀！

好吧，我们走着瞧！张莉扭头就走，无论情人在后面怎么喊她都不听，而且直到第三天他出差走时也没有回过他一个电话——她躲到了一个同学家里。

10天后，他回来第一件事就是把张莉“押”到一个地方。

“那天我态度不好，向你表示道歉。可你也不要太任性，这是什么社会？你真把孩子生下来对你以后有什么好处？你才二十几岁……”他的口气改变了不少，但说的话仍然让张莉觉得不近人情。

“那你舒服时就没有为我想一想我以后有什么好处？我才二十几岁！”张莉反问道。

他又烦躁起来：“以往你可不是这样的！”

“我以往的确不是这样的，可我现在肚子里有了你的种，能跟以前一样吗？”

“别说得那么难听。我看这几天我还是想法托人联系一个医院，然后我跟你一起去行吗？”

他两眼直盯着她。

张莉以往并不在乎与他之间的那份私情，现在则完全变成了另一种想法，当那天两人第一次为了怎么处理孩子发生冲突后，她马上感觉到她与他之间的感情发生了动摇和危机。当这种感觉出来后，她似乎一下子改变了原先的想法：决定用肚子里的这点“资本”来重新审视他们之间的情分。

“我现在不想打掉孩子。”她一板一眼地说。

“你——”他的眼睛一下子瞪得像铜铃那么大，“你别给我胡来，也不要借此想达到什么目的。我明确告诉你：要我离婚是不可能的，再说我的资产一半是我老婆掌管着，我就是想分给你一份也没那么容易，更何况你要是用肚子里的孩子来威胁我的话，那连门儿都没有！”

“你！”张莉感到从未有过的失望。她的眼泪又一次夺眶而出，“我也老实告诉你，我才不管你老婆不老婆，也不稀罕你那些臭钱！可我有权处理我自己身上的每一样东西，知道吗？”

两人又一次不欢而散。一对情深似海的情人，现在成了见面说不上几句话就要吵的冤家对头。

一天，趁没有人时，唐老板给了张莉两万元钱，说：“你暂时不用来上班，我给你租了个地方，以后再说我们之间的事……”

张莉接过钱的那一瞬间，真是欲哭无泪。当天晚上，张莉也没有回家，更没有到他为她准备的秘密住处。第二天她就从亲人和他的身边消失了，她只给自己家乡的父母写了封信，说自己到广东那边另找工作去了。

那位老板开始还有些紧张，并到处托人找过张莉，但时间一长也就慢慢淡忘了张莉和她身体里的孩子。他一直深信不疑地认为张莉最后拿了钱肯定到哪个地方把孩子打掉后便独自到广州什么地方另谋生路去了。

其实张莉什么地方都没去。她在近郊找了个地方租下一间房子后，便靠帮助一个社区居民的家庭做小学生家教生活着。开始时她真的有想死的念头，但当平静之后，一晃两个月过去了，这时她静下心来重新考虑肚子里的孩子时，她犹豫了——时间一长，尤其是独自一人生活，她已经同另一个小生命之间有种难舍难分的感情了。而这种难以割舍的亲情，使她一拖再拖，直拖到她真的有一次走进医院想动手术时，那位多嘴的妇产科医生说：“你这是第一胎吧？第一胎的胎儿是最好的，怎么舍得打掉呢？再说刚才检查结果你的孩子非常好，生下准是个活蹦乱跳的大小子。”

张莉一听，那双迈进手术室的腿又重新缩了回来。

之后的日子非常快，十月怀胎成熟时，张莉通知了家人。当父母的一看女儿都这么个样了，也只好由着她去医院把孩子生了下来。

是个大胖儿子，长得跟老板唐某一模一样。父母与其说心疼女儿，倒不如说喜欢上了这个没爹的外孙。但这事叫当父母的十分生气，于是张莉的父亲有一天找到了唐某，同时也带去了婴儿的照片。

唐某一看照片，顿时目瞪口呆："这这……这怎么会弄到这个地步呢？"

"得问你自己。"张莉的父亲没好气地瞅了一眼"黑女婿"说，"事到如今，孩子不能随父姓也就算了，可张莉和这娃儿以后的事你准备怎么处理？"

唐某惊恐万状地说："你说你说，只要你们别闹到我家里，其他的我一定尽力做到。"

张莉的父亲听了唐某这话，便不紧不慢地从口袋中拿出一张纸，放在他面前，然后两眼一动不动地盯着"黑女婿"看他表情如何。

"这么多哪！"唐某仅粗粗扫了那么一眼，便跳了起来。

"你觉得多吗？"这回轮到张莉的父亲反问唐某："张莉离开你后，独自生下你的儿子，这一年多你知道她遭受的是什么样的罪吗？娘儿俩过去的一年要你 5 万元不算多吧？好，我们考虑你有家有室，也不想给你家庭和生意上找麻烦，他娘儿俩也不想从你这儿要什么名分，可总得有个家吧？不多不少，两居室一套，30 万元还没有算进装修费用什么的。这孩子是你的，张莉今天弄到这个地步也是你一手造成的，娘儿俩一年开销 2 万元也不算高消费吧？按照法律规定，18 岁之前孩子由你抚养，18 年加上他上学开销要你 25 万元也没有多要吧？这 60 万元你说算多吗？唐……唐先生你说呢？"

唐某想说什么，可一抬头看见话音不高却满脸威严的张莉父亲时，张了张嘴又闭上了。

一阵并不短的沉默。

“好吧，我答应你的条件。”唐某喘了口粗气，“不过我一下子拿不出那么多现钱，因为我公司的财务是由我老婆把着的，所以我只能分期付给孩子和张莉……”

“没关系，只要你在这份保证书上签个字就行。”张莉父亲又从口袋中掏出一张纸。

唐某极不情愿地接过一看，是份“关于自愿承担张莉母子俩经济生活保证书”，上面条款一是一二是二，足有那么两大张，其中有规定了什么时间由唐某付给多少的一项项非常细致的条款。唐某一看跟他刚才答应的没有大的出入，便在“保证书”上签了字，可他心里就像吃了只苍蝇那么难受。

第一笔付出 25 万元后——为张莉和孩子安家买房，唐某以为事情可以这么平息了，但没几天张莉的父亲又打来电话催促让唐某无论如何要到张莉住的地方去一次。

“这次与钱没有关系，但你必须来一次，不然会出人命的……”对方的声音很令人不安。

唐某一听这也顾不得许多了，匆匆开车过去。这是他与张莉分开近两年后第一次见面。当唐某再次看到张莉时，他不由得吃了一惊：才 25 岁的张莉像一下子老了 10 岁似的。更令他惊恐不安的是张莉的父亲告诉他：张莉搬到新家后不知咋被邻居知道了底细，于是有人竟然在楼梯里当着她的面骂她是个“养私生子的”。张莉本来这几年受的刺激就很大，这回她受不了别人当面的凌辱，便闹着要搬家，不然就割腕自尽。

张莉的父亲给唐某打电话时，正是他发现女儿要寻短见之后，他便强制把张莉关在小屋里守着。“你说这可怎么办？要不从这儿搬到其他地方，她要寻死寻活我也不能每天盯着她呀！孩子又这么小……”张莉父亲一脸无可奈何和焦急。

“那就……再搬个地方吧。”唐某皱着眉头，只好如此说道。

“可找个新地方，再怎么快也得十几天、个把月才能把新房子买到手呀！何况你上次给的钱已经全部用在这套房子上……”

唐某全听明白了：“这样吧，先让张莉和孩子搬到我一个朋友家那儿住一阵，等新地方找到了再让她搬进去。我朋友一家人都出国去了，房子空着，是让我帮他看着的。我看今晚就把他娘儿俩先拉过去，要不张莉……”唐某想说“张莉又要寻短见可不好办”这句话，可当他再瞧一眼吃了“安定”熟睡的张莉时，又把话吞了回去。

就这么着，唐某和张莉的父亲将昏睡的张莉和又哭又闹的孩子当晚搬到了新地方。这一折腾，差不多已是凌晨 3 点钟。

唐某没有回家，径直赶到办公室，又马上给家里打了个电话，谎称有份合同要赶出来，因此不能回家。

第二天上班时间到了，公司员工已经各就各位时，唐某还在办公室的沙发里呼呼大睡。

“丁零零……”一阵急促的电话铃将他惊醒。

“谁呀？什么事？”他有气无力地把电话听筒拿在手里。

“孩子不好了，你赶紧过来一趟吧……”电话里说。

“什么孩子好不好的？你打错了！”唐某生气地将听筒一搁，打了个哈欠。

“丁零零……”电话铃再次响起。

“喂？”

“你挂什么机呀？孩子真的不好了！浑身都在抽筋，我一个人管不了他们娘儿俩，张莉吃了安眠药还迷迷糊糊的，你赶紧过来……”

这回唐某听清楚了：是他那个没完没了的“岳父大人”。

孩子？孩子出问题了？唐某一听头就大起来。看来不去是不行了，真出了什么事，张莉她家还不知又要怎么折腾呢!

“小王，我有点事出去一趟，公司有电话你接一下。”唐某简单交代一下公司的事后又急忙驾车赶到张莉娘儿俩新搬的地方。

孩子真的得了急病，浑身抽筋，样子很吓人。唐某只好赶紧让张莉的父亲抱起孩子，自己发动车子，直奔医院。

医生诊断说这孩子得了急性肺炎，得住院治疗。

就这么四五天时间，唐某被自己的“私生子”事件折腾得瘦了一圈。可事情远远没有完，张莉因为几年来心情抑郁，整天说东做西，根本无法带好孩子。唐某只好给她请了个保姆帮助一起看孩子。

“不行，她是间谍，是唐某派来害我和孩子的间谍，我不要她！让她马上就滚！”不出一个星期，张莉说什么也不让小保姆再待在家里。

无奈，唐某和张莉的父亲商量，说暂由唐某想法把孩子送到一个托儿所请人照看一阵，并且允许张莉由她父亲带着每天去看一次孩子。

这么着一晃就是三年。而在这过程中，唐某开始对孩子和张莉仅留的一份爱也渐渐淡薄，当孩子4岁需要入托时，生意上渐走下坡路的唐某在未与任何人打招呼的情况下，甩手独自一人到了南方，后来再也没了音讯。失去经济来源的张莉母子，仅靠父母每月给的200元钱维系着艰难的日子。张莉身患严重的抑郁症，老怀疑有人要害她的儿子，于是后来孩子托儿所也不去了，天天由她带着，一步不离孩子。可偏偏不幸的事发生了，一日张莉带着孩子上街买菜，当她向菜贩子付钱的空当儿，儿子见有只小猫从他身边走过，便兴冲冲地跟着那小猫直奔马路而去，就在这时，一辆疾驶而过的卡车像轧蚂蚁似的从小孩子身上飞过……血地上，仅留下孩子脚上的一只虎头鞋是完整的，那一场景很惨很惨……

“宝儿！宝儿——”张莉当场昏倒在地。当她醒过来时，见了谁都不认识了，嘴里只会喊：“宝儿，我的宝儿……”

她的手里，是那只永远不肯丢下的虎头鞋。

如今，在这个城市的大街上，人们经常能看到披头散发的她，手里捏着那只虎头鞋，嘴里喊着：“宝儿，我的宝儿……”

知情的人望着这疯女人的背影，无不惋惜地摇头道：“这位‘祥林嫂’正是由于她当年痴情的爱，既断送了一个小生命，又断送了自己一辈子……”

喊着“宝儿回来”的这位当代“祥林嫂”，如今仍在中原某市的大街上到处游晃着，那些孩子的家长们极其害怕她的出现，因为她见了谁家的孩子都说这是她的“宝儿”，非得抱住不放。

“唉，一个可怜人哪！”人们用忧伤的目光和口气目送并谈论着这个“祥林嫂”……

我曾采访过一位“情感热线”的主持人，她告诉我，现在社会上的非婚情爱太普遍，而由此引发的非婚生育现象也越来越多，俗称“私生子”。这些私生子大体可分为几种情形，一是多数女性开始是在毫无准备的情况下怀孕的，最后出于报复男方的目的才把孩子生下，这些女人把孩子看做是征服以往或者已经失去的情人的一种筹码；二是所谓的“真情果实”，即男女双方经过周密商定后生下的“爱情种子”；三是因为种种客观原因，不得不生下的。

第一种私生子的结局几乎都是以悲剧而终结的。

似乎用通常的或者同情的眼光看，第二种的“爱情种子”颇值得赞赏。然而细细思量，我们发现这样的“爱情种子”一旦生根发芽后，后果更加严重。

在上海市就有这样一对情人，他们早年在一所中学读书，后来因为双方搬家分住在浦东浦西两地，以后又各上了南北不同的大学。若干年后，这对从小青梅竹马的旧日情人一见面，情感之火便频频燃烧，且越烧越旺，不用说，他们在几次幽会后便选择了一处房子作为他们偷情相会的地方。男女双方各自都有自己的孩子，但他们不满足，认为光爱光恋不足以证明他们之间“崇高而神圣的爱情”，所以商定要生一个属于他们两人的“爱情种子”。

为了生下这颗“爱情种子”，这对情人可谓吃尽了苦头，先不说男方如何浦东浦西两头奔忙，也不说女方挺着肚子东躲西藏，最后仅仅为了在何处生下这孩子一事，着实把他们两人折腾得差点闹翻了天。男人说，既然要生下来，就得找个好地方安顿和疗养，于是就说一起搬到距上海不远的苏州老家去住。女方则不同意，说一去几个月会引起家里怀疑的。怎么办？还是男人想了个办法，说你从怀胎到生下孩子，要不被别人发现是不太可能的，唯一不让各自的家人和单位发现你的办法只有一条路，那就是假装出国去了。男人哄单位和家人出国的理由还算充足，他说大学时有个朋友在澳大利亚做买卖，请他出去一趟帮帮忙，时间不长，10 个月左右。女方则困难重重了，同样的假话骗不了家人和单位，不得不先把单位的工作辞了，后又瞒着丈夫说跟一位在香港工作的同学联系好了，由同学帮忙转到澳大利亚进修一年学习商务。上海人有一段时间特迷信出国，不少人以此为荣，所以不管出哪个国谋哪门职，只要你能出国就仿佛高人一等似的。因此这对男女假称出国的事没有被双方家人和单位看出纰漏，相反都热热闹闹地庆贺了一番。为了做得像模像样，两人还各自导演了一场送别仪式，只是“怕亲人难过”，没允许家人和单位的人到机场送别。而城内的那种“挥泪从此去”的场面演得可谓真情实感。

双方的亲人们根本不曾想到，他两人压根儿就没有上机场，而是在上虹桥机场前的高速公路一拐弯，便入了沪宁高速路，并在苏州下了车，到了他们预先租下的一套新房子里开始等待他们的“爱情种子”的降生。假出国比真出国还累，先说为了让家人信以为真，你就得打电话联系不是？两人说好了，对家人说，因为工作随时变动，只能由他们给家人打电话，而家人却不能主动打“澳大利亚”的国际长途；写信怎么办？那男人出了个招，每次由他把两人写给家人或亲友的信先寄到他在澳洲的同学那儿，再由那位同学寄到上海，这折腾来折腾去算是把家人和单位给蒙住了。

随后是生下孩子，这不算太难，难的是孩子生下后怎么办？两人太浪漫也太激情了，只顾一门心思希望早日看到“爱情的种子”，却没有往深里想孩子出世后该咋办。而由于是假出国，许多假事做得时间不能太长，那女方在生下孩子不到两个月就赶紧回到了上海，回到上海后她又不得不经常假借“跑业务”而三天两头往苏州跑。如此风里来雨里去，不出半年，她的身体垮了下来，后来又接连几次大出血，结果在生下孩子的第 10 个月时，终因敌不住病魔而离开了人世。临死时她把自己在外面还有个孩子的事告诉了家人，并期望父母和丈夫原谅她。对死去的人还有什么可责备的，女方的婆家人从苏州抱回了那个孩子，而那个孩子的生父也因为家人得知此事后要追究他的婚外情责任，最后他也不得不放弃对婚外私生子的抚养责任，如今这对婚外男女的“爱情种子”成了一个几乎无人真心疼爱的可怜儿。

据说到了去年第五次人口普查时那孩子才算落上了户口，而这时孩子已经 8 岁，别的孩子像他这个年龄已经上小学三年级了，他才刚刚插班进一年级。进学校后，同学和老师天天用异样的目光看待他，日子长了，这小孩子越发自卑，最后诱发了一种“上学恐惧症”——听说爷爷奶奶要送他上学，就浑身哆嗦起来。可怜的孩子，现今他多么想走出家门，可一旦真的走出家门时，他就开始旧病复发——他真的快成一个“废物”了。

再一种是那些因为种种主客观原因而不得不生下孩子的非婚男女们，他们的命运大多数也好不到哪儿去。

兰州的章某与王某也是一对天天离不开的情人，他们好到最后也“不小心”弄出了个孩子。

一晃就是七八个月，王某的肚子一天天大起来，等她想到医院堕胎时已经太晚了。这会儿章某和王某两位情人才真着急起来，此时引产恐怕对母亲有生命危险，王某哭丧着脸让章某想法子让她先躲到哪儿把孩子生下来。后来两人编出种种理由，瞒过家人到了海南生下了孩子。

因为早有准备要将孩子扔掉，所以王某在出院的那天清晨，乘人不多时，悄悄抱着孩子到医院旁边的一个公园里，想把孩子放在那儿，好让路过的人看到这可怜的孩子。但王某不知南方人起得早，待她进公园时，公园里晨练的人已经很多了，她怎么寻觅也没找到恰当处，于是只好把孩子抱了回去。后来又连续几次都没有扔成，日子一长，等王某再有机会想扔孩子时，她的心却怎么也狠不下来——骨肉亲情已经使她无法忍心把孩子弃之荒野。

最后王某只好找到章某再作安排。章某一听就急了，说：“你让我怎么办？我家的老婆孩子可不是吃素的，别说知道了我与你在外面生下了孩子，就是我们俩的婚外恋一旦揭穿，那非要我小命不可呀！说什么也得把这孩子扔掉。”王某也急了，说：“就你心狠，活脱脱的一块心头肉，你叫我怎么忍心？”章某更急了，说：“你这么不忍心不等于要毁我们两人吗？”“毁就毁，反正那么回事，大不了我们两人都离婚，那样更好，孩子可以堂堂正正跟我们一起生活。”王某说。“哎，你姓王的啊，从头开始你就是想黑我呀？原来你当初留下孩子就是为了这目的呀？”“想得美！我跟你早说过，咱们谈情说爱咋都成，但有一条早说清楚的，就是对方不能提出离婚，这你也保证过我才跟你好上的，现在你拿孩子来套我上圈圈，没门儿！”章某的小白脸此时成了猪肝色，揪住昔日的情人就是一顿暴打。王某也不是吃素的，心想我辛辛苦苦十月怀胎，现在又整天像偷了东西似的带着孩子东躲西藏，有苦水往肚子里咽：“你姓章的这么说话，就别怪我翻脸不认人！”

第二天，王某就抱着孩子往章某的单位领导家里跑，说完“这是你们单位章某留下的孽根”一句话后就扭头走了人。这回章某的单位炸开了，一向自认为风流倜傥的他成了连头都抬不起来的过街老鼠。尤其是他泪流满面地跪在领导面前恳求“保密”不要将此事告诉他家人的那熊样，后又传遍了机关内外而被当做“本年度机关十大新闻”之首。

如此之大的风波不可能不漏些风声。章某的家人很快知道了内情，出乎意料的是章某家人十分大度地上他的单位领导那儿“笑纳”了这个章家的种，其真情实意让人不得不佩服——“孩子没有过错，有错的是大人。既然这是章家的孩子，那就由我们章家来抚养。”本来束手无策的章某单位领导，一见这种结果，真是求之不得。

孩子倒是抱走了，可章某的名声也彻底毁了，他不得不辞职离开单位，成了一个无业游民。那孩子被抱回家后也仿佛入了牢狱之门。你想，姓章的男人本来在家里是个倒插门的女婿，这回他在外面干了“好事”外加带回个私生子，他老婆和老婆一家人能好好对待这“孽种”吗？当时章某的老婆和她的家人之所以要把这“孽种”抱回家，想的是以往自认是“知识分子”的他从不把老婆和岳母岳父大人放在眼里，倒插门的女婿在家反倒像个少爷公子。这下，姓章的看你还能神气啥？

章某被他老婆一家人彻彻底底地制服了，从此他像一只被人踢来踢去的癞皮狗，能从岳母岳父和老婆的白眼唾骂中得口饭吃就很不错了。日久天长，章某把这种受辱的罪过归结为是往日的情人王某给他设下的圈套所害，于是久积的仇恨使他终于有一天乘下班的王某不备之时，举起菜刀连劈了数十下……王某因及时被人救起送往医院抢救而挽回了一条小命，章某则因故意杀人被判 20 年徒刑锒铛入狱。这场情事的主人公都得到了应有的惩罚，但最倒霉的还是他们的孩子，据说在章某判刑入狱后，他和王某的“孽种”随即就被已经同章某离婚的原配夫人一家扔到了南方一个没人知晓的偏僻小车站，孩子是死是活至今不得而知。

这就是那些错“爱”的人们造下的罪孽，自古以来，人们总把这种非婚错爱痛斥为罪孽。如今思想开放了，人们的行为也变得自由多了，婚外恋情日趋增多，虽然我们无法用简单的道德准绳来鞭挞所有婚外恋情，可有一点值得提醒那些热衷于搞非婚情爱的人们：你们可以获得属于你们的爱与性的权利，但不要在热恋或相爱时忘记，一旦留下你们“爱的种子”时，千万留心把爱继续下去，否则你们的这种爱，带给这个世界的便是罪孽。无论是名正言顺的婚生子，还是非婚生子，孩子们都是无辜的。但在我们的社会习俗中，任何一个私生子的出现，本身就将受到社会和公众的某种歧视，当你们身为生父生母的都甩手不管时，这样的孩子能有好的命运吗？孩子一旦出世，便是一个活生生的生命，既然生命来到这个世界，就不那么简单。你现在该明白当你疯狂的爱恋时是不是应该理智和克制些什么——即使是为了你那份所谓的真实的爱？

第五章　我不是天才就该没有生路？

中国人崇尚教育、崇尚知识，这是自古以来的传统。当知识经济和现代化建设的隆隆战车载着我们朝着光辉的未来前进时，学历、文凭、名校一再地被提升成人们追求的价值取向。无可否认，这种向上的追求是进步和合理的。但人们应该懂得，十个指头也有长短，天才并不代表人类共同的智商。因此，所有的天才和那些自己本身就不是天才的人，就该明确地放弃这种对学历的盲目追求。

无须用“三百六十行行行出状元”的话教育你和他，但有一点你和他必须明白：当你粗暴地举起木棍和拳头时，或许你正在毁灭一个可以在其他领域发挥潜能的天才——

只要我们注意观察，其实生活中就有无数极其真实的故事每天都发生在我们面前。

而这些真实的故事背后又有许多常人难以想象的血与泪。

不知道从什么时候开始，北京街头时常可以看到一些年岁不大的学生模样的人在那儿行乞，他们的共同特征都是念不起书的贫困大学生，他们通常低着卑微的头，面前有一张写满他们贫困家庭状况的“求助信”。因为我曾写了《落泪是金》这部专门反映贫困大学生生存状态的书，所以几乎不断地有朋友和熟人向我报告“某某地方又有贫困大学生在大街上行乞”一类的“专题要闻”。开始我真的几次放下手头的活赶紧到现场，以便尽我自己一份力量救助这些沦落到大街上做乞丐的贫寒学子——我想的是毕竟我们这里是伟大首都，那么多外国友人，当他们看到这幕时不太让我们中国人丢脸了吗？我可以毫不回避地谈论山区的孩子因为穷而上不了学，可以毫不回避地谈论贫困地区的母亲如何艰苦地生活着，但绝不应该让外国人再议论我们身为知识阶层的大学生竟然苦得要去当乞丐才能走入校门，维持学业。

也许因我为贫困大学生的工作已经做得很多的原因，也许因我有途径可能使那些因为经济原因而无法圆大学梦的孩子改变一下命运，故在一段时间里我只要听人说哪里哪里有位街头乞丐是大学生，便赶紧奔过去看能不能帮助他们一下。但后来我发现浑水摸鱼的现象太多，比如有人专门冒充大学生行骗，于是也就淡漠了这类的“现场救助”。不过也许正因为“希望工程”授予了我“阳光使者”称号的这种崇高荣誉而使我内心难以抹去那份对贫困大学生的怜悯之心的缘故，每当看到街头有“贫困大学生”在行乞时，我总要驻足问上几句。就在去年 9 月的一天，我在上班的路上又碰上了一位“女大学生”在府右街那儿的 103 路车站处向行人乞讨。

当时我的自行车骑得很快，后来忍不住又倒推回了几十米静观了几分钟这个看上去很小的“女大学生”。我见北京人大多数已经对这样的学生乞丐很冷漠，或者说因为看到电视报纸上说的这类假大学生行骗的太多的原因，他们通常只是用明显鄙视的目光扫一眼就过去了，倒是那些外地游客有时出于好奇驻足细细看一看“贫困大学生们”的那张“求助书”，之后受感动的个别人也会扔上三毛五毛的就扬长而去。但我却没有见过有人真正慷慨出手帮过这类“大学生”。

北京人在大街上见的各种人多了，也就对什么都麻木了。

见没有什么人对那个“贫困女大学生”感兴趣，于是我便推着自行车靠近那儿看一看那张“求助书”上写的字。我感到有些奇怪的是这位“贫困女大学生”与其他在街头行乞的“贫困大学生”不同的是她的穿着显得很时尚，绝对在贫困生的普通水平之上；其二是她那份“求助书”所用纸张有些与众不同，明显是有破绽的——因为我看出那纸的后面是一份印有某产品的宣传广告，而一般家庭真有困难的贫困大学生是不会这样随手找一张纸就开始乞讨，他们通常是非常认真地制作，尽管纸张很普通，但极少有人随便捡一张什么纸就用的。

“同学，你真的有困难吗？如果是真的，我能帮助你……”我说这话后，那女孩用非常疑惑的目光看着我。而我则同样用疑惑的目光盯着她——我证实了她其实不是一名“贫困大学生”，但我相信她也不是什么通常意义上的“骗子”。

为了解除她的疑虑，我掏出一张名片，并告诉她：我曾专门写过有关贫困大学生的作品，如果你真有什么困难，我一定尽力帮助你。

这个女孩犹豫了，有些慌乱地准备收起她的“求助书”。

“不用害怕，我不会伤害你的，也不会将你送到什么地方。我只是想了解一下你为什么一定要选择这样的方式求得别人帮助，要知道这儿是首都，你的这种行为会引起很多人的反感，所以即使你在这儿待上一天可能也得不到几毛钱，你知道吗？”

这女孩大概觉得我不像是个坏人，且上面的分析可能有些道理，于是她表现出了对我的某些信任。

“叔叔，我真的有困难。呜呜……”女孩竟然失声痛哭起来。

“走，咱们换个地方说话。”我领她到北大医院门口的一处僻静处让她坐下。

女孩子坐在街边的石板上，低头抽泣不止。

“你能说说自己是从哪儿来的吗？”

“吉林……”

“还在上学吧？”

“嗯。”

“上高中？”

“嗯。”

“能告诉我为什么要冒名贫困大学生呢？”

“呜呜……”她又哭泣起来。

“不用害怕，我只想听你说实情，那样才有可能帮助你。”对待这样一位陌生的女孩，你只有用真诚才能获得她的信任。而我觉得，她要获得别人的信任同样必须表现出真诚。好在这是个聪明的女孩——她明白了我的意思。

“叔叔，我……没有办法，才……”她又哭了。

“谁都会有不幸的时候，我想你可能现在是比较不幸的一员。”

“是的，叔叔你说对了，我真倒霉，我不该生在一个只知分数不知爱的家庭……”正如我猜想的那样，这个女孩终于开始吐露真情。不过她的经历则完全出乎我的想象，因为太典型反而使我感到多少有些编造的感觉——可我完全相信她讲的真实性：

女孩不愿讲她的姓名和家庭的具体住址，她只说她是吉林某市的一位高三学生，本来是要参加当年高考的，但这一出走就什么都不成了。她说她恨父母，因为他们仅仅把她看做是一种满足家庭面子的工具。

“怎么说？”这又是我闻所未闻的一个特殊孩子。

女孩其实有很强的语言表达能力，可她却说：“我父母亲总觉得我越大越不听他们的话，越不按他们的意志做。初中的时候，我在班上成绩总是前三名，在邮局工作的爸妈总拿我当做炫耀的资本，有事没事就带我到他们单位，甚至在柜台前也要向那些根本不相识的顾客炫耀几句。

“那时我还小，觉得有人夸几句心里还美滋滋的。因为那时特别是我母亲在我每次考试得了头几名时，除了带我到她的单位炫耀外，还总给我添新衣买好吃的，好像我的学习成绩比她在单位评先进还吃香似的。

“后来我才知道，母亲是属于上山下乡中年龄比较小的一批初中生，她像我这么大的时候就没有正经读过几天书，恢复高考时又因为基础太差而没能赶上趟。后来回城后分配了工作，可因为自己文化水平低，总是抬不起头。在来邮局前她在一个科研单位工作，那儿的人大多是有学历有职称的人，像她这样只有初中文化的人只配当勤杂工。我妈是个要强的人，受不了别人鄙视，所以后来她调到了邮局工作。她开始上岗时并没有觉得自己比别人差什么，因为这个行业中像她这样只有初中文化程度的人也不止一两个。

“大约我上五年级的时候，突然感到我妈变了，她整天除了上班就是管着我。也不管我同意不同意，需要不需要，只要见市里开什么辅导班，她就给我报什么班。啥强化班、啥奥赛班、啥提高班……只要能搭得上的她尽一切可能地给我报上。我觉得好累，可每次我在课堂上课，看到妈整整半天地坐在街头等我的样子，我就只好有苦自己忍着。甚至有几次我真的很感动，比如有一次我妈被自行车撞了，走路都不行，可她还是风雨不误地非要送我到很远的奥校去上课。在上公共汽车时，因为她迈步不方便，被人挤在马路牙子上，弄得满脸是血。我说这节课就别上了，我们回家吧。她就大声骂我，说你今天少上节课，下次就会跟不上的知道吗？我说你伤成这个样，让我怎么有心思在课堂听课？她听后一愣，然后说，你听你的课，我的事你甭管。她掏出纱巾包了一下脸，拐着双腿走在我的前头，一直把我领到了奥校……

“当时我真的很感动，心想就是为了妈也要把学习搞好。后来我的学习成绩真不错，妈特别高兴，常常带我到她单位去炫耀。可时间一长，加上我年龄大了，渐渐懂得些事，所以在上初三之后就不愿让她带我到她单位去，加上我的成绩从高中后明显不如以前，常常出现不及格的情况。妈就开始对我越来越不满，不是骂就是用话损我，有时骂得特别难听，我实在受不了。

"有一次我问她，妈你就这么在乎我的成绩呀？妈瞪了半天眼睛，愤怒地说：我咋不在乎？你知道我就是因为文化水平低而白白丢了在科研单位工作的饭碗，你知道就因为我没有文化而不能竞争邮局局长？可气的是人家跟我一样坐柜台的，就因为她儿子考上了清华大学，她天天拿着架势给我脸色看，你知道我想什么吗？我要让她看看我也不是啥孬种，我的女儿也能考个好大学。可你懂啥？成绩越来越差，连大学门都快进不了了，你这不是把我的脸面往地上扔吗？你这个不争气的东西！你自己考不上大学是你这辈子无能，可我一把屎一把尿把你拉扯这么大，又因为你不争气，我还要在单位里看着别人的冷脸过几十年……

"那一天我妈说了一堆话，我突然感到自己明白了一件事：原来父母那么关心我的学习成绩，除了一部分是为我将来着想外，而相当多的是为了他们在外面的脸面呀！当时我真的感到很悲哀和忧伤。虽然我也能理解被'文革'耽误的父母，但我却无法抹去心头的阴云。也许我一下明白了一些事后，对学习的兴趣越来越淡漠，特别是对考大学根本提不起劲。到高三后我的成绩下滑很严重，甚至感到很吃力。我妈知道后竟然吵到学校，当着同学和老师的面骂我骗他们，不向他们讲实情，还打了我几巴掌。我当时觉得自己仅有的一点自尊都给他们剥夺了。对一个学生来说，如果因为学习成绩不好，在学校抬不起头时，特别希望能在自己的家里找回一点温暖和信心，可我不但没有，反而遭受来自家庭更大的屈辱。我就是为这个从家里出走的……"

我打断她的话，说："你是不是盲目了？"

她说："我知道出走不是好的选择，但我不能忍受父母为了自己的面子竟然根本不顾及我的脸面，难道他们的脸面就那么重要，我的脸面就那么不值钱？这公平吗，叔叔你说？"

"是不太公平，可你选择出走是否也欠妥？"

"叔叔我没有给你讲完，你听着：那天我回家就要求我妈向我道歉，并保证以后不要再到学校去闹。你知道她说什么？她说你只要考不上跟我单位那同事孩子一样的清华大学，我就不会停止到学校监督你的学习！你也别想在家里看到我们一天的好脸！我一听这话，知道自己再待在家里就死定了。我妈她真能做得出来，她把自己的脸面看得比什么都重要，我是她唯一能争取在别人面前拉回些面子的砝码，可我知道自己学习这个样，怎么也达不到她心中的那个目标，你想我还会有啥出路？除了出走，我留在家里不是被逼死也会给他们逼疯的……叔叔，你能指条路给我吗？"

"呜呜呜……"女孩又伤心地痛哭起来，瘦削的肩膀剧烈地起伏着。

"你自个儿出来，没想到父母会有多着急？"我想起以前报道出走中学生在外面遭遇不幸的事件屡有发生，不由得为眼前的这位女孩着急，便催促她："出来时间不短了吧？赶紧先跟家里人联系，别让他们满世界找你，弄出个好歹那多不好！"

"我不想回家……"女孩低着头，好像特别坚决，"我知道自己考不上大学的。只要考不上大学，我爸妈就会觉得永远丢了他们的面子，所以我回去了日子也不会好过的。"

"那总不能在外面到处流浪呀！何况你都体验到了，就是当乞丐也未必能填得饱肚子……"

女孩抬起汪汪泪眼，那乞求的目光让人不无怜悯："叔叔我知道你是好人，你能帮我找个大学上？听人说北京的大学多，民办大学也行。我想上大学……”

真是一个难题。这女孩的话我明白，她是想以自己的努力来证明她是有能力成为一个大学生的，而她强烈地想上大学的最终目的，也是为了在挽回自己命运的同时，替她的父母挽回脸面。

可我无能为力——这比帮助一个贫困大学生要难得多。

“发文凭的大学都得经历统一考试，我对你的请求无能为力。”我掏出 300 块钱——这样的事在我写完《落泪是金》后经常无可奈何地做，这绝非是自我标榜我如何慷慨，而是出于一种良心与习惯，“这点钱够你回家的路费，你先回家，把高中读完，然后再努力考大学，考上最好；考不上还有明年……”

“没有明年了！叔叔，我妈她非要我考上清华不可。我哪有那能耐？回去就等于死路。我宁可死在外面，也不愿让父母逼死……”

“这……”我感到无计可施。

“叔叔谢谢您，谢谢……”女孩突然起身向我鞠了三躬，转身过了府右大街。这时几辆 103 路公共汽车和一行首长车队开过，我呆呆地看着这位与我交谈了半天的小女孩从视线中消失……

当日我把所见所闻向单位的同事们一说，有人嘲讽我又当了回“东郭先生”。可我仍然相信这个女孩讲的是真实的。因为我在采写《中国高考报告》时，曾经遇到这样的被父母逼出家门而到处流浪的孩子不止一两个。我宁可相信这一回又是真的而非被人所骗。

因为我知道在今天的中国，那些望子成龙的现象愈演愈烈。为了把自己的孩子送进清华、北大，培养成“哈佛女孩”的家长们，几乎都快疯了。他们甚至不知道自己是在为孩子寻求前途还是在给孩子掘墓……

中国恢复高考已经 20 多年，它的功绩举世瞩目。但随着人们对子女的期望越来越高和教育本身存在的诸多问题，高考这座“独木桥”造成的百姓心理负担也越来越严重。由于家长们过度的期望和大学门槛的狭窄，到底有多少孩子因为受到家庭的严厉威逼而出走家门，多少孩子在自己亲生父母的棍棒鞭子下伤身断命？好像没有人统计过。不过有人统计过这样一组数字：每年中国有将近100万15岁以下的少年儿童死亡，其中有2万少年儿童是非正常死亡，而其中又有三成左右是属于中小学生在家庭的环境里“非正常死亡”的。我想这“家庭环境下非正常死亡”可能多半是属于父母们在望子成龙背景下用严酷的拳棒鞭打致死的。还有一个数据是：每年有数以百万计的少年儿童失学、辍学，而在这个数字中间有高达四成孩子是属于忍受不了家庭高压最后放弃上学机会的。

去年发生在浙江金华的徐力杀母事件，是一件最具严重性和典型性的事件，引起了江泽民总书记的关注，并在2000年2月1日发表了《关于教育问题的谈话》。

徐力出生在一个普通工人家庭，母亲吴凤仙是金华县食品公司的职工。由于徐力的父亲长期在外地火车站工作，徐力从小到大基本靠母亲细心照料。徐力母亲工资不高，便靠帮别人加工点毛衣赚些钱供儿子读书，让孩子过着“吃穿全包，一心读书”的生活。徐力平时读书还是很努力的，但因为在后来的激烈竞争中渐渐在班上排名落后了，母亲便开始对徐力不满。有一次家长会，徐力母亲得知儿子在班上的排名已经落至18位时，便回家狠狠打了儿子一顿。徐力喜欢踢球，母亲对他说：“你要是再踢球，我就打断你的腿！”徐力感到来自母亲的压力无法忍受，委屈的泪水只好往肚子里流。2000年新学年开始不久，有一天徐力从学校回家看了一会儿电视，母亲就在旁边大骂：“你这个不争气的东西，还有脸看啥电视？给我关掉！再不关看我不打死你？！”徐力望着母亲那张凶狠的脸，仿佛眼前站着的不是自己的母亲，而是一个恶魔。他终于忍不住了，久压在心头的怒火变成了绝望的反抗，只见他拿起门口的一把木柄榔头，完全失去理智的他朝正在绣花的母亲头部猛击……直至将自己的母亲打死才觉出了一口恶气。

这位中学生残忍地杀害亲生母亲的事件经《人民日报》披露后，立即在全国引起强烈反响，新华社和《光明日报》连续发表社论。而随后我们在新闻媒体上陆续看到一批像徐力那样因无法忍受家长施压而杀害亲人的恶性事件，正如新华社评论员所说："近年来，因中小学生课业负担过重，导致学生出走、轻生；家长施压，教师体罚和殴打学生，甚至造成学生致残、致死等恶性事件时有发生，到了刻不容缓，需要制止的地步。"

徐力确实不是唯一的因家长高压而造成孩子走上极端的悲剧人物。

去年 4 月 12 日，年仅 8 岁的北京房山区琉璃河二年级小男孩王闯，因为没有完成课堂作业，被 43 岁的母亲骆淑萍用木把笤帚打得遍体鳞伤，最后导致肾功能衰竭经过医院紧急抢救后才保住了小命。他母亲在被押送监狱的路上追悔莫及地说：我只是想让他接受教训，可哪想到……

像王闯母亲这样的"仅想教训教训"的家长心态，而最后致使孩子不是出走就是伤残甚至死亡的恶性事件，导致无数中小学生，特别是正在向大学门迈进的广大中学生对生命、对人生失去信心。从本质上讲，这些孩子家长的内心并不"残忍"，可他们采用的手段和后果则是无法想象的残忍。而他们的孩子正是在这种在他们看来无论如何也不能理解的摧残中渐渐产生心理扭曲，最后常常导致不可收拾的恶性事件。

去年我在采写《中国高考报告》时，有一位北京籍的女中学生向我袒露了她心头的那份将自己的母亲视如仇人的情绪，可以说颇为典型。她说：“我至今弄不明白天下的父母是不是都像我母亲那样。你说她不爱我吧，从小是她一把屎一把尿地将我抚养长大，可如果说她爱我吧，我却觉得她逼得我甚至没有一点儿人性了。不瞒你说何老师，我都已经离家出走过三次。你问为什么？不为什么，我觉得，如果不离家出走，我准会举刀向自己的母亲砍去……”

见我摇头，这女孩只好对天长叹。

“其实细想起来连我自己都不相信：我怎么会有心杀自己的亲生母亲呢？但她确实逼得我几次想杀了她。”在一个咖啡厅，在一曲莫扎特的忧伤旋律下，女孩向我讲述了久积在她内心的那份痛——

其实我知道这也不是什么特别丢人的事，反正高中同学中离家出走的也不是我一个人，女同学中也有很多人。你问为什么一定要出走？自己家里还有什么解决不了的问题？是嘛，我以前也是这么想的，但是到了高三，不知外国人是不是这样，反正我看中国人全疯啦！学生疯啦，家长疯啦，老师疯啦，总之全变得疯啦！

我是重点中学的，中考结束后以为到了重点中学就可以松口气，哪知“天下中学一般黑，重点中学更是黑”。我现在才不相信啥重点不重点，如果要说重点中学的优势，就是把全市全区我们这些智商稍高一点的从小学到中学更能适应应试教育的“做题能手”集中到了一起，培养成再高一个档次的做题能手而已。信不信由你们。我到重点中学后的全部感觉就是这样，而且这里搞“考试工场”还给你高戴一顶堂皇的帽子：你们在市“重点”，就是说你们是中学中的高才生，大学的门对你们开得最大，多做题，做难题，是你们理所应当的任务。嘘，老师和校长们说这些话时从来都是理直气壮的，从不觉得自己有什么不对。

如果让我现在再选择高中的话，我绝不会满怀激情地想上市重点。近三年的经历，我所体会到的“重点”就是比别人更残酷地摧残我们这些花季少年。十分可悲的是，不知教育局、市领导和社会上对我们这样的重点中学还那么吹着捧着是为了什么？我们的所谓“重点”就是用高一高二两年的时间赶出高中三年的课程来。进入高三后，整整一年时间便是没完没了的做题。啥叫没完没了？我们生活中有人对重复三遍以上的事就叫没完没了，可你们哪知道天下谁有没完没了的事？就是我们高三生面临的考试那才叫没完没了呀！

中国的什么民族最大？是我们“考试族”呗！世界上什么人最辛苦？是我们“考试人”呗！

每天全市百姓还在呼呼大睡时，大街上有两种人在奔忙，一种是打扫大街的清洁工，第二种就是我们这些背书包的高三生。你6点进校门别以为就是早的了，比你早的已经在教室里上了近一个小时的自习了——老师天天表扬这些同学，就是为了提醒那些6点后才到的学生。6点到8点间的两个小时，常常显得很精彩：老师进门瞅一眼就溜走回到自己的办公室小憩酣睡去了，而我们教室里总能听到那些惊天动地的呼噜声——哈哈哈，开始我们都会取笑打呼噜者，后来几乎所有的人都变成“打呼族”后，便不再有人取笑了，倒是大家一旦听到某某人呼噜震天时，便悄悄向周围的人“嘘”一声：轻一点，别吵醒他（她）。瞧，你看我们多团结一致！这是逼出来的，因为老师不会关心，家长也不会关心我们这些最辛苦的“考试人”。

8点以后开始上课了。于是数理化、文史政的任课老师便一个比一个能说会道地开始向你轰炸。这个说数学是所有高考中最重要的科目，数学学好，理化就能自然而然的带起来；那个说语文是高考成败的关键，有的考生之所以没有考上重点大学，原因就是他们的作文分落了下来，所以语文课抓得好不好，不仅是文科生的重头戏，更是理科生的关键所在；这个说数理化靠的就是多做题做难题，那个说文科的关键是背题记题；这个说世界上没有一种考试不是靠做题来判别优劣等生的，那个说大学录取的重点与非重点就在于考分的高与低——所有的话语组成一个意思：考试做题是你们唯一的选择，也是唯一的出路。

开始一个月两个月里还真有些临战的感觉，但渐渐我们发现，之后的几个月中，老师除了把已经做过的难题卷子或者不知从哪儿找来的怪题卷子让我们重复再做之外，并没有什么新鲜玩意儿让我们觉得有十分必要去努力的，无非就是熟之又熟。而剩下的就是人为制造的那些高考紧张气氛。什么这个月搞“倒计时”、下个月搞“最后冲刺”，再下个月就搞“决一死战”——黑板报、操场上、饭堂内、广播喇叭里，还有宿舍走道，到处贴满、写满有关时刻准备高考的口号标语什么的，使你如临战场，或者像进入火葬场的殡仪馆，即使不是你亲人死了，可一听那哀乐就感到悲切一样。

从6点进校到下午6点离校的12个小时里，我们所有的感觉就是在监狱或者说是在有监工的资本家工厂里服苦役。总算回家了，可是高三生的家比监狱和有监工的资本家厂子还黑暗。吃饭时你想轻松一下，顺便了解了解国家大事，你刚刚把电视打开，母亲就瞪着眼睛：不是说好了，高三时天塌下来也不要管外面的事嘛！在这样管制下，我们班上就有好多同学在几个月以后才了解过了时的“时事”，闹出了不少笑话。你知道我们的家长怎么说的？我那个亲爱的母亲就这么说：“天塌下来，有我们顶着，缺粮了，也有我们去张罗乞讨，可是高考的事只能靠你自己，我们没法替你。你不专心准备高考，对得起谁？”

在母亲的严管下，我在家里的另12个小时，被禁闭在自己的小屋里。而那小屋原来还是让我感到非常温馨和舒服的，因为这是我的小天地，可以在这 8 平方米的空间里做属于我的全部欢乐与秘密的事情。但高三后，一直认为我“不老实”的母亲，特意让人在我木门上方挖出一个小洞。当时我看到后伤心地对妈说：你这么搞不是把我当囚犯嘛！

母亲说：“你要是安安心心在小屋里学习、做题，还怕别人老来瞅你？”

我无话回答，但眼眶里却噙满了泪水。

从此，我所有的表现都逃不脱母亲那严厉而不可抗拒的目光。而我的所有日程也是由她统一布置：吃完晚饭，喝一杯奶，吃一块水果，然后开始做作业。22 点休息 10 分钟，然后再进入复习做作业，到 12 点熄灯睡觉。星期一二三四五是这样。周六周末的安排便多了一个上午和一个下午的做作业时间，除了多吃两顿饭外，没有任何其他内容。

我只和母亲在一起，小学的时候母亲就和父亲离婚了，原因之一就是父亲认为母亲缺乏知识和修养，为此母亲发誓要把我培养成“有知识有修养”的人。她对我的关心超过了对她自己，特别是在我进入高中后，她除了上班外，所有的时间都是在为我服务，围绕我的高考转。这是我深切感受到的，也真是看在母亲含辛茹苦的份上，我默认了许多事。但随着年龄的增长，我觉得不能再在所有的事上都由她主宰我的一切了。因为我也是人，一个活脱脱的人，一个活脱脱的年轻人。

我们的争执开始常常发生在一些小事上，比如我很困睡着了，她就在外面使劲敲我小屋的门。每次她敲门我就一惊，便嚷起来：“你不能轻一点？”

母亲说：“轻一点你能听得见吗？”

她的话让我感到无奈而又愤怒。

我从小爱听音乐，随身听是我生活中的一个伴侣，上学路上，睡觉之前，甚至看书之中，它都是我忠诚的伙伴。但母亲特别反感我带着它，几次警告我说高三后不得再听了。我表面上答应可行动上很难下决心，主要是有了随身听，使我感到枯燥的学习生活中还有那么一丝丝的快活。

我依然改不掉在做作业时戴着随身听的习惯。尤其是感觉疲乏时，耳边能有优美的歌声伴随便会稍稍舒心一些。但母亲并不同意我的观点，她坚持认为我是在有意“分心”。

“怎么又戴上了？告诉你，你再听我可要把它扔到楼下去了啊！”母亲不是在门外敲了，而是走到我跟前，扯着嗓门在大声呵斥。

我只好暂时收起来，枯燥而又疲惫地重新伏到桌上做那没有尽头的卷子。不知什么时候，我觉得眼皮在不停地打架。抬头一看时间，才 11 点。我庆幸方才小憩没有被母亲发现，为了能够坚持最后一小时的作业，我下意识地从枕头底下取出心爱的随身听，哇，感觉好多啦！

这是林志颖的《就是这一天》呀！于是我一边做题，一边跟着欢快地哼了起来：

对你的爱恋永远不变
每天每天你总在我的心田
对你的诺言不会改变
我把握未来每一天
天天灿烂天天思念从现在到永远……

“我倒要看看你怎么个天天灿烂、天天思念法！”突然，我耳边的音乐戛然而止，原来母亲凶神恶煞似的站在了我的身后。坏了！我刚要收起随身听，却早已被手脚麻利的母亲用力一夺，转眼间我还没有反应过来，她便把窗子打开了……

“别扔——”我知道要发生什么事了，赶紧起身想夺回母亲手中的随身听，可为时已晚。只听楼下的水泥地上沉沉的一声“啪啦”那声音使我不由得大喊大叫起来：“你想怎样？你怎么不把我也扔下去呀！呜呜……”

我又是跺脚又是伤心地哭了起来，然后不顾一切地冲下楼……当我捧起散了架的随身听时，我的心也跟着碎了……我跪在随身听“牺牲”的地方哭得格外伤心，惊动了全楼的人，最后是母亲硬把我拖回了家里。

从那一次事件后，我跟母亲的关系发生了质的变化。凡是她让我做的事我都跟她顶着干。而她也怪了，似乎我不愿意做的事或者反感的事她偏要我按她的意思去办——我们亲母女俩成为“死对头”。

时间到了 1999 年的初夏，这个季节应该说也是我们高三生最紧张的时间。偏偏在这个节骨眼上电视里推出了《还珠格格》！哇，这电视剧一放，赵薇演的“小燕子”把我们所有中学女同学们都给吊疯啦！当时学校里除了高考复习外，最让我们兴奋的就是“小燕子”的话题。“小燕子”真的让我们好爱好爱呀！大人们其实太不了解我们这一代的心了。也根本不是我们这一代人太浅薄的缘故，实在是“小燕子”那无忧无虑、敢作敢为的精神太让我们这些深深陷在学习和做题的苦海里的中学生羡慕了！可以说，“小燕子”精神，正是我们渴望而又得不到的、疾呼而又呼不来的形象！“小燕子”的出现，让我们感到了一种解脱、一种希望、一种追求！

大人们，你们现在明白我们为什么那么喜欢“小燕子”了吧！

我从来不承认自己是“追星族”的一员，但我对“小燕子”的喜爱超过了所有同学，因为我感觉自己受到学校特别是家庭的压制太多太重了，所以我更加喜欢“小燕子”。我虽然没看过一次电视剧《还珠格格》，但通过从同学们的言谈中了解，感受比看过还强烈几倍，仿佛“小燕子”就是我的化身，我追求的影子。我因此而向母亲“友善”地提出允许我看一次《还珠格格》，而且我还认认真真地写下一份“保证书”——保证以高考优良成绩来换得我的这样一次权利。

“你别给我玩小孩把戏了，我怎么可能相信你这样的保证？看电视就会分心，尤其是我不愿让你看小燕子这样半疯半痴的丫头，浅薄得不能再浅薄了。我正准备给电视台写信呢，他们放这种节目到底是什么意图啊？引导孩子们都去学些啥呀？真是的！”母亲好像对“小燕子”早有一肚子气。真倒霉，我算是哪壶不开就专门提哪一壶。

那天是星期天，母亲说她单位里要加班，她把饭菜一切准备好后，吩咐我说：“老老实实在家做作业，什么事都甭想。”我一听高兴得心都快要跳出来了，这下总算有机会目睹“小燕子”的风采了！

“哎，你去上班吧。我保证在家好好做作业，今天的作业比任何一天都多！”我特意这么说，其实后来想想这话等于是“此地无银三百两”。

母亲用特殊的眼光重重地看了我一眼，再没说什么便出了门。

“万岁——”我按捺住激动万分的心，估计母亲已经下到楼下时，便在屋里大声欢呼了起来。赶紧，先打开电视布罩，然后接上电源……呀，楼梯上突然传来熟悉的脚步声——坏了坏了，母亲返回来了。我赶紧神速将电线拔掉，又将电视机罩重新恢复原状，然后再飞奔回到自己的小屋拿起书本——是母亲进门了，是她在电视机那儿停下了脚步，然后在电视机上扒拉了一下，检查看看有没有我动过的迹象——其实我根本没有回过身，眼睛盯在书本上，可我的心能感觉到母亲在外屋所做的哪怕是最细微的每一个动作，怦怦跳得不能再快了！

母亲终于走了，屋里恢复了平静，只有我的心与墙上的挂钟在跳动。我像经历了一次惊心动魄的惊险战斗一样，忍不住自己对着镜子笑了起来。

我知道母亲的精明之处，所以第二次想打开电视时就有意等待了一段时间，这回母亲真的去单位上班了。

“解放了——”我伸伸懒腰，极为自在地从小屋走出，毫无顾忌地走到电视机前，掀开布罩，插上电源，按动电视上的按钮……嗯，奇怪，怎么电视没有图像？

我急了，左看右看，电源、天线都是好的呀！是坏了？不对，早上还听到母亲在看天气预报呢！这是怎么回事？我毕竟是学过不少物理知识的高中生，在检查过程中发现了一个叫我气得直咬牙的事：母亲把连接电源的那个双向插头中的其中一根拔掉了！

我的妈呀，你这是干什么嘛！那是个无法用其他东西替代的玩意儿。面对母亲的“聪明”和眼前的无奈，我狠狠敲了敲电视，真的一个人在屋里哭了起来——同学们在前一天就告诉我此时此刻正是《还珠格格》重播的时间呀！

我欲哭无泪，不知如何解决我想看一眼“小燕子！”的强烈愿望。正在这时，楼道里不知谁家的门“嘎吱”打开后，传来电视剧《还珠格格》的声音：“小燕子！小燕子！”——那陌生而熟悉的声音直灌入我的耳朵，可很快声音消失了……是出来倒垃圾的邻居把门拉上了。

然而“小燕子”的声音太刺激我了，在家惴惴不安的我终于想了个办法——到邻居家看一眼“小燕子”！

以什么法子敲开邻居家的门呢？对，就说我家电插头坏了，借把钳子什么的。

我撒谎敲开邻居家门时，心头好不激动，但表面上装出十分镇静的样子。好客的邻居哪想得到这是我一手策划的“阴谋”，当我显得对他们正在看的《还珠格格》非常有兴趣时，他们全家人便热情地邀我坐下一起看。接下去的时间简直可以用“大大过瘾”四个字来形容了。在这个家庭里，“小燕子”不仅吸引了与我差不多大的一个女孩子，也吸引了她的父母和姥姥，我真羡慕他们全家。而且让我想象不到的是他们在看完当天重播的两集《还珠格格》后，又听我说从没有看过以前的《还珠格格》剧情时，慷慨地拿出了录制好的两盘录像带又放了给我看……

我完全沉浸在对“小燕子”的狂热之中，当发现邻居家正要吃饭时，才想起是我该离开的时候了。“对不起，打扰你们好长时间。谢谢！”我不好意思地起身告别，三步两步地回到楼上的家。

当我用钥匙打开防盗门时，发现门是开着的，我的心蓦然紧张起来：坏了，妈已经回家了！

“你到哪儿去了？”母亲早已站在小厅中央，等候我进门审问。

“没、没到哪儿……去楼下邻居家借钳子去了。”我恨自己语无伦次。

“借钳子？那钳子呢？”

我傻了，发现到人家里半天什么也没做嘛，邻居对我借钳子的事怎么也没提醒一声呀！真是。

“你那点花花小肚肠，还想瞒我？”母亲早已气不打一处来，“我知道你不等我出门，就急着想偷看电视！哼，真有本事，自己家的电视不会捣鼓，还想到邻居家借钳子来！去呀，把钳子借来呀！”

“我知道是你存心把插头搞坏的。”我觉得不能不说，尤其是想到邻居家的那种温馨快乐情景，而我与母亲之间的不平等，心中更是气儿不打一处来。

“知道了你还跑到人家家里去看？难道你永远管不住自己偷

懒？”母亲又开始没头没脑地骂起来，她骂人时的那种尖利嗓音最让我感到刺耳，而这一天我感到的不仅仅是刺耳，更是刺心，深深地刺着我的心！

也许是积压在心头的怨愤太多太久，我自己都没有想到我的声音会大得甚至有些歇斯底里：“我不偷懒！我从来没有偷懒过——”

母亲大概没有想到我会如此反抗，她一愣后，火就更大了，使出她认为做大人唯一能制服儿女的手段——抄起一根铁棍朝我砸来……当时我真的惊恐得脑子一片空白，因为我想象不出我的亲生母亲会用铁棍向她唯一的女儿砸来！

我想我是被求生的本能唤醒了！在我退至不能退却的地方时，我的手下意识地抄起放在桌上的一把菜刀并且高高举在空中……

母亲惊呆了：“你……你想杀你妈呀？”

“我就想杀死你。”我的声音几乎使全楼的人都听到了，于是我家的房门外传来无数猛烈的敲门声。

就在这一夜，我离家出走了，什么都没带便离开了家，离开了母亲，一个人在我们小城的一条河边走了5个多小时。在这阴雨绵绵的5个多小时里，我呼天不应，唤地无声，于是便无数次想向湍急的河水中跳去……那是个我一生无法忘却的黑夜。当现在我清醒后再回想起那一夜的事时，我庆幸自己那一夜没有做两件事：一件是我没有留在家里，假如真的留在家里，我会难以控制地产生杀母之心；二是那5小时的漫漫长夜，使我有机会渐渐梳理我并不成熟的心路。

你们一定很想知道我以后的情况。我可以告诉你们：去年我考大学的机会失去了，但我和母亲都不感到后悔，因为我们母女和解了。后来母亲在我出走几个月回家后，重新为我找了一所中学，我和母亲对今年我考大学都充满了信心。回想起过去的那段难忘的经历，我只想对所有的家长们说一句话，那就是请在严格要求您的孩子努力学习时，不要忘了给予他们起码的一点自由，这样不仅不会影响他们的高考成绩，相反有可能获得意想不到的效果。

我认为这绝对没错。

像上面这位女学生的“独白”，我在采访中至少听过十几次，他们有的仍然在学校读高三，有的是已经读完高三，或者进了大学，或者被挡在了大学的门外。关于他们曾经经受和正在经受的那些因家长和学校给予他们的种种高考压力的故事，实在可以专写一部厚厚的书，而且这样的故事不用任何修饰，都是一份份“血淋淋的控诉书”，情节简直令人难以想象。因为在他们年幼的心灵深处，那些“深仇大恨”的对象不是别人，正是每天呵护他们的父母。从这些胸怀“深仇大恨”的孩子口中，我听得最多的是他们在呐喊，要求给予他们最基本的自由空间和最基本的尊重与权利。

“我们虽然是小孩，但我们也是人，不能因为学习或者高考，家长们就剥夺我们作为人生存在这个世界上的最基本的权利。我们要求的权利，是我们作为21世纪中国青年人应有的那种既严格要求，又能体现我们健康快乐与自由个性的权利。”一位现在在北京著名学府学法律专业的原高三生如是说。

关于这一概念，我问过不少家长，他们在没有前提下的回答往往显得很空泛，可真正接触到自己子女的实际情况时，其回答真让我感到吃惊。

“孩子的权利必须建立在一种约束的条件下，比如他们应该完成学校和家庭对他们的基本要求前提下，才能谈论此事。”——这是位在大学当人文教授的学者的回答，原因是他的儿子也是位不安分守己的淘学生。年轻的教授是在恢复高考后圆大学梦的“老三届生”，他的体会非常深切：“我的结论是，在中国尤其是现在或今后相当长的一段时间里，没有高学历，就意味着你会失去社会对你的尊重与选择。设想一下，一个没有高学历的人，你想让社会来重用你，那除非在你通过无数次、无数年的艰苦拼搏后才有可能，而有高学历者则可以在走出校门时就获得社会所给予的这种机会。难道我们作家长的，有谁真心想让自己的儿女在无尽的努力与等待中由社会来承认和选择他吗？不会。那样的代价不仅仅是时间和金钱的问题，而是整个时代与民族所不允许的。”

不说这位高谈阔论的学者说的有没有道理，但谁又能为我们的孩子想一想呢？

“剥夺了权利，剥夺了自由，剥夺了最基本的生存方式，我们不就成了一种机器？一种让家长、让学校、让一个用先前的那种模式早已为我们设计好的社会来造就我们未来的一代吗？这就是你们大人们天天说的时代进步、社会发展吗？再说，当我们一个个变成考试机器后，我们的快乐、我们的创造、我们的幻想、我们的灵智，还有我们的爱情都被泯灭后，这个世界、这个时代还有什么是可以吸引我们生命活力的源泉？死吧——做一具还有心跳的僵尸！”学生们这样告诉我。

我也正想用实例来回答不少家长和老师在这一问题上的某些固执。

实例之一：《贵阳都市报》刊发的一位中学生留给父母的遗书

敬爱（的）爸妈：

我已不存在，请不要悲伤。我很对不起你们，请原谅。

我知道你们把我养这么大很辛苦。但是呢，我又没有报答过你们。我的成绩从来没好过，我也不知道为什么。我也不知道从什么时候我有想死的念头，我曾经有过几次想死，只是我还是不愿意过早地死去，但是这一次，我已经彻底的绝望，并不是什么原因，而是我已感到，我是一个废物，样样不如别人。而且由于没有交成绩册和补课本，（老师）没有（让我）报到，也没有（发给我）课本，今天我们班上来了个新生，侯老师对他讲："后面的同学基本上都是差生……"我想，我也被老师列入差生行列了吧。我已感到很绝望。下午，我去问老师，星期一交行不行？老师说："不行，今天不交，星期一就不准上课。"我真的绝望了。

我也想过，我一死会给你们带来什么呢？有坏处、有好处，我一死，会给你们精神上加了不少压力，好处是我一死，你们可以节约一大笔钱，你们可以不用愁我的开支，你们可以尽情地游玩，坐飞机、坐火车、坐轮船，而不用为我担心。我死了，也不要传开来。因为会带来别人所讲的闲话，对你们很不好。如果真的很想我，便给我写信，你们尽情地玩乐吧，你们也不要想不开，存折密码是1122。来生再见。

李渊

1997.2.20，10：17

另加一句，妈妈不要责怪爸爸，爸爸也不要责怪妈妈。记住。

李渊死后，8天后报上刊出这封遗书，据贵阳的市民讲，几乎所有的贵阳人均为如此懂事的小李渊深感惋惜和痛心。李渊是位中学生，在他的遗书中能非常清楚地看出他的死因并不复杂，但却令人深思。那个老师简单而又残酷的一句“差生”和一个“不交作业就不让上课”，使早已对死读书和以分数论优劣的教育绝望的小李渊产生了直接的想死念头。而李渊对死所表现出的那种冷静和死之前周到地为父母考虑的那种成熟，更使我们为失去这样的好孩子而痛苦万分！

我们不难从遗书中看出，虽然李渊已经是个中学生了，有他思考和处事的成熟一面，同样在他的眼里，人生尽兴地玩乐才是最难得、最大的幸运、最大的幸福——他因此用一句听起来十分幼稚却无比真诚的“你们尽情地玩乐”来祝福自己的父母。读到这里，我们还有谁能感受不到中国孩子们因为上学而受到的心灵创伤是何等的严重！

实例之二：《高三生杀死亲生母亲》，摘自《北京晚报》1999 年 1 月 26 日

本报讯（记者张鹏）一个 19 岁的中学高三生在没有深仇大恨和严重矛盾的情况下，竟然用极其残忍的手段将自己的亲生母亲杀死后碎尸抛入湖中。昨天下午在北京第一中级人民法院开庭审理的朱宇故意杀人案带给人们深深的思考。

在昨天下午的庭审中，旁听席上座无虚席，被告人朱宇被带上庭后，人们发现他还是一个脸上显露着稚气的男孩，然而当他用平静的口吻叙述所做的一切时，人们被深深震惊了。今年 19 岁的朱宇正在上高三，面临着高考，他的家庭物质生活优裕，父母都受过高等教育，

对他寄予了厚望，然而去年3月，朱宇萌生了杀母的恶念。朱宇说他对母亲的不满是从1996年开始的，当时他父亲因肝病住院，后来终因病重去世，他认为父亲的病本来是可以救治的，但母亲怕花钱多没用好药，所以父亲才死了。父亲死后，母亲与一个男人来往密切，朱宇认为母亲就是为了这个男人而不去救父亲。平时因朱宇的母亲对他学习管得很严，母子俩经常争吵。去年3月25日，朱宇交女朋友被母亲反对，两人又爆发了一场争吵，朱宇在这一天起了杀心。

朱宇找到同学崔楠，把杀母亲的想法告诉了他，让他帮助一起干。由于两人是好朋友，崔楠同意了。于是两人开始了周密的准备工作，朱宇翻阅了一些案例资料和有关人体生理解剖方面的书籍，接着买了一瓶镇静剂和一盒感冒冲剂。3月28日中午，朱宇的母亲匆匆从外面赶回家中，不顾自己感冒，准备帮助儿子温习政治，准备考试。朱宇佯装关心母亲，就去冲了一杯感冒冲剂，他把碾碎的镇静剂放在冲剂里，母亲喝了药，不一会儿感到很困，就进屋睡了。朱宇在屋外耐心等了一个多小时，直到母亲睡得完全没有知觉了，他和崔楠用早已准备好的尼龙绳猛勒母亲的脖子，又割开了她腕上的动脉，杀死了亲生母亲。

朱宇和崔楠将他母亲的尸体肢解了，第二天早上抛入一公园湖中。然后朱宇到派出所报案说他母亲失踪了，接着他找人打开了母亲放在家中的保险柜，拿出一张8万元的存单，兑换了现金，给自己买了BP机、手机等物，并且筹备着用这笔钱开一家咖啡厅，直到去年4月16日，他被公安机关怀疑并拘捕。

在庭审中，北京金桥律师事务所的何桂深律师担任朱宇的辩护人，他认为由于父亲过世，高考紧张，和家长缺乏交流，感受不到家庭温暖等原因，朱宇实际上已经形成了严重的人格障碍，使思维意识逐渐偏离了现实，导致了他杀母的罪行……

朱宇的事同样引起了北京市广大市民的强烈反响，《北京晚报》在披露此事的那几天里电话不断，因为法庭审理此案时正值当年高考生紧张复习的最紧要关头。据值班编辑介绍，市民们的来电中，除了一部分觉得像朱宇这样连亲生母亲都要如此残忍地杀害，且杀害之后采用的手段之恶毒令人发指，必须严厉制裁外，很多社会学家指出：逼朱宇做出这样杀母行为的根源正是朱宇的母亲太看重和威逼儿子高考了。有位与朱宇同样正准备参加当年高考的学生在电话中对编辑说，“像朱宇杀母亲的心我们同学中不少人有。因为大人们为了让我们考上大学，简直把我们当做牲畜一样对待，我就给父亲用皮带抽过好几回。当父亲在空中挥动皮鞭抽在我身上的时候，我真想拿起刀砍断他的手，并且在他感觉到疼的那一刻再问他一声：我是不是你的亲生骨肉？如果是，你就不应该对我这样狠；如果不是，那你这样打我，我就可以杀死你，公安局找我算账时我不怕，因为我是在自卫……”

在写到朱宇这件事时，朱宇这位只有 19 岁的年轻高中生，由于犯下故意杀人罪，且情节极其残忍而受到了法律的严厉制裁。我特意拨通审理朱宇一案的法官和熟悉他的人的电话，与他们进行了交谈，问他们朱宇杀母与他母亲对他的高考希望值太高有没有直接和必然的联系。法官回答非常肯定，因为据朱宇自己“悔悟”时谈到，他母亲平时工作比较忙，对他的要求只有一个，就是学习要好。母亲在朱宇的父亲死后，有自己的生活打算，今后不可能跟儿子过一辈子。但作为对前夫的一个交代，儿子必须考上大学，也只有儿子考上大学，她才能既对得起死去的丈夫，又好重新安排自己后半生的生活。而正是在她的这种思想指导下，对朱宇上大学的事她逼得特别地紧，甚至有种非让他考上不可的强烈和迫切的愿望。邻居介绍，朱宇从小聪明，脑子反应快，学习也不错，但因为他在交女朋友后成绩有所下降，他母亲就大发雷霆，不是采取正确引导，而是逼得更紧，并且不许他放学后和星期天随便出家门。朱宇认为，母亲这样对待自己，如果一旦高考不能录取，他岂不成了母亲生活中永远的绊脚石了吗？母亲会不会采取更严厉的手段对付自己？与其母亲不要我活，还不如我先不让她活。于是在不懂法的前提下，他做出了常人不可理解的极端行为。

值得反思的是在朱宇的这起恶性案件中，还有一个凶犯是朱宇的同学崔楠。在案件的整个过程中，崔楠的行为也让人不可思议。这位“因为是朱宇的好朋友”而参与了凶杀的高中生，除了“哥们”义气外，办案人员对他进行审讯时曾经问过他难道对参与同学杀母的严重危害性自己一点也不知道？崔楠道出了自己的心里话，他起初当然也害怕过、动摇过，可当他问朱宇为什么杀母亲时，朱宇告诉他就因为母亲非要他考上大学，逼得他学习太紧，“紧得简直不当我是人”这些话后，崔楠听了大有同感：“天下父母一般黑。”崔楠也在经历高考前的折磨和种种压力，正是朱宇的动机和想法使崔楠心底里仇视高考的那份不满得以以某种方式泄愤，于是也跟着当了回刽子手并毁了自己宝贵的一生。

这实在是高考指挥棒下的“人间悲剧”。据调查，每年在高考前的半年时间里，全国有近万名应届高中生最后被父母逼得离家出走，与父母发生严重冲突造成伤害罪的不下百例（或者家长将儿女致伤致亡，或儿女忍受不了父母的高压而伤害父母）。如果加上中学和小学升学过程中造成的家庭成员间的相互伤害案件，那至少每年有近5万人永远地丧失了学习的机会，沦为无用之人……

这就是现实，活生生的严酷现实。

这活生生的严酷现实的制造者不是别人，恰恰就是那些期望儿女“成龙成凤”的父母亲。

写到这里，不知为什么，我的脑海里突然冒出一个可怕的人名，他就是黑帮恶魔张君。张君可以说是最没有人性的一个家伙，死于他手下的无辜者不下几十个，就是这样一位杀人不眨眼的刽子手，在他即将走上断头台时却也道出了一段颇为动情的辛酸往事——

> ……小时候，我家里太穷，日子过得很苦。我家有六姊妹，五个姐姐，同母不同父。姐姐她们出嫁后，也没嫁到富人家。家里还是穷，从小学到初中，我连白布做的新衣服也没穿过一次，全是穿姐姐她们穿不得的破烂货。后来我母亲生了病，一直无钱医治，就去投靠在长沙城里的叔叔。在叔叔家，母亲坐了一下凳子，婶婶就马上过来用酒精擦了又擦。母亲受了侮辱，很伤心。后来我有枪之后就很想杀了婶婶，但又觉得是过去的小事，才放过了她。我母亲很苦，我很想让母亲幸福。14岁那年，我存了8毛钱，跑到街上买了一小块肉，回家给母亲烧了一碗汤。母亲脸上露出了微笑，叫我好好读书，勤劳种地，自食其力。谁知这是母亲给我最后的遗言，第二天早晨她就上吊自尽了……母亲的死，使我失去了爱，失去了温暖，周围变得一片冷酷和苍凉……

读这段情真意切的话，谁能想象它竟出自一个杀人狂之口？

张君的变态其实有其深刻的社会原因和心理因素。早在17世纪时，英国一位知名教育家约翰·洛克先生曾说过一句名言：再有爱心的家长，即使他们的棍棒出于严管，可最后的结果总会适得其反。这句话其实并不深奥，但恰恰补充了中国传统教子秘方的后半部分的经验。我们中国也有一句老话，叫做严师出高徒，棍棒底下出孝子。虽然无数经典式的例子可以证明中国的这两句老话能继续传世几千年，但确实它比英国教育家的教子方法少了一半内容，而正是这缺少的一半内容，使我们中国的孩子不知多受多少罪！

而孩子们多受些罪其实并不可怕，可怕的是像徐力、朱宇这样的孩子他们一旦在父母亲的强制专横下失去心理平衡时，后果便不堪设想。从已获知的材料看，像徐力和朱宇原先都不是坏孩子，他们即使在残害自己的母亲之后仍然表现出某种善良，可就是这样的品行尚健康的孩子，他们在向母亲举起屠刀时的残忍已令人触目惊心，这是为什么？因为他们太压抑了，而这种长期的压抑和苦闷不是别人给予的，恰恰是自己的亲人，因此他们更加无法忍受，终于有一天爆发。当这种制造压抑和苦闷的罪魁祸首来自于学校和外人时，他们可能还会表现出某种屈从，但当他们发现这样的罪魁祸首恰恰正是自己最亲的母亲时，他们从内心深处爆发的残忍与解脱心理变得尤为强烈和不可抑制。

谁之错？父母之过也。

中国是个仍处在发展中的国家，尤其是教育的发展还远不能满足多数人的意愿，上大学对多数人来讲，依然是个梦。即使有能力的人也要花尽难以估量的心血拼搏几番才能闯越“独木桥”，但普天下那些“望子成龙”的家长们则虽知其事实，却又通常不明其理，把一个“望子成龙”变成了“逼子成龙”，这一逼便逼出了无数个徐力、朱宇式的孩子来，到头来，子没成龙，自个儿反落得命丧九泉的悲剧。

天下为父为母者，谁甘愿落得此般结果？可天底下还有多少为父为母者仍在高举着“逼子成龙”的屠刀，威胁着自己的亲生儿女？

今年这个五一节我在家里赶写这部作品，休息时我打开了互联网，又看到了一则这样的消息：4 月 28 日，山东费县梁邱镇 34 岁的农妇钱某因儿子不好好学习，一怒之下用毒药将 11 岁的独生子毒死……看到这样的“新闻”，我的心头几天都直发闷，同时又急着想早早把这部作品完成。

拯救这样的孩子迫在眉睫。

第六章　天塌半边，我非入火坑不可？

天不能塌一半，就像人不能没有左手或右手一样。当一个完整的家庭存在的时候，你的孩子的心是完整的，你的生命也将是完整的。可是有人常常把这最基本和普通的道理忘却了。

你自然有权选择你人生的完整，你也有权选择你情感甚至是物质生活方面的完整，但对于一个真正完整的父母关系、一个完整的家庭——即使是重新建立的家庭和婚姻——首先应该考虑离婚后或者再婚后孩子的完整生活，只有这样你才能获得真正完整、自我的未来。

谁都无权指责你的选择，任何个人的选择都属于自由范畴。但只有一种选择不可能是自由的，那就是你的婚姻和感情的“重新完整”不能建立在孩子的痛苦之上。

2000年4月17日上午，山东烟台市芝罘区法院的法官们遇到了一件极为荒唐的事：这天法官们正在忙着审理一件案子，突然门口溜进一位五六岁的小男孩，他的身边没有大人。开始法官们并没在意，以为哪家的调皮孩子玩耍到了这儿，可几小时过去了，这孩子还一直胆怯地留在法院门口，似乎有什么事，可又不敢说。法官们便过来问孩子：“谁带你到这儿的？”

“是妈妈。”孩子说。

“那她现在到哪儿去了？”

孩子摇摇头：“她说让我找法官叔叔……”

法官们感到了奇怪，问："为什么你妈让你找我们？"孩子又摇头。

"你现在想找到妈妈吗？"

孩子："不，我想姥姥。"

法官："你不想妈妈，光想姥姥？为什么？"

"姥姥好，妈妈不要我了……"

法官感到出了问题，这又是一个不幸的弃儿。

"你叫什么名字？"法官看来不管这孩子已经不行了。

孩子从口袋里拿出一张纸条，上面写着他叫"李海鑫"。

"那你的爸爸在哪儿？他跟你妈还住在一起吗？"法官问。

"不，他跟我妈前几年离婚了。"

法官根据这位孩子提供的这些情况，迅速查阅了前几年离婚案的案卷，马上找到了小海鑫父母离婚的存档。那民事书上写着：李海鑫的父亲李忠义和母亲陈晓明，于1995年底协议离婚，当时只有半岁的小海鑫判给父亲李忠义抚养。

"你应该跟父亲一起的，怎么没听到你提起爸爸呀？"法官再问小海鑫。

"他不要我。"小海鑫说此话时把头低下了。

"为什么？"

"不知道……"

明明是判给父亲的孩子，可父亲又偏偏不要，应该在母亲身边的孩子，而母亲今天又把孩子送到了法院——为了揭开这个谜，法官只好带着小海鑫先找到了李忠义。可当法官们费了一番周折找到现在的李忠义家时，已经另成家的李忠义家一个跟小海鑫几乎差不多大的男孩子拒绝法官进门。

"你知道他是谁吗？"法官指着小海鑫问李家的那男孩。

"知道，他是李海鑫。可他不是我爸的亲生儿子。"

那男孩的话令法官十分惊诧：“你怎么知道的？”

“我爸做过亲子鉴定，医生说他不是我爸生的。”那男孩子说着用鄙视的目光瞅了一眼小海鑫。

法官们听这孩子一说，都觉得李家的事还真是蹊跷。他李忠义怎么做的亲子鉴定？怎么就凭亲子鉴定便擅自把孩子像踢皮球似的给踢出了家门，而现在小海鑫的母亲又怎么就把孩子送到了法院来？这一连串的疑问让法官们觉得非插手不可。

他们耐着性子等这事的主角李忠义，一等就等到了天黑。

李忠义终于出现了。当法官们问起此事时，李忠义好像早已料到似的，拉开嗓门便大叫委屈：“我辛辛苦苦拉扯他五年，可俺家人都说这孩子不像我。开始我也不信，后来听说现在能做亲子鉴定，我就花钱托人给做了一个亲子鉴定，结果还真发现这小崽子不是我亲生的，你们说说我这冤不冤？白辛苦养他五年不说，我还戴了五六年的绿帽子竟然一点儿也不知道！你们法官也可以评评理，世上哪有啥都吃亏的？所以我就把不是我的孩子还给了他妈……”

法官们还真是第一次碰上这等事，便问李忠义：“你仅凭一份鉴定就断定这孩子不是你亲生的？”

李忠义一听就跳了起来，一把揪过小海鑫，对法官们说：“你们看呀，看看他哪一点跟我一样？哪一点？”

法官们不得不把李忠义的模样和小海鑫细细对照，但确实无法看出他们之间的某些相似之处。

“但这又能说明什么呢？即使孩子现在看不出有像你的地方，你也无法保证他就不是你亲生的嘛！”

听法官这么一说，李忠义更来劲了：“是啊，可你们谁也不能保证这孩子就一定是我亲生的呀！再说了，我有医生做的亲子鉴定书。”

“你把鉴定书拿出来给我们看。”

“不能给你们看。”李忠义态度顿时十分强硬，“我是通过私人关系做的，我不能出卖他们。这事我没有错，是他妈不要脸才造成现在这个样的。你们应该找他妈去了断此事。”他指着小海鑫说。

法官们觉得这事还真有些蹊跷，于是当晚就带着小海鑫找到了在农村居住的陈晓明。

陈晓明一见儿子回来，表情也十分苦涩。她告诉法官，自己也已经成家，又有了个男孩子，家庭经济情况不允许抚养小海鑫。

“那当时李忠义把孩子送到你身边时为什么你没有拒绝？”法官问。

“他向我泼脏水，我管不住他。可看到孩子受罪，我心疼，所以就收留了小海鑫。后来我这个家负担越来越重，我没法子了，才把孩子送到你们法院……”

“那你坦白地说，李忠义说小海鑫不是他亲生的孩子，你能证明孩子的身份么？”法官直截了地当问陈晓明。

“那都是他胡说的。不是他亲生的是谁亲生的呀？他李忠义现在这么做，都是因为他现在的婆娘挑起的……”陈晓明的观点也很鲜明。

如此各执一词，小海鑫仍然哪个家都回不了。法官们做出了一个决定：令李忠义和陈晓明再到法院一趟，重新做一次亲子鉴定，由法院指定鉴定地点、鉴定专家，然后根据鉴定结果再断定小海鑫归谁抚养。

“你同意这样做吗？”法官问李忠义。

“同意。”李忠义想了想，表示同意。

“陈晓明你呢？”

“我没意见。孩子本来就是我们的，可我就是没这能力抚养他……”陈晓明说着，不停地擦着眼泪。

"好，就这么着！"

可当法官以为这样调解就能了结问题时，法庭上所有的人猛然发现小海鑫不知什么时候独自溜出了法院，一时不知去向……

小海鑫没有走得太远，但像海鑫这样因为父母之间突如其来的矛盾和问题被无辜抛弃、失去亲人爱护和起码的生存条件者，绝不仅仅是一个。

在四川某市也曾发生过这样一件事：某科研单位的一对副研究员夫妇，结婚十多年，生活和和美美，他们的孩子也长成了中学生。但这对在科研领域都是佼佼者的夫妇，唯一的儿子就是一点也不随父母，读书成绩之差和肉墩墩的身材，怎么也看不出有哪点儿是从父母那儿遗传过来的。考初中时，父母为儿子下了老劲，最后还是不得不出了两万元钱才进了一所重点中学。考高中时，宝贝儿子又没能入围重点名校。父亲为儿子的事跑断了腿，最后还是没能用"真诚"和钞票打动那些名校，当他疲惫不堪时，有一天单位的同事半真半假地对他说："你们两个都是单位的业务尖子，这样的遗传基因不可能出现儿子是低能儿呀？嘻嘻嘻，老兄，你是不是在当年没有看住新婚娇妻呀？"

说者无意，但听者当时心灵像被电击了一下：是啊，这么多年来，我怎么光埋怨这笨儿子，咋就没从这方面想一想问题的根源呀？你瞧瞧他长得那么肥头大耳，脑子笨得怎么也不开窍，这哪点儿像我呀？

可不是，当年她在大学时就有那么多追求者，在新婚之夜她还向我夸耀说我是她的"第十三位"追求者……

这位副研究员越想越觉得孩子身上的疑点太多，越想越觉得非弄清楚这事不可。他越这么想就越发现孩子身上和老婆当年的疑点太多。

不行，无论如何也要把这个谜底揭开，要不这辈子太冤了！

于是，他整天变得神神秘秘，因为他所要做的一切都要秘密进行。妻子感到他有些奇怪，可她以为这“书呆子”又可能在为他的新科研题目失魂落魄呢！

就这么着过了不出半个月，突然有一天从不喝酒的他踉踉跄跄地闯进家，然后怒发冲冠地指着妻子的鼻子说：“你是个骗子！你是个淫妇！我要跟你离婚！马上离！知道吗？马上离婚！”

妻子莫名其妙被醉鬼臭骂了一通，又气又恼，但仍然没有当回事，因为知道自己的丈夫是酒场上的弱者。

但第二天的情况则完全让她感到吃惊：丈夫把一纸离婚书放在了她的面前，同时还放了一份亲子鉴定书。

“你疯啦，这能说明什么吗？这种 DNA 就是在最先进的国家也认为它的鉴定结果并不能说明什么问题，而且通常意义上也有万分之一二的遗传基因不属于这种鉴定技术的结果范围之列，你仅凭这就认定儿子不是你的？多么荒唐！亏你还是科学工作者呢！”妻子想一把撕掉那该死的鉴定书，却被他牢牢捏在手里不放。

“我宁可相信科学结论也不愿被十几年的假象所迷惑欺骗！再说你就能保证自己就是那万分之一二的一二？”

“混蛋！你偷偷去做这样的鉴定本身就已经是在侮辱我！你还敢用屎往我脸上抹呀？我跟你拼了——”

于是一场旷日持久的家庭混战便这样开始了。本来就充满自卑的儿子在父母的天天争闹中变得异常孤独和烦躁，大小伙子一个人整天低着头，不跟任何人说话。半年后，他的父母最终还是走向法院决定离婚。那天法官要求他们带上儿子，要征求他意见愿意跟随父母中的哪一位时，孩子却不知到哪儿去了，学校没有，当地派出所出动警员找了几天也没有找到。当这对都把对方恨得入骨的夫妇拿到离婚证后，他们再也没有找回自己的儿子——其实孩子的父亲本来就已经对儿子失去了兴趣，他甚至把儿子看成是自己终身的耻辱；至于孩子的母亲开始心如刀绞，但后来丈夫坚决同她离婚，她也慢慢对儿子的事变得麻木了。她说她的家都完了，找回个儿子又能怎么着？假如有一天儿子再对她说，妈，你不是我亲妈时，我不照样还得失去他嘛！

若干年后，有人告诉她在广东某某地方见过她儿子，问她是不是希望儿子能回到她身边。这位母亲仍然非常冷漠地说：随他自己去吧。

那位离了婚的丈夫，现在已经另有新家，而且已经有了一个刚会走路的儿子。他把小儿子视为掌上明珠——有人背地里说，因为他偷偷瞒着新夫人做了一次亲子鉴定，结果令他万分欣喜：儿子是他生的！

“不错，儿子是他生的！”说这话的是另一个男人，他现在住在北京亚运村某小区的公寓里。他是我面前这位黑肤色的小男孩的外公，一位退休在家的老同志。

他手里拿着的照片看上去已经很皱巴了：“何先生你可能是看这张照片的第 100 个人了。”

原来，我采访的这位老人家的膝下这位黑肤色的小男孩儿，是他女儿与一位非洲籍男子的私生子。看来这个孩子的基因遗传自他父亲。可如今已 12 岁的男孩子却从来没有见过他的父亲，眼下连他的中国母亲与他也已经有四年多没有见过面了。

我是从一位朋友那儿了解到这个孩子的情况的，在我一再保证不用真名和不再引见别人去打扰他们后，这混血儿的外公才答应接受我的采访。当我了解到这位黑人血统的中国籍男孩身上发生的事情后，我又一次无限感叹……

小男孩原来是个双重的黑人——没有户口的“黑人”和肤色

上的黑人。

小黑孩的母亲生下他时是毕业于北京某高校的大学生，我们暂且叫她小娟。小娟是位外省进京上大学的女孩，她跨进大学门的第一天起就决心要“离开这个落后的国家”，到富有的“自由世界”去。但小娟出生在一个普通的工人家庭，无任何经济实力和海外背景，出国对她来说有无数难以逾越的阻碍。可小娟怎甘心就此罢休？再说，当她看到一个又一个同学在大学尚未毕业时就拿到了出国签证时，她有些急红了眼。

对中国人来说，可以出国的无非就这几条路：一靠硬本事，考出去；二靠有门路，溜出去；三靠有经济实力，走出去。可对小娟来说，上面这三条路，她哪一条都不行。怎么办？

“只要你舍得自己，哪有出不去的？”有同学告诉她。

“咋舍得自己？我可一无所有呀！”小娟不太懂这中间的奥妙。

“嘻嘻，你是装不懂还是真不懂呀？”同学取笑她一通后，又将她上上下下打量了一番，然后有些惋惜地说，“你这模样，欧美帅哥看来没戏，中东沙漠公子也希望不大，也许只有非洲酋长还有点可能……”

“去你的，我就不信！”当小娟明白同学说的话后，便老大不高兴地将同学轰了出去。她关起门，换上一套连衣裙，然后对着镜子照了照，自个儿对自个儿说：不算最好，但也算挺好。

有了这份自信心，小娟便开始为出国做准备。她听人说像她这种没有上面三种条件的人想出国，唯有靠“嫁个老外”最快捷有效。

哪儿去找“老外”？北京满街都是“老外”，这太容易了。

有人给她指点：芳草地一带是各国驻华使馆区，每天都有“老外”想找个中国女孩聊天喝咖啡呢！

于是小娟开始每逢周末就往芳草地走。那芳草地真是名不虚传——处处飘扬着芳草的浪漫与芳草的情调。本来芳草地就是那些寻食的鱼儿聚集之地，当小娟这样的鱼饵一露面，便有“鱼儿”过来……

第一位认识的是位加拿大某公司的“商务代表”。这位很有欧式浪漫的“商务代表”与中国女孩子打交道也像谈生意一样，不见“实物”不吐半个子儿。

小娟心急出国，在与这位“老外”第三次喝咖啡后，便“舍”出了自己最宝贵的那部分。

“给，200元，注意，是美元呀！”

小娟眼泪差点要掉出来，但她还是强作笑脸地对“商务代表”表达自己的意思：我并不想要你的钱，我是想你应该要我这个人。

“哼哼，我不是已经要了你这个人了吗？”加拿大“商务代表”耸耸肩，满脸堆着得意的笑容不解地反问。

小娟只好将苦水往肚子里咽。

第二条吃小娟“饵肉”的是一位英国先生，可这位说得一口标准英语的英国绅士则在行动上一点儿不绅士。完事后连一个子儿都没有留下，反而在小娟面前夸耀他在北京像她这样的“女朋友”至少不下十个。

在一连两次失算后，小娟决心重新“调整”战术，她开始向“非洲酋长”投饵。果然正如同学所言，她格外获得“非洲酋长”的“珍惜”，人家一上来就主动发誓“一定非娶她不可”，而这正是小娟“投饵”的全部目的。

在小娟离大学毕业还有半年时，她便实际上开始与这位“非洲酋长”同居了，或者说提前进入了“蜜月”。

“我先回国，准备我们的小家，然后我再来接你一起远走高飞……”一天，“非洲酋长”匆匆来校对小娟说。

小娟听此话后激动得嘴唇都在发抖，第二天她专程到机场送走了“非洲酋长”……

之后的日子，是小娟充满无限期待的日子。那“非洲酋长”也很适时地从遥远的地方打来电话问候，并且总是最后告诉小娟一个希望：“我正在为迎接你的到来而忙碌着……”

就这样，过去了一段时间。突然连续几天，小娟发现自己的身体发生了某些反应：坏了，我怀了他的孩子！

惊诧后便是更多的惊喜：有了他的孩子，我出国不更“条件成熟”吗？小娟简直快要乐死了。

当“非洲酋长”再次打电话来时，她禁不住将这一“喜事”告诉了他。对方一听，立即惊讶地说：是吗？你怎么才告诉我呀？

我不是也才知道嘛！小娟说。

最近我要出趟远门，你等着我的音讯吧！“非洲酋长”说完就挂上了电话。

瞧孩子他爸，还没成家，就知道勤俭节约，连多打几分钟电话都舍不得！天真的小娟被太多的幸福感笼罩着，她拍拍肚子，对小生命如此说。

可是，苗头渐渐不对了。先是小娟接到“非洲酋长”的电话越来越少，当她肚里的孩子已经快分娩时，居然有两个多月没有接到遥远地方的遥远电话。这小子不会玩我吧？小娟挺着大肚子，心头不由得掠过一丝阴云。但她仍然坚信：我们都有孩子了，他准是为迎接未来的继承人而忙碌着……

只要有了孩子，什么都是既成事实了，小娟依然充满信心。

“爸妈，我虽然毕业了，但我不能回家……我要留在北京，等候他来接我。”小娟在电话里流着泪水给远在外省的父母打电话，“妈你一定想法来北京，我有事……”

她要分娩了，身边必须有个人照顾她。

母亲是和父亲一起来的，当他们在医院见到自己的小外孙时，都惊呆了：怎么会是个黑孩子呀！全身黑的黑孩子呀！

“你你，你……你怎么会同一个黑人……在一起呀？”父母气得直跺脚，可此时为时已晚，小生命已经来到了他们身边。

“这可咋办？”父母抱着黑娃娃走出妇产医院时，不知所措。

脸色蜡黄的小娟有气无力地说：“等着吧。”

这一等，就是三年。

这三年里，小娟等出了一缕缕白发。她发出的信足足有几筐，但总是石沉大海……

“骗子！骗子骗子！！我一定要找到你——”小娟无数次在夜深人静时，对着黑色的天空大喊大叫道。

又是三年，她的儿子到了上学的年龄。可是这时的孩子还没有上户口。怎么上？一个私生子，还是黑皮肤的黑孩子！到老家上？不行，那会让父母和家族的人骂死。北京更上不了户籍。可孩子毕竟大了，除了皮肤黑外，他可是一个实实在在的中国人呀！说的是中国话，爱吃的是中国菜，玩的是中国弹子——自生下以后，他就几乎一直在屋里待着与外公打弹子。有一次外公带他出门，邻居就围过来问老人家：“这孩子是你什么人呀？”“怎么是个非洲小黑人呀？”“莫不是你家的闺女跟黑人生下的？”“那太那个了……”

老人家越听越不对劲，浑身像被人用针刺着，从此他再也不敢带小外孙往外走。

小娟更不敢带，有一次她想带儿子到肯德基店，可还没有进门，她便被里三层外三层地团团围住……

“快看这个小黑人！”

“准是这女人跟哪个黑人鬼混出来的！”

小娟和孩子没有吃成“肯德基”，却吃了一肚子气，从此小娟再也没有带儿子出过门。

但现在孩子大了，不能因为害怕、等待而影响孩子上学学习呀。于是小娟和父亲在北京城里到处寻找学校，可所跑的几个学校都拒收。原因很简单：没有北京户口。

后来托人找到了一所民办学校，并出了一笔不小的钱才算进去了。然而没过多长时间，不知怎的露了风声，小娟的儿子哭着再不愿上学了："妈妈，他们都骂我是黑孩子，还打我，呜呜呜……"

小娟的孩子注定是这种命运，尽管他也能像其他孩子一样堂堂正正地进入学校读书，尽管他长大后完完全全说一口中国话，会背一通中国古文，但因为他父亲找不到，所以他将注定永远背上"黑孩子"的沉重十字架。据外事有关部门透露，近 20 年来，中国女性与外国人结婚的涉外婚姻不下数十万，而在这其中失败和不幸的婚姻也占了 20%左右，中间有不少是像小娟这种情况的。显而易见，受害最直接和最久远的可能就是她们的孩子。

在北京我还听说过有这样一个孩子，他母亲当年在秀水街跟一位俄罗斯商人认识并在做生意的同时也成了一桩异国婚姻。那俄罗斯人开始对做服装批发生意的妻子百依百顺，两人在秀水街附近租房成家，形影不离，而且还有了现在的这个儿子。要说不同种族生出的孩子就是不一样，俄罗斯人的儿子整个儿是个"小洋人"——人见人爱。可这对异国夫妇好景不长，有一回俄罗斯人对妻子说趁俄罗斯国内社会动荡，美元值钱，动员妻子将几年积存的 200 多万人民币换成美钞，然后回到俄国赚它一大笔。妻子相信了他的鬼话，将辛辛苦苦挣来的钱全部换成美元并交给了丈夫。这下好了，俄罗斯人一去杳无音信。后来打听到说是他带着妻子的钱浪迹于俄罗斯彼得堡的黑社会之中，不仅把中国妻子的钱"黑"掉了，而且连自己都一起被黑社会控制了。妻子不信，便独闯俄罗斯，结果也是有去无回，至今下落不明。这是20世纪80年代末的事，现今一晃十几年过去了，他们的孩子一年年长大了，这孩子虽然比同龄的中国孩子长得高大，说的也是一口北京胡同语言，但他却已经留级多次，同龄的孩子都上了初中，他仍然还在小学四年级的班里蹲着。老师和同学暗地里都说他脑子不够使，邻居说他能脑子够使吗？打小就是个“小洋人”，可却不会一句外国话；你说他是中国人吧，可他鼻子眼睛没有一点儿是中国式的。加上他爹妈都不在身边管着，跟着姑姑、婶婶过日子，于是一岁一岁这么过来，现在真正变成了个“四不像”了……你说这标标准准的中国孩子，现在成了这等模样，他的父母不等于将他扔进了火坑吗？

读者看了上面这两个例子，似乎除了有些噱头外，可能觉得这样的事毕竟与自己周围的生活有些距离。那么请看看下面这个就发生在你身边或者是你邻居的事——

时颖，原北京某民办大学二年级女生，学习广告设计专业。2000年暑假期间，时颖因连续在几个百货商场“拿”东西被当场抓住。在新学年开学时，她的家长花了一笔数额相当可观的钱保住了她的学籍，但从此她开始在学校“破罐破摔”，于寒假后正式退学，现在某公司当临时工。时颖长得不难看，她说她的老板认为她根本不用上大学照样能有个薪水不低的工作可做。时颖现在的工资只有600来元，但她根本不愁没钱花。

“我想要钱很容易，只要动动嘴多叫一声妈就可以了。”时颖很得意地对我说。

“你妈就这么依着你？”我问。

“那当然。”

“为什么？”

"因为她需要听到我叫她一声妈……"

我不解："你妈就这么爱听你叫她一声'妈'？"

"是。她是我后妈。"时颖终于说出了原委。

"可当后妈的就这么稀罕你叫她妈？"

时颖显然不太满意我的问话："你这是采访还是刨我家老底？"

我忙解释，只是需要了解她后妈是种什么心态。

"好像你只关心我的后妈，而从来没有问过我自己的亲妈是什么样吧？"时颖有双不算小的眼睛，她狠狠地瞪了我一眼。

"对不起，我怕伤着你……所以就没敢问。"

"不怕，你完全可以问。"

面前的这位"另类"女孩真叫我有点摸不透："那你就给我说说你的亲妈，她现在在哪儿？怎么跟你爸离婚的？"

"我妈不在世五年了……"时颖略显悲伤地低下头，但很快又恢复了常态。只见她仰头长叹一声后说道："我妈这个人什么都好，就是跟爸过不到一起，两人性格不合，可又偏偏不离婚。你说不离婚就好好过吧，可他们不。整日整月整年地吵啊吵，吵到最后两颗相爱的心全都破碎了，这还不算，我妈非要把爸爸拖得气都喘不过才甘心。最后在我妈临死前一年他们还是分开了。"

"离婚时我初中还没有毕业，妈说为了不让我爸好过，一定要我跟着爸，好让他不能再找别的女人过好日子。其实她那时已经知道自己得绝症了，但她还是要使出最后一点力气跟爸斗争到底。举个例吧，她在病逝前的最后半年里，我看她可怜，几乎一直守在她病榻前。但我妈不知从哪儿得知我爸正跟一个女人——就是我现在后妈——打得火热。我妈就吩咐我不要上医院，待在爸那边。我知道我妈的用意，那样可以不让或者少让我爸跟别的女人有机会发展关系。我不愿意，一方面是不愿做这种小人，另一方面看妈可怜，想好好照顾她。但我妈非要赶我走，还说我在爸身边待一天就给我 100 元钱。妈为了跟爸斗争到底，连自己看病的钱都花在了这方面。我无可奈何，心想说她几句，可又怕伤她心，于是就依着她。”

“那时我回到家，有时就碰到爸领着后来当我后妈的女人回家。父亲见我后，总是脸上假惺惺地皮笑肉不笑。那个女人见我在家就非常紧张和害怕，父亲更是如此。那时我妈已经病得很重，我真的很恨我爸，心想你们也不该在我妈生命垂危之时甜甜蜜蜜呀！于是后来我妈每给我 100 元钱让我待在家里，我便像得到什么重要任务似的非常郑重其事地去努力完成。而且每次只要我爸带那女人来，我就不给她好脸色看，总当着那女人的面故意大声地告诉爸我妈现在病得如何如何重一类话，说得我爸最后总是一点情绪也没有。”

“看到这种情景，我便很得意，并且会回到医院悄悄告诉我妈这一切，我看到我妈那张蜡黄的脸上此时总能露出一丝惨淡的笑意，起初见我妈的这种笑意后我还洋洋得意，觉得为妈解了气，但越到后来，我瞅着妈的这种惨淡的笑意，越发感到可怕和心颤……”

“妈后来敌不住绝症终于死了，临死时她只留给了我一句话：跟你爸的斗争到此结束，让你爸跟那女人结婚吧，但你只有一个妈。我妈的意思是这辈子只允许我认她一个妈。后来妈去世了，我爸也在我妈去世的一个月后与那女人——就是我现在的妈正式登记结婚。”

“我爸自从结婚后对我特别小心谨慎，生怕伤着我什么，其实他自己也知道，他从外面娶个女人回来代替我妈就是对我的最大伤害。说句心里话，我并不反对我爸重新娶老婆，尤其是看到他当年在我妈面前整天受窝囊气的样儿，现在他在新的妻子面前能像模像样做个大丈夫，我心里为他高兴。可我毕竟也是个已经成人的女孩子了，看着不是自己亲生的妈跟我亲生的父亲那么恩恩爱爱，也就来了醋酸劲，甚至当着他们的面常常使些坏。这让爸爸很难堪，我看得出他是因为我失去了亲妈才强压对我现在的所作所为的不满。”

“我的后妈在市重点中学当教务处主任，在外面很风光的，总有人拎着东西跑到我们家来求她办孩子入学的事，她的权力还真不小。虽然我特别烦整天有人上门找她，可因为这也为我带来吃不完的东西和戴不完的饰物，心头也就默认了。后妈是个特讲面子的人，你想人家是教书的出身，又是教务处主任，每次有客人进屋，她便特热情地把我介绍给大家，我猜测着她这么做完全是为了不让客人知道她是我的后妈，这时候我心里特反感，可见她总是偷偷用一种哀求目光恳求我‘配合’她，我呢看她可怜也就凑合慢慢‘配合’她演戏了……”

“你能做到这一点已经不错了，据我所知，多数孩子跟后爹后妈是绝对水火不相容的。”我说。

时颖点点头，继续道：“我何尝不是？其实我比谁都刻薄，这多少是从我妈那儿遗传过来的。但我妈的悲剧在于她过于刻薄，而且不分对象，比如她把好端端的丈夫——我的父亲从自己身边给赶走了，最后落得自己绝症殒命。我不会像我妈那样，我刻薄是以它为武器达到目的。就说我跟我后妈的关系吧，她为了在外人面前树立她的光辉形象，一再要求我爸做我的工作让我叫她妈，后来又亲自出面一次次地求我。有几次她在客人面前，故意当着外人的面把我拉过去说你们看我女儿长得如何如何俊秀，我这个女儿如何如何跟她这个妈亲近。不知底细的人还真以为我跟她是亲母女俩呢。”

“有一次我看她实在怪可怜的，便随口说妈你别老缠着我，我还有事呢！当时我的后妈惊得呆在那儿，脸上一片惊诧，两眼的泪水哗哗地流。她随即像被灌了蜜糖似的连声说颖颖有事你就走吧，说着还掏出500元钱硬塞在我手中，说你出去看着好吃好看的东西自己买吧。我当时觉得这还挺值呀，叫一声妈就有500元的收入，可以买一堆光盘和一堆好吃的呀。当天我从外面回家，我的后妈别提有多高兴，一个劲儿地在我面前问钱够不够花，还需要买什么呀，总之她那副得意的样儿简直有些忘形。她亲热地凑到我小房间，像哄一只小猫似的对我说，颖颖，你叫妈的声音太动听了，可以说是人间最美的一种声音。我心里直好笑，说是吗？那我再叫一声'妈'——这一声我故意拿腔拿调，谁知我的这位'妈'乐得快要开了花，她也拿腔拿调地应着'哎'。我越发感到滑稽，便开心地哈哈大笑。我这一笑不打紧，她以为我高兴，也跟着哈哈乐起来。于是我们两个笑得前仰后合，这是我们家多少年没有的笑声，连左右邻居都感到奇怪，我'妈'兴致未尽，又当场拿出500元钱奖赏给了我。而我呢心里也不由得乐滋滋的，你说就这么表演了一番，竟然轻轻松松就可以得到这么多钱，值不值？太值了！"

"从此，我便重新有了一个'妈'，而这个妈真正在我心头出现时通常是我想要钱花的光景。我与后妈的关系便变成了金钱关系。她这个要面子的教务处主任让我叫她一声妈是为了满足虚荣心，而我这个女儿叫她一声妈是为了满足生活和物质的需要，我们彼此得到一种满足与补偿。在我不想向她要钱的时候我不会轻易叫她一声妈，而她在认为需要我叫她一声妈时，她定会付出特别高的代价。"

"有一次她学校的一位校长到我家来，她便走进我小屋，随即顺手放在我桌子上1000块钱，看了我一眼后，便扯扯我胳膊将我往外面拉。我当时虽极不情愿，可看到桌上的1000元钱，也就装模作样地放下作业本，跟她在那个校长面前表演了一番。校长当时大夸了我一通，也将他的教务处主任好好褒奖了半天，说什么你看你把家都整治得这么和和睦睦，连一个不是亲生的女孩都跟你那么充满亲情！我在小屋里听了直想吐口水，心想去你的亲情！我只对1000块人民币有感情！由于我心头怀有这种顽固不化的意识，终于有一天我和后妈之间的交易出现了破裂。那天我在学校考试没考好，下午回家心里特别烦。一进门，便见她又在跟一群不知哪儿来的客人在天南海北地胡扯。她见我进门，就暗示我当着客人的面叫她妈，可我装傻充愣没理这个茬，只管目不斜视地径直进进出出自己的房间。她就有些急了，一而再，再而三地当着众人说颖颖你怎么进屋也不叫一声妈，多没礼貌。我一听就火了，突然冲着她大声嚷嚷道：你是谁的妈呀？我妈早已死了，你算什么东西？你有资格当我妈吗？你以为在这个家你是什么东西？告诉你，你什么都不是！想当我妈？没门！没门！”

时颖说倒这儿，自个儿哈哈大笑起来，笑得眼泪都快流出来了。

这是位非常有个性的女孩，也可以说是头不易驯服的小马驹。我端详着眼前穿着时髦并富有朝气的小姑娘，心头不自然地涌起一股说不清道不明的悲悯之情。像时颖这样的女孩不能说她身上没有优点，甚至可以说有不少精神在某种时候显得很有些味道，比如她的反叛精神，比如说她刻薄却又不那么固执，比如说她十分注意调节自我生存的方式，把同后母之间的关系转化为一种看起来谁都得益的交易。但由于她心灵深处缺乏真正的亲情，缺乏家庭的正确教育与引导，因而她的心理和意识并不健康。其实像这样的孩子是很聪明也很懂事的，只是需要真情和百倍的爱抚，因为她们的内心充满了伤痛。失去亲生母亲和长期失去家庭的健全之爱，使她们不可避免地在心理上造成某种缺陷。做父母的或者做长辈的应该懂得如何从根本上改进自己的教育方法，而不是一味不予理会或者一味地迁就她们。

时颖告诉我，从这次与后妈吵翻后，她便彻底离开了家，搬到了学校寄宿。正是由于本来就缺少家庭和父母的亲情关怀，小时颖后来一个人在学校越发变得无法无天，性情也格外暴躁，一点亏也不能吃，动不动就跟老师和同学吵得翻天覆地，最后不得不休学，过早地浪迹社会。

那天，时颖笑过后又大哭了一场，与我分别时两眼红得像桃子似的。她最后跟我说："我从小一直生活在畸形的家庭，现在我害怕有家，将来我也永远不想有家……"

她的话让我很沉重。通常，女孩子们最看重的就是能有一个家，一个让她们感到安全和温馨的家，然而时颖和千百万失去温暖的女孩子现在却痛恨有家，这难道不令人感到窒息？从时颖身上，那些做家长的应当认真地反省自己，即你在与子女的交往中，任何带有目的的强求而来的亲情最终只能失去亲情本身，导致与儿女之间的决裂，从此引发难以收拾的后果。反过来，你问一声子女们，他们还大呼冤枉，说自己生活在火坑之中，这样的代价实在昂贵。

写到这里，我不由得想起了托尔斯泰在《安娜·卡列尼娜》一书中开头的那句名言："幸福的家庭总是相似的，不幸的家庭各有各的不幸。"托翁的这句名言，之所以成为经典，是因为托翁把我们人类无论何朝何代何国何族的万千种家庭与婚姻的模式，用这样一句话全囊括在其中了。

是的，我们无须对幸福的家庭再给予那种赞美式的探究，是因为它已经具有了人类追求幸福与美满的许多相似的共性；而为什么我们要对那些不幸的家庭与婚姻进行无数次的重复探究？同样是因为这些不幸的家庭和婚姻呈现了太多各不相同的内容，值得人类自身去反省与思考，并从中找出某些规律性的东西，让人们在反省与思考中清醒地明白什么需要扬弃，什么需要悔过，什么又需要扪心自问。

在我们今天的这个社会里，人们的生活方式和思想意识，发生了巨大变化，随之而来的家庭与婚姻的发生和发展的状态，也在不断出现新的情况。离婚率一年比一年高，夫妻之间的那种温良谦让越来越少，动不动就离婚，这已经是相当多的家庭今天正在选择的生活方式。前几年社会上还十分流行一句话，说几年不见的朋友和同事们再碰头时第一句话就问："你还没有离婚哪？"似乎谁没有离婚反而成为一件被人耻笑的事。这两年类似这样的话说得少了，可婚姻上的"杯水主义"则大行其道，且在多数人看来这已经成了一种"完全可以理解"的普遍现象。我们知道，作为丈夫和妻子，在社会文明程度越来越高的今天，谁都有权利对感情和生活方式进行符合自己意愿的选择。但是有人在处理婚姻与家庭走向时，却往往只考虑自己如何如何，而常常把家庭与婚姻中夫和妻之外的另一个极其重要的方面给淡忘了，那就是自己的孩子。大人们在坚决地选择与追求自己的幸福或者拼命摆脱心灵的痛苦时，则极少顾及孩子们在面对失去父母与完整的家庭时的那种感受，那种忧伤，那种无望、无奈和无边的苦涩滋味……

让我们来听听孩子们面对离婚了的父母和破碎了的家庭，是怎么一种心境——

夏琪，北京女孩。很小的时候父亲就离开了家，夏琪心目中的父亲是这样的：

我没有见过我爸。确切地说，从我有记忆以来，他就不曾以父亲的身份出现过。虽然我一直知道每个孩子都应该有爸爸妈妈，但很小的时候，我便懂得不要提起自己的爸爸。慢慢长大后，我才从大人的谈话中明白，我也是有爸爸的，但他离开了我和我妈。在我8岁右手骨折时，我没有见到他；在我14岁打着点滴考中考，考试后马上动手术，手术大出血时，我没有见到他；在我17岁高三因肺炎住院一个月时，我没有见到他；在我15岁拿到钢琴六级证书，甚至在我拿到大学通知书时，我也没有见到他——我的父亲。听说他就住在距我家18公里的城市，但我始终一直没有见到他。爸爸对我而言，只是个遥不可及的名词。在填写表格时，我总会残忍又坦然地写上"父亡"……

房煜，北京男孩，已是位大学生了。他的父母离婚后虽然都对他不错，但他依然始终有颗"流浪的心"：

许多人都说我是所有离婚父母中幸运的一个孩子，因为我的父母都还很爱我。特别是我母亲，一个人支撑我读完高中3年。当我到大学报到的那天，父亲和母亲都去学校送我，3人在时隔12年后才第一次一起吃了一顿饭。我父亲早在我10岁时就再婚了，母亲结婚后又因我而离婚。从6岁至22岁我一共有过6个去处，住的时间长则几年，短则几个月。有的同学通讯录上同时有我的3个电话，同学们因此笑我是属兔的。

离婚极大地影响了我父母后来各自的生活。他们明显地比同龄人苍老许多。我小小年纪也变得心事重重，那种无从依靠无可寄托的感觉最终导致我内心世界的压抑与封闭，并在之后渐渐显露。别人以为我应该"知足"，毕竟父母还在照顾我，没有不管我。作为男孩，我也常蔑视自己的脆弱。我相信"书是最好的朋友"，于是我从小就爱看书。在大学我的专业是法律，我相信法律让人理智，理智可以战胜感情……可只有我自己知道，在书读过之后，在电视里精彩的球赛播放之后，在电话里老友的声音消失之后，我孤独依旧。后来我养成了一个人晚上瞎逛的习惯，我特别喜欢看长安街上两排长长的街灯，一边走一边数，数一串开怀的日子，再数一串阴郁的日子……

多少年来我没有一个固定的住所，使我的心一直处在一种流浪的状态下，渐渐觉得住哪都无所谓了。我失去了家。然而我知道家是人的一方乐土，父母是大树，我们是树上的鸟儿。人的肉体感到累时需要有个地方休息，精神疲倦了同样需要有栖息之所。在这一点上，家无可替代。而身处一个残缺的家庭中，我的心则永远没有一种安全感与归宿感……

汨山，江西学生。他因父母离婚后，心头满怀对家庭和社会的仇恨，17 岁那年曾 3 次想自杀，并连自己的母亲都想一起砍死：

我 10 岁那年父母离婚。从那以后我再未和他们在同一张桌上吃过饭，每一次看见别人一家团团圆圆，热热闹闹，心里有一种说不出的滋味。而生活的漂泊，也影响了我的学业，以及更进一步之后的人生，寄人篱下的酸楚使我仇视周围的一切。

怎样叙述儿时的孤苦呢？敌视他人，报复社会，我少年时偷盗，青年时打架斗殴，砍别人，也被别人砍。还记得少年时的那段流浪日子，白天在外乞食，晚上就躲在停车场里的公共汽车上过夜。有一次深夜的暴雨顺着车壁流在椅子上，一直浸透我的冬衣将我惊醒。我坐在那儿把所有的衣服裹在身上，可依然无法抵御寒冷而瑟瑟发抖。那晚我一直哭到天明，可天明后我依然无家可归……那种“天地之大竟无我立足之地”的孤苦使我3次自杀。一次是在大年三十听到满街的鞭炮声而我自己身无分文地躲在破屋里时，我吃下积攒下来的安定片，昏睡了三天三夜；之后两次割脉皆因只割到静脉而未死成，真不知是运气还是悲哀，当看到鲜血像喷泉一样涌出时，我没有痛感也不害怕，只有一种解脱感。

那年我17岁。

之后母亲接我回家，可在一次切菜时，当她弯下腰捡东西时，那一瞬间我突然想拿刀砍下去，她的头就在我刀下……“她”是我的亲生母亲，将我带到这个人世的那个人。那时我对她和她的所作所为恨透了，思想里那种仇恨、报复在那一刻想要用行动来实现。因为我恨透了包括母亲在内的整个世界，甚至包括自己……

上面收集的三位父母离婚的子女吐露的心声，不难让我们联想到他们的父母对其孩子而言均是些有罪之人，他们不管是因为什么原因离的婚，天真的孩子总是最不幸的。因为一旦父母离婚之后，孩子们不仅物质生活和环境会发生巨变，而且更重要的是心灵将受到极大创伤，使得他们突然间对这个世界、对自己的亲人都产生了仇视与漠然，这种可怕的后遗症对他们一生的信念与追求都是毁灭性的打击。但生活中常常是那些一心想摆脱婚姻纠缠的成人在他们决意离婚姻时，极少把孩子的真实愿望考虑在离婚因素之列，这必然导致有一天亲生的儿女会向自己举起带血的屠刀……如此种种血淋淋的恶果，难道不应该引起那些正在向妻子或丈夫开列“离婚通牒书”的人们重新思考自己的行为与后果?

然而我知道，在我们今天的中国，离婚率仍在增长，每年离婚的夫妇已超过百万对，他们中很多已经有了孩子……

第七章　你的喜怒与欲念便是我的坟墓？

人所以为人，是因为有七情六欲；人所以成为不同的人，是因为每个人都有不同的性格和脾气。作为生物界的人，作为活到老学到老的人，你可以一生都在“不成熟”中成长或衰老；你可以自己原谅自己的缺点和缺陷，并为自己辩护：世上本无完人嘛。

然而，成了孩子的父亲和母亲后，你就不该对自己毫无约束，任性任情地发泄你的生命与性格里的缺点和缺陷。倘若真是这样，其结果将是对你自己人性的毁灭——

在众多采访中，有些人和事是永远无法从我记忆中抹去的。广西刘家四姐妹便是我这部“孤儿弱童”采访录中最为难忘的一群孩子。

刘家四个女孩，出生在广西一个并不算太贫困的地方，但那儿的计划生育工作形同虚设，农村的百姓更是承袭传统习惯，以生儿子和多生子为荣。这位刘家的男人虽然身体不好，但也许正是他自知寿命不会太长，故而更相信能有个儿子继承自己的家业才为“上上策”。所以在 1982 年第一胎生下大女儿刘清梅后，便开始渴望儿子，时隔两年又生下一个闺女，于是原本想好的给儿子起的名字“小明”，只好改成“小敏”给了二闺女。刘家的男人身体不好，可并没有忘记最重要的一件事，便是继续“生儿子”。然而老天爷成心与他作对，媳妇生下的第三个娃儿仍然是闺女。该结束了吧？不，刘家的男人说：“我活在世上能做的事只有一样，就是生儿子。”他说这话时已经病入膏肓。可他仍冲着妻子说：“来吧，我就剩这最后一点点力气了……”可最后这一点点力气也没有让他完成“伟业”，第四个孩子来到这世上时还是女儿身……小兰出生后，她们四姐妹彻底让父亲绝望了，在垂死挣扎中，她们的父亲仅活了一年零七个月便带着“儿子梦”遗憾地离开了人世。父亲除了强求母亲生孩子外，没有给家里留下任何东西，一间破房子也还是祖上传下来的财产，刘家男人出殡的那天，有人给他家估了一下财产，其全部家财不超过200元。

男人死了，孩子们的妈欲哭无泪，她呆呆地看着自己膝下的四个娃儿，寻不到一样办法可以喂饱她们，这样的日子维持了3个月。有一天早上，老大清梅见这一天妈起得特别早，便预感什么似的拉住母亲的衣角问：妈你要出远门？

妈眼里盈着泪水，说：“是，我想待在家里总不是个办法，到广东打个工，兴许能给你们弄口饭吃……”妈说这话时眼泪已经挂在脸颊上。

“妈，你别太为难了，我和妹妹们知道家里穷，所以一天只吃一顿。你走了后我们也不多吃，你只要能早点回来就行……”清梅说着哇地哭出了声。

“清梅，妈不许你出声！”妈急忙把清梅的嘴给堵上了，又说，“别吵醒妹妹她们……”

妈就这样走了，只留下让老大清梅好好带妹妹这句话，其余什么都没有。

妈走后就再也没有回来，从此杳无音信，一直到现在。

那时清梅8岁，老二小敏6岁，老三小玲4岁，老四小兰2岁。这是刘家的男人死后3个月时的情景。村上的人有的说刘家那个女人因为眼看自己带不活四个娃儿，干脆一甩手出嫁远方了；有的说她在广东靠做苦工挣钱生病死了，总之她扔下四个娃儿永远地走了。

村上的人谁也不敢沾这刘家的四个娃儿——不是村上的人都没有良心，只是谁都害怕一旦沾上就会与刘家男人和女人一样的命运。穷啊，山洼里不长粮食不长钱的村寨子，谁能负担得起四个娃儿？

都在唠叨刘家的四个娃儿可怜，可又没一个人出面帮助一把可怜的四个女娃儿。

清梅看着哭天喊地的妹妹们，帮着她们擦干眼泪，然后对她们说："不要哭了，姐给你们弄吃的去。"说着挽起一只小竹篮，便往山沟里跑……

"姐——我也去——"老二从后面追赶上来。

"你怎么也来了？小妹咋办？"8 岁的大姐俨然像大人似的责怪起 6 岁的老二。

"我把小妹妹绑在门槛上，再让三妹看她哭的时候给喂点水……"老二这么说。

"嗯。咱们走，前面的沟沟里有野菜……"

8 岁的老大清梅就在母亲不辞而别后承担起了抚养自己和 3 个年幼小妹的重任。如此日复一日，年复一年，期间所经历的艰难非常人所能想象。在无边苦海中，清梅只记得有一次她差点顶不住了。那一次是 10 岁那年，她有两个小妹突然得了病，连续几天高烧不退，而且不停地咳嗽。老二还在学校念书，清梅每天早晨 4 点起床，先给上学的老二做好吃的，其实也只是些从野地里捡来的玉米棒子。然后赶紧往山上去为老三老四采摘去热解寒的野果。可就在第三天的早晨，清梅在上山的途中突然眼睛一花，掉进了山路边的深沟里。还有 12 岁那年，清梅在赶集卖野菜时，突然被一辆疾驶而过的汽车撞倒，当场被轧断一只臂膀……

苦命的刘家四闺女呼天天不应，呼地地不灵。后来她们的事被《羊城晚报》的一名记者得知了，便想通过报纸为孩子们唤回她们的母亲，然而刘家四姐妹天天盼望夜夜念叨的妈妈什么也没有回应她们。

刘家四姐妹便开始了她们无助的流浪生涯。

不少人这样议论刘氏四姐妹的母亲，有的说她是有意逃避沉重的家庭负担，有的说她是认识了某个有钱的男人重新成家过上了幸福生活，而更多的人说她在广东做工时想多赚些钱行不法之举而锒铛入了狱。后面这种传说是最多的，可谁也没法证实。

据我所知，中国自20世纪90年代以来，全国每年经各级法院审理而判刑的各类犯罪案件都在40万件左右，这就意味着中国每年都有至少40万以上的成人进了监狱。按照专家提供的一项数据表明：已婚罪犯约占总数的70%以上，这就是说每年大约有30万左右的罪犯的子女由于父亲或者母亲进入监狱而生存方式一下子恶化，甚至出现了我们常人难以想象的景况。

在山西某孤儿学校，我见到的十几个孩子，他们都是因父母犯罪入狱而从此失去了基本生存条件，成了低人一等的人间最悲惨一族。

冯小宁，今年16岁。7岁时因从商的父亲和姐姐合伙虚开增值税发票而分别被判刑15年与7年。在父亲和姐姐入狱后不到3个月，冯小宁的妈妈突然离家出走。7岁的冯小宁是在早晨醒来时不见了母亲的，后来他被一个好心的老大爷收养，可那位姓杨的老大爷在收养他3年后病逝了，冯小宁从此成了漂泊四方的流浪儿。

一对分别叫“喜喜”和“兵兵”的双胞胎男孩子，父亲和母亲现在分别在山西阳泉和榆次两座监狱服刑。这两个孩子的父母是因为同一件案子被判重刑的，他们的父亲从四川某山区找了一个姑娘——后来便成了孩子妈妈。这位妈妈因为和一位外地人在交换钞票时受骗，于是怒气冲冲地叫来丈夫一起把那个外地人打了一顿，火头上，竟然将人家打死了，喜喜和兵兵从此成了吃东家宿西家的苦命儿。

河北某“阳光学校”收留的17个孩子，清一色的是服刑人员的子女。他们中有的是因为父亲喝醉酒致他人死亡入狱的，有的是母亲偷汉杀夫而被判死刑的，有的是父亲在与人开玩笑时误伤他人被关进监狱的，还有一对孩子的父亲因为赌博成瘾最后走上犯罪道路而进了死牢……

当我倾听这些突然祸从天降的孩子们诉说他们的一桩桩不幸时，我的内心无比悲愤，充满了压抑。原本这些孩子天真烂漫地生活在甜水里，正是因为他们父母的一个贪欲的闪念，一次狂妄的行动，一夜轻浮的浪荡，一次无聊的贪杯，甚至是一次失态的举动和一句不负责任的话语，给他们的孩子带来了终身的耻辱和现实的噩运。

有这样一位父亲：他在家里称王称霸，什么时候想打老婆抬手便打，老婆不敢吱一声。有一次他到朋友家打麻将，夜已很深，老婆安顿好孩子睡觉后感觉不太舒服，想到镇上卫生院买点药，可钱是男人管着的，她便找到正在别人家打麻将的男人要钱。“哈哈哈，老根，平时你在我们面前老吹嘘你在家里如何如何的说一不二，这下牛皮吹破了吧？你老婆来叫你回家热炕头了！”牌友见他女人进屋，便嘲讽这位男人。本来手头“风水”正玩不转的男人一看自己的女人出现在屋里，顿时气不打一处来，开始破口大骂。女人说我是来向你要钱买药的。“买什么药？霉气。快滚，别来给我添脏水！”男人一挥手，只管低头摸他的牌。他女人不干了，绕过牌桌，过来动手就抓他桌上的钱。“你是不是不想活了？”男人不知哪来的火，也不知哪来那么大的劲，“哐当”一拳就把自己女人打翻在地，可怜那女人身子摇摇欲坠，仰面倒下，胸袋不偏不倚，正巧碰在后边地上的一个大锥尖上，顿时白花花的脑浆四溅，一命呜呼。她的男人就这么着进了监狱，他留下的儿子本来是一个重点中学的尖子生，结果因为一夜之间成了孤儿而学习成绩每况愈下，最后不得不退学。当他的父亲从监狱里出来时，也正是他儿子因偷窃而被送入少管所之日……

有这样一位母亲：她一直因老实巴交的丈夫不能给她带来生活的激情而养成一副母老虎脾气：平时她可以当着孩子的面给丈夫耳光吃。后来她与单位的一位男同事好上了，整夜不回。她丈夫苦心劝说，可她却指着自己男人的鼻子尖骂道："你个软蛋滚远些。"她照旧跟单位的一个又一个男人胡来。她女儿慢慢长大了，也上了学，可她毛病不改，甚至公开带着相好到自己的家里寻欢。有一次恰巧被提前放学回家的女儿碰见，她竟然从那男人的口袋里拿出10块钱交给女儿，然后说："妈与叔叔有事商量，你到马路对面的麦当劳喝可乐去吧。"女儿似懂非懂地离家走了，她便重新跟男同事寻欢作乐。后来她丈夫回来了，见门紧锁着，便叫开门。半晌后，她才睡眼惺忪地出来开门。有了这些枝节，这女人就觉得自己的男人是她寻欢纵欲的拦路虎，在男人有一次入院治病时，她偷偷做手脚拔了针头，导致丈夫窒息而亡。事故原因很快查出，这女人因"故意杀人罪"被判死缓。也许这时的她才清醒过来，5个月后，她的判决书下达那天，她向法院提出了唯一要求：希望能看一眼自己的女儿。法院告诉她，孩子已不知去向，只给她留了一张纸条，上面有三个大字：我恨你!

还有这样一位父亲：他在40岁时与第一任妻子离了婚，并坚持要14岁的儿子跟他。别看他在大都市的省城某机关当个处长，骨子里却有着"传宗接代"的旧意识，这与他从小生长在农村有关。可“传统意识”很浓的处长却非常花心，在离婚不足3个月后，他有了第二任妻子，日子一开始就不怎么样，因为女方带了个“拖油瓶”。婚后常常为了一些芝麻小事，大人吵小孩子打，弄得没劲，不出两年就又离了。俗话说“男人四十一枝花”，可不，处长再度春风得意，这回找了个比他小15岁的大学生。那些日子里处长青春焕发，整天带着新婚妻子上街逛公园，如同一对初恋情人。“我们该有自己的孩子了……”大学生妻子说得也在情理之中。不过她提出一个条件：你得让你的儿子住到爷爷家去。处长心里极不愿意，可挡不住年轻娇妻的进攻。儿子转学不到半年就向老爸提出回省城，理由十分充足：那小县城的教育质量特差，将来会影响高考的。本来“处长爸爸”要等一等的，结果新婚妻子生下的是个女孩。这回“传统意识”很顽固的处长先生便瞒着新婚妻子一手将儿子重新弄回了省城自己身边。儿子大了，个头不比老子矮，进进出出让年轻的“后妈”心里堵得慌。“有他没我，有我没他，你选择！”年轻的妻子发怒时根本不像是个有高学历的人，她抱着小宝贝回到娘家一住就是3个月。处长几次在与自己年龄相仿的岳父岳母面前低三下四，可换来的却是冷冰冰的面孔。得，再离吧。如此折腾三回婚变，处长变得老了，可他的心依旧“年轻”。又是不出半年，他的“女朋友”已经可以昂首阔步进出他的房间了。但这回的未来女主人有条件：结婚可以，但得完成两件事——置好一套三室两厅的房子，再买一辆宝马轿车。处长一算少则也得100万元呀！他出了一身冷汗：哪儿弄这么多钱呀？靠“处座”的那份工资，还不得等100年后再娶妻嘛！“真傻，你手中的权不用就会过期作废的，我的青春也会人老珠黄的，你就真忍心？”小他20岁的她娇嗔地说。他的决心便下了：干几回再说。他从此便开始冒险，用手中的权力跟那些不法之徒进行权钱交易。不出一年，他的三室两厅房子弄到了手，宝马车也买齐了。但婚没有结成，因为检察院先给他戴上了手铐。小他20岁的“女朋友”自然没有成为他的新娘，房子和汽车也被检察院查封了。他在痛心疾首时想到了还有一样是属于他的，那就是他的儿子。“儿子，儿子，你在哪儿？在哪儿？”铁窗内，他没日没夜地呼唤着儿子的名字。然而儿子一直没有出现在他的面前。五年后，当他满头银发走出牢房时，他终于看到了儿子，那一阵子他激动得老泪纵横。可是儿子如同陌生人似的对他说：“我没有父亲，他早已死了。”儿子说完此话，便跟着警察进了他父亲待了五年的那座监狱——他是因吸毒贩毒被判刑入狱的……

美国的一位社会学家说过这样一句话：“在文明和开放的今天，我们的家庭成员之间的相互影响已经成为人类共同依存的一种重要因素，而身为成人的家长的行为常常对子女们的成长起着许多直接和间接的作用。也许正是成人们的一种嗜好或某种性格的缺陷，致使我们的后代有可能朝着完全相反的方向成长。而这时，罪魁祸首其实就是我们这些自认为成熟或者深爱子女的家长们。”

如今仍在青海某监狱服刑的秦连成在这方面的体会就很深。他是一个本分人，凭着力气养家糊口。不幸的是在他满怀期望抚育三个子女成长的时候，妻子得绝症而亡。这个打击对秦连成是沉重的。看到三个失去母亲的孩子经常衣服破了无人缝补，一星期吃不上几顿热饭热菜，他心头着急又内疚。于是他匆匆找了一位女人再次成婚，算他精明，临办手续前他“考验”了一番即将进入家庭的女人：“你得向我保证善待我的3个孩子。”

“我保证什么嘛，人都是你的了，我还能不保证嘛！”那女人娇嗔地说。

秦连成以为这样就可以向前妻留下的三个孩子负责了。可新的家庭生活开始后就有那么多不协调，妻子不是嫌三个孩子在她和丈夫亲热时“愣头愣脑进屋干扰”，便是嫌孩子大的像头牛——

吃饭五大碗，小的像条蛇——精得能打洞，中的懒如虫——整天在冬眠。秦连成起初觉得新娘是有些不习惯，情有可原。但听多了，他便认为这是“后娘”在向他的孩子挑刺儿。有一天，他终于忍不住向妻子动手了，铁塔般的他动起手就不轻。妻子因此觉得嫁给他亏上加亏，自己从一个黄花闺女一下子变成五口之家的主妇，诸多鸡毛蒜皮的事就够烦人的，还遭遇一顿顿铁拳的暴打，于是便开始心移他人，因为心不在焉，对碍手碍脚的孩子们便更加憎恨。秦连成生性耿直，脾气暴躁，当听孩子们哭着在他面前诉说“后娘”的一次次虐待之事时，他再也耐不住性子，一怒之下，失手打死了自己的后妻。

法律无情，秦连成因此被判了无期徒刑。这头性情暴虐的“老虎”入狱后，随着日子越来越漫无边际，他想得最多的是三个未成年的孩子，尤其是在梦中一次次被前妻严厉地责问后，他痛苦不堪，日夜思念无依无靠的三个孩子。为此他一次次设法越狱，而每一次的越狱总是以失败而告终。

这头铁窗内的困兽，因为无法摆脱思念和惦记沦为孤儿的三个孩子，曾三次自杀未遂。狱友有人问他何必如此，他对天长叹：堂堂七尺大丈夫，眼睁睁地看着自己的孩子流离失所，无依无靠，我活着还有何脸面?

据一位监狱干警介绍，像秦连成这样有家有室的罪犯，他们多数在入狱后极其悔恨因为自己的过失而给亲人尤其是子女们带来噩运，可是这已为时太晚!

下面我们看到的这些是罪犯子女们所经历的苦难命运与悲惨生活的真实写照，如果早一些让他们在狱中服刑的家长们了解到，兴许我们的生活中会少了很多犯罪分子和犯罪行为——我想能让普通成人看一看那些罪犯子女们的坎坷命运，其教育意义同样重要。假如我的这一愿望得以实现，也许可以遏制许许多多的犯罪行为，维护更多的家庭完整和人间的和谐美满！

陕西陇县的文龙、文英兄妹，这对在当地曾被村上人羡慕的兄妹，有过幸福的家庭。他们在外承包工程的父亲，一年能拿回很多很多的钱，母亲勤劳贤惠，什么活都不让文龙、文英兄妹干，一心期望他们好好学习，能成为村上第一代大学生。可就在兄妹俩发愤读书，做着大学梦时，一个黑色日子到来了：一天，兄妹俩正在朦胧的睡意之中，隐约听到回家的父亲叫起母亲，然后出了家门……而这一出家门就是半年毫无音信。

半年后的一个晚上，兄妹俩在电视节目里看到了母亲可怕的遗容。10天后，兄妹俩又接受了一个无法接受的现实：杀害母亲的凶手正是自己的父亲。

父亲是因为有了新欢才杀害母亲的。村子里有人开始幸灾乐祸起来，而更多的人则极力回避这对杀人犯的儿女。令小文龙终日不安的是母亲的亲属把仇恨宣泄到了他身上，不停地寻找机会找他麻烦。无奈，兄妹俩像瘟神似的被人赶来赶去。村上的人乘机欺负他们，亲戚们则凶神恶煞地对他们说："你俩就死了心吧，我们与你们文家一刀两断了，以后别来找我们，找了也没用！"

学是不能上了，父亲连母亲都要杀掉，能给孩子留什么呢？唯有几亩承包地还在，兄妹俩第一年辛劳地干了360天，收获了200斤麦子，这是兄妹俩唯一的一丝希望。可第二年刚开春，当他们正准备下地播种时，村干部告诉他们：罪犯子女无权承包责任田。

这是哪家的法律呀？兄妹俩找到村干部，村干部只管抽着水烟，半晌才答道：是没有这法律，可这儿我说了算。

文龙、文英从此失去了家园，也失去了立足的地方，不得不背井离乡去承担一个罪犯父亲留给他们的孽债，漂泊四方……

山东济宁的云霞，她父亲是一位标准的山东大汉，平时爱打抱不平。有一回同族的兄弟跟一帮酒友喝着喝着就拌起嘴，结果挨了一顿不轻的揍。这位兄弟找到了云霞的父亲请他帮忙出气，随手提了两瓶“茅台”。

“好说。看我怎么摆平他们！”一身哥们义气的云霞父亲“咕咚咚”喝下半瓶“茅台”后便去找那帮人“摆平”。结果一出手，还真把对方的3个沧州大汉给治服了，但因为云霞的父亲出手过重，使其中一人严重致残，法院因此判了他3年徒刑。

父亲人入监狱倒算太平，有吃有喝，可云霞的母亲因此受尽了委屈，一年后云霞的母亲与狱中的丈夫离婚后远嫁烟台，云霞成了没有父母的孤女，暂栖身在舅舅家。

舅舅家的生活并不富裕，更因为舅母对云霞这个“吃白食”的小亲戚反感，成天找碴儿，还动不动指桑骂槐。曾几何时，云霞还是家中的“掌上明珠”，而今被歧视的她，怎么也适应不了舅舅家的生活，于是她出走了。先是流落济南街头，后又南下徐州、南京，最后到了上海。小云霞起初并没有失去天性里的那份高傲，她想寻求一个属于自己的生存空间，但后来尊严被一次次的打击湮灭了。她当过小饭店的刷碗工，在徐州城附近的东海县贩过水晶项链，后来又在南京码头帮人看过摊位。这期间她也给狱中的父亲写过信，可令她万分失望的是父亲不仅没有给她丝毫的爱意和安慰，反而向她要烟酒钱。云霞对父母的痛恨超过了对所有人的痛恨，并发誓再不与父母有任何联系，她企图通过自己的努力重塑自己。然而小云霞哪知人世间的炎凉，当她浪迹到上海时，已经遍体鳞伤——更多的是心灵创伤。

有一天，上海火车站突然来了一批警察，一群正在倒票的男男女女被赶到了警车上。人们看到有一位衣衫褴褛、蓬头垢面的小女孩也一起被押上了警车，那就是山东的小云霞……

小云霞作为罪犯的子女还不是最不幸的，因为她比四川妹子小胖墩起码要好些。

小胖墩14岁时父亲因为在新疆犯了事被判10年徒刑，后来母亲耐不住寂寞改嫁了。小胖墩是随母亲到了一个新家的，可那家本不属于她。在她16岁那年，继父便在她母亲一次上城里卖东西时，钻进了小胖墩的被窝……小胖墩从此整天提心吊胆，终于有一天当继父再想欺侮她时，她把事情全部告诉了母亲。气愤的母亲与丈夫一顿大吵大闹，可事后仍然治不了那男人，因为小胖墩的母亲此时已怀上那男人的孩子。

“有机会你离开这个家吧。”母亲含泪对女儿说。

啥叫机会？对连生活都不能保障的人来说，机会其实就是陷阱。一次，小胖墩继父的一位远房亲戚说，他有办法在江苏那儿给小胖墩介绍打工的活。农家孩子上完初中就是出去打工，这是许多四川妹子们普遍走的人生之路。小胖墩与妈一商量就跟着那位远房亲戚走了。哪知这一走就进了狼窝。坐了两天三夜车的小胖墩，在离徐州200多里的江苏、安徽交界之地下车后，又坐了大半天拖拉机，颠颠簸簸进了一个比自己四川老家还要穷的村子。她被告知自己是这家的“新媳妇”，她这才知自己被拐卖了。哭也没有用，有人整天看守着，像看守犯人一样。她开始绝食，小胖墩变成了小瘦猴。她想逃，并且逃过几次，可怎么也逃不出那高高的山峦。入洞房的那一夜，她想起了自己的父亲，也想起了侵犯她的继父，当然也想起了自己的母亲，她觉得周围的人都不是好人，尤其是自己的亲生父母，因为正是母亲的改嫁才使她一步步迈入狼窝，而母亲的不幸难道不是那远在新疆监狱服刑的父亲害的吗？

“我恨！我恨天下的男人——”小胖墩在新婚当夜向陌生的“丈夫”狠狠一剪刀刺去……但没有用，她的力气怎能敌得过一个五尺汉子。

2000 年春季“打拐”中，小胖墩被公安人员从苏北解救出来。公安人员问她父母在哪儿，她感到一片茫然。当有人再次问她父亲是干什么的时，她竟然发疯似的大叫起来：“他是罪犯——罪犯——”

那绝望凄惨的声音，令天地欲哭无泪！

与上面的几个孩子相比，凌云走进牢狱的过程连他家长都感到有些不可思议。

凌云从小品学兼优，在父母的眼里也是个挺听话的好孩子，在学校他也是连年获得三好学生称号的班干部。凌云的父亲原来在部队工作，母亲一年去探亲一次，父亲一年回家一次，住上个把月就走了。凌云平时就跟妈在家，所以从小到大基本上没有离开过母亲的怀抱。上初中那年，父亲正好从部队探亲回家，母亲就对儿子说，你也长大了，总不该老在我身边吧，将来你也要娶媳妇。那天凌云就在父母的一片嬉笑声中搬出了母亲的房间，在父母卧室外面的小厅内睡。由于凌云的父亲还在部队，他母亲的单位没有按标准分给他家两室一厅的房子，所以他家实际上只有一室一厅连着的小房子，很拥挤，卧室和外面的小厅没有任何掩饰地相通着。从这年起，每当父亲探亲回家，凌云就从母亲的卧室搬到外面的小厅睡，而等到父亲走后，凌云又搬进卧室内与母亲同床酣睡。如此年复一年，自凌云进了高中后，当他的身体健壮得像父亲一样时，渐渐地他体内也产生了一些令他不安的变化，而恰恰他的父母都没有注意。

后来凌云在向警方讲述他走上犯罪道路的最初原因时，这样说：那年他父亲从部队回到家，凌云便像往常一样搬到了小厅睡，因为晚上有作业，他睡得比父母晚。在凌云躺下不多时，他突然被一种什么声音惊醒了，开始他还以为自己仍在梦中追赶一批野牛，那野牛气喘吁吁的声音一直在回荡。可后来凌云越听越觉得不是呀！因为他明明是清醒的，他听着听着，那怪怪的，气喘吁吁的声音是从内室传出的，于是他轻手轻脚地从床上起来，向里屋细细看去……

第二天醒时，他不敢正视父母一眼。可他又特别特别地渴望夜色能早些到来，因为他内心在期待和渴望再看到昨晚的那一幕。

夜色终于又一次降临，黑幕下凌云期待的那种来自他父母房间内的声响如期而至，小伙子也因此获得身体内灵与肉的又一次愉快的满足。如此日复一日，小伙子终于感到身体有些疲惫，但他的精神却格外亢奋。后来父亲走了，他听不到那种诱发他激动的声响了，可小伙子学会了通过某种自慰手段达到他渴望达到的愉悦。

然后终于有一天，他的行为被母亲发现了。母亲勃然大怒，教训他下流，并且不再允许他一个人睡在外间小厅。而以往一直不愿离开母亲怀抱的凌云第一次厌恶起母亲来，因为母亲的存在对他体内欲望的发泄是个无法排斥的障碍。他心烦意乱，整夜不能入眠。可想而知，日久天长，凌云整天萎靡不振，学习也没了情绪，成绩直线下降。母亲被一次次地召到学校接受老师的教训和指责。凌云开始在家里和外面都成了坏孩子的典型，他自己则像喝了迷魂药似的不能自拔，只有见了身边走过的那些女孩子时才心头顿然感到力量。而看到女孩们瞅着他发愣的样儿一边嘲笑一边飘然从他身边走过时，他浑身越加发热，有时甚至到了无法摆脱的地步。

小伙子痛苦地压抑着。

有一天，他放学后被老师叫进办公室补做作业一直到天黑。回家的路上，他搭乘公交车。那时正值炎热的夏季，又是下班时间，车上特别拥挤。凌云被前后夹在两个女孩子中间，而这两个女孩子穿得非常时髦，挺胸露脐，浑身上下散发着醉人的香味。凌云与她们身子紧贴着身子，他开始没有在意，途中一阵急刹车，前面那位女孩子一下子与他撞了个满怀。小伙子清楚地感觉到那女孩子耸起的前胸和柔软的下身正好与他身子有好几秒钟的“亲密接触”。凌云从那一刻开始便有些受不住了，下身渐渐胀疼胀疼，突然间又一下奔腾而出……他紧张得大气不敢出，赶紧将双腿夹紧。还好，天黑救了凌云一窘。

那夜凌云吓出了一身冷汗。但过后他又怎么也忘不了那令他神魂颠倒的一幕，而正是这一次怀春，使他从此一步步地滑向深渊。

凌云的身体越长越高，但他日益成熟的精力无处释放，终日令他不能安神，几乎每一次放学回家，他都有意扎到人群最拥挤的公交车上，而那些衣着暴露的女性则成了他接近的对象。他起初做得特别谨慎小心，谁也没有注意他，再说即使有警惕性高的女性发现了背后有人在磨蹭自己，回头一看，见是个稚气未脱的孩子也就罢了。如此一回两回，凌云渐渐胆子大了起来。那是前年临放暑假的一天放学路上，凌云看见了车上一个漂亮的女孩，而对方穿得少有的暴露。这回怀春少年倒了大霉，他刚将身子贴在那女孩身上时，人家不仅没有反感，还故意用后背往后挪动了一下。这种挑逗式的诱惑使凌云顿然忘乎所以起来，他一个劲地用身子贴住那女孩，并且不停地摩挲着、喘息着，仿佛进入了一个迷宫……突然，那女孩惊叫起来，捂住脸大哭起来。车厢内顿时乱成一片，当大家看到那女孩的后裙上湿湿的一片时，将所有的目光射向愣在那儿的凌云。“流氓！”“快把这个小流氓抓起来！”愤怒的乘客开始向凌云冲过来，其中有几个男乘客上前用力将凌云那湿成一片的长裤扒了下来，高高举在半空喊道：“看这罪证！这小子耍流氓耍到公交车上了！”那些女乘客们一边叽叽喳喳地说着“真恶心”，一边扭过头回避着。凌云这才明白自己闯了大祸，当他再想遮丑时，为时已太晚了。

念在他是初犯，又加上凌云的父亲专程从部队赶回家，通过在公安局的战友关系疏通，凌云才免于进少管所接受教育。可是凌云再也抬不起头了，他从此再不去上学。不上学的他更无聊，整天待在家里难受，便上街瞎混。先是上游戏厅玩，再后来是跟人打麻将赌博。有一天他手气极佳，竟然赢了一大笔。在回家的路上，他得意地哼着小调，三分醉意间走路歪歪斜斜，撞上了一位姑娘。那被撞的女孩骂了句：“瞎了眼吧？”凌云一听就来气，瞪大眼睛看着对方，突然他的瞳孔放大，脑门上的血管“噌噌”发胀，顿时他像野兽般扑向女孩，然后将其按倒在地，强奸了这个无辜的女孩子……这一回凌云再不可能走运了，刚满18岁的他被判重刑15年。当他的母亲得知自己的宝贝儿子犯下如此重罪时，一病不起，在部队工作的父亲无奈之下不得不提前脱下军装。

“作孽啊作孽，好端端的一个孩子怎么会落得这个结局呢？”凌云的父母怎么也弄不明白从小品学兼优的儿子为什么会成为一名强奸犯，当他们从监狱干警那儿听说了儿子陈述的犯罪起因后，无法想象儿子的错竟是当年他们为父为母者很平常的生活小节没注意而诱发和导致的。

凌云的父母追悔莫及，可一切都晚矣。

要说凌云这孩子的堕落仅仅因为家长的不经意而值得普天下的父母深刻反省的话，那么像章宁这样的孩子生活在一个父母任意暴露自己恶习的家庭则更应让我们敲响教育的警钟。

章宁的样子看上去是个非常纤弱的女孩，正值16岁的花季年龄，但老师和同学们则不明白为什么这么个弱不禁风的女孩心地和为人那么刻薄。有一例可以证明，中午同学们都在学校就餐，多数是吃固定的配餐盒饭。开饭时，同学们总排着队轮着取饭，这过程中总有先来后到的。由于一些同学如班干部一下课忙着帮助老师收拾作业、擦洗黑板等一类事情，因此同学之间就相互帮着把盒饭取了，这本来是很正常的同学友情，再说盒饭数量是根据班里的总人数订的，谁也少不了。可一碰到章宁排队时看到前面有同学帮着别的同学拿两三个盒饭时她就受不了，非不让人家多拿一份。有一回一个女同学排在章宁前面，因为帮助同学多拿了一只盒饭，结果章宁成了最后一位拿盒饭的。她见自己的那只盒饭有些破，便往那女同学桌上一扔，随即抢过人家的盒饭。那女同学觉得章宁做得实在太过分，便说了句："你凭什么要跟我换盒饭？"章宁立马站起，操起盒饭就朝人家的脸上泼洒过去。班上的同学见她如此野蛮无理，纷纷谴责。章宁竟然像疯了似的打掉了好几个人手中正端着的盒饭，使教室一片狼藉。老师因此把她叫到办公室，问她为什么这样撒野？要求她在班上向同学们道歉。章宁却强词夺理地说必须让排在她前面的那女同学向她先道歉。老师气得直哆嗦，说章宁你明明做得不对，还要人家先向你道歉，这是谁家的规矩？

"我家的规矩！我妈立下的规矩！不信你去问她。"章宁说着昂起头就出了老师的办公室。气晕了的老师第二天放学后真的到了章宁家。他万没有想到的是章宁的妈妈比章宁还要刻薄一百倍。老师还没有开口，章宁的妈妈便先给老师"点"了一通眼药水，那手指头差点戳到老师的鼻尖尖上，说出来的话简直要噎死你："啥，我女儿因为守规矩排队，就该轮到最后吃那剩饭馊菜？你们当老师的不仅不表扬她，反而纵容同学合伙跟她过不去，我还正要找你评评理呢！"话不投机，本想来做工作的老师没说上两句话反倒被气了回来。

有这当妈的撑腰，章宁在学校更是肆无忌惮。她的刻薄与小心眼使她与同学们无法相融，动不动就会因一些小事而发生骇人听闻的对峙。那天坐在她侧旁的一位女生因急着上厕所而不小心在课桌前挤了一下章宁的胳膊，使正在写字的章宁的笔头别在桌面而弯折。

“你眼瞎了？不能慢些？赔！赔我一模一样的！”得理后的章宁破口大骂，并非要那女同学赔还钢笔。

那女同学知道章宁不是好惹的主，从厕所回来后，赶紧将自己的一支新钢笔放在章宁桌上。章宁瞧都没瞧，甩手便将笔扔到墙角：“我要你赔一模一样的，听见了没有？”

那女同学火了，说：“我的笔是我爸从英国带回来的，比你那破笔值钱10倍，你还不识抬举？”不知章宁哪来的邪火，操起铅笔刀，猛然冲过去，朝那女同学的脸上“唰唰”就是几刀……

“啊——”一瞬间，教室内乱成一片。那受伤的女同学血糊了满脸，同班的同学惊恐万状地叫来老师，也有人拨打了“110”。就在救护车拉走那位受伤的女同学时，警车也将章宁押到了派出所。最后的处理结果是，那女同学的面部受伤严重，章宁的行为已构成犯罪，被少管所收容劳教两年。

在少管所接受劳教的章宁有时间静心反思自己的行为，她在悔过书中这样写道：

……小时候的我也是个心地善良、性格温顺的女孩。记得刚上托儿所时，一位小朋友与我一起玩耍时抓破了我的脸，那天回家后我妈见了就问我怎么回事，当得知事情真相后，她便狠狠地用手指点着我的额头说：“哼，将来你准是个窝囊崽！人家抓你一下，你不会咬还她两口。这世上软蛋就要吃亏，你不知道在外面硬气就别回家哭丧脸喊疼。明白吗？”我那时还小，虽然不全懂妈的话，可她教我不能在外面吃亏，别人打我一下，我还手打人家两下我是记在心头的。

后来慢慢大了，妈的一言一行都对我影响很深，像处理与邻居的关系问题上，我妈也总是得寸进尺，而且我发现每次只要她出现一嚷嚷，别人家就“老实”许多。这些对我幼小的心灵影响很大，我甚至在相当长的年龄段中十分佩服我妈，而且也潜移默化地影响着我的为人和性格。妈妈在家里也是个专横跋扈的人，平时她没有多少亲近的好友，一旦交上一个新友，就没完没了地跟人家在电话里说些鸡毛蒜皮的事，一说就是一两个小时。我爸是个搞科研的人，喜欢静，后来跟我妈离婚不为别的，就是受不了她打电话的干扰。我爸有几次实在无法忍受我妈喋喋不休地打电话说废话，就在旁边多说了几句，我妈就破口大骂我爸“剥夺”她权利。两人七吵八吵，最后父亲一卷铺盖再也没有回家，直到最后离婚。

当我们家就剩下我和妈两人时，我发现她那专横跋扈的毛病渐渐转向了我，叫我同样无法忍受。尽管我也经常跟她嚷嚷，有时急了也要还手。但每逢此时，我妈就会哭天喊地地叫嚷说我是没良心的白眼狼。说实话，时间长了，我心里非常恨我妈的这种毛病和脾气，甚至不想在家多待。可由于我的血液里已经渗透了她的某种遗传基因和言传身教，所以我在外面同人接触和交往时也是和我妈同样的毛病和德行，因此我也没有什么朋友和知心者。里外不是的我，其实内心痛苦和孤独极了。这也导致了我常常一旦脾气发作时，无法控制自己情绪。

我今天的罪过客观原因是我妈点点滴滴影响的，现在我无比恨我自己，更恨我有这样的妈。如果我出狱后，一定也会像我爸那样离她远远的……

读着章宁在狱中的心灵独白，我夜不能寐，这使我想起中国的一句老话，“种瓜得瓜，种豆得豆”。同时引发了我许多联想，比如我在研究现在十几岁孩子的家长，他们与我基本是同一代人，也都经历了“文革”十年。虽然我无法说我们这一代人的秉性不好，应完全归罪于十年“文革”，但我以自己亲身经历多少可以得到某种关联的考证，即自“文革”以后的二三十年间——包括比我们更年轻一些的朋友们，接受优秀的、传统的道德修养教育实在太少，加之我们成人后又恰逢时代发展的步伐太快，各种良莠不齐的东西太多，于是虽然我们做了家长，但在个人道德修养方面我们仍然是浅薄和幼稚的，因此当我们负有哺育后一代的责任时，几乎没有人细致地考虑到如何以自己的行为规范和美德情操去影响和潜移默化地教育孩子。结果很多像我上面列举的个案中出现的孩子们，他们的成长和犯罪过程都可以说最原始的责任本不在他们，因为他们本来都很善良和天真。害他们走上邪路的，正是他们的父母平时不善改造自我与纠正自我弱点，以及某种不良秉性所致。他们的家长极少在自己任性做出某一举动或选择时能为身后的孩子想一想，几乎都没有，有的甚至自己进了高墙与监狱时仍然没有意识到是因为自己的一时冲动、一时情急、一时欲念，使爱子爱女背负起沉重的枷锁，而且有的甚至付出幼小生命的昂贵代价。这些教训，难道不足以教育我们那些仍在只顾自己使性子、寻私欲、不知如何为父为母的家长们痛定思痛吗？

第八章　同一片蓝天下，为何独我不见阳光？

有人以为凡是家庭里的一切都是属于自己的“私产”，于是他（她）便那么专横跋扈，狂言老子（或老娘）便是主宰一切的天王老子。想发淫威时从不顾及他人的感受，以为在家庭里便不存在谁对谁错，总之老子（或老娘）是天下第一。

于是有了家庭暴力一说。

这样的父母以为唯有自己才是给家带去光芒与幸福的太阳。但他（她）却犯下了最令孩子心痛与不可饶恕的罪孽——

1999年10月的一天，金秋的阳光闪耀在开放的现代化都市深圳上空，深圳人的脸上洋溢着灿烂的笑容。然而在同一天这个城市的光明农场一户姓龙的人家里，却笼罩着少有的阴云……这一天，5口之家的龙家当家人死了，他的小儿子也死了。据医院验尸结果，他们都死于中毒。

深圳公安局刑警支队迅速对龙家父子俩突然中毒致死案件进行了侦查，龙家的16岁女儿龙梅飞被列为第一嫌疑人。

“龙梅飞，你知道你的父亲和弟弟是被谁毒死的吗？”公安人员单刀直入地讯问道。

龙梅飞，一位花季少女，然而看她的外貌让人无法相信这是位生活在深圳特区的女孩子，她那瘦削的身材和黑黄的肌肤，像是最贫寒的家庭里食不果腹的小妞儿。

看得出，龙梅飞是位从未见过世面的少女，当警察讯问时，她的表情和胆怯的神态，足可以证明她不可能有任何能力隐瞒什么。但她的直率回答仍然令在场的公安人员们吃惊不小："是我下的毒药……"

"什么时候下的毒药？"

"早饭前。"

"用的什么药？"

"老鼠药。"龙梅飞说完，当着公安人员的面从自己的床底下拎出一包尚未用完的老鼠药，扔在了地上。她的脸部表情异常平静，仿佛父亲和弟弟的死就像是死掉两只家鼠一般……

公安人员们被她的镇定所震撼。

"你为什么要毒死自己的亲生父亲和弟弟？"

"我主要想毒死父亲，弟弟他总是抢着吃东西，所以他也死了……"

"你就这么恨你父亲？"

"嗯。"龙梅飞咬了咬嘴唇，说，"我不把他毒死，我就会被他打死。我怕，便让他先死了……"

"父亲打自己的孩子也不能算什么事，你干吗下这样的毒手？"

龙梅飞这回抬起头看看审她的公安人员，脸上露出几分敌意："他打我太狠了，几乎天天打，用大粗竹鞭……"小姑娘说完掀开一角衣衫，露出几道紫红色的深深的伤痕。

"这孩子是可怜，她父亲老打她，一打就听她嗷嗷叫，听得人揪心……"邻居们对公安人员讲。

"她爸是个老实巴交的人，在外面从未跟人红一次脸，可在家他的脾气大着呢，一遇到不顺心的事就打孩子。"刚刚失去丈夫和儿子的龙梅飞的母亲毫无表情地回答办案人员的话时特别加了一句，“小梅这孩子脾气也犟，挨打时从来不知道逃跑，所以她爸越打手越重……”

龙家的人命案子并不复杂，但令公安人员吃惊的是未成年的龙梅飞在她幼小的心灵里留存的复仇之心实在发人深省。

这便是典型的家庭暴力所致。

几乎与龙梅飞毒死其父其弟差不多的时候，远在北方的沈阳市也发生了一起令全市百姓震惊的家庭暴力事件：

怒江小学老师突然发现二年级女生王婧浑身是伤，经医院检查，竟在这小女孩身上发现了600多个用缝衣服的针扎的针眼！

当日，学校向当地派出所报案后，派出所立即调查，初步得出结论这是一起严重的家庭暴力虐待儿童案件，虐待王婧的正是她的生父和后母。

王婧的父亲王德志被派出所传唤后竟然若无其事地说：

“孩子是我的，她不听话我打几下有什么了不起的？”

后母满淑艳更是理直气壮地反问执法人员：“你们知道不，这孩子我和她父亲有权教育好她呢！以后成不了才我们不可能养她一辈子！孩子不懂事，不听话，不靠打行吗？你们谁敢站出来说你就没有打过自己的孩子？”

“一派胡言！有你这样在小小孩子的细皮嫩肉上扎这么多针眼的吗？这也叫教育？告诉你们，根据法医鉴定，你们已经触犯刑法，现在立即逮捕你们！”公安人员亮出手铐，给王婧的生父和后母戴上了……

小王婧后来在多方支持和声援下，从家庭暴力的阴云中逃脱出来，她的父母最后被分别判刑，受到了应有的法律制裁。小王婧也被山西南洋国际学校的好心人接去上学，重新获得了家庭的阳光与温暖。

可是在我们现实的社会里，还有多少个小王婧没能被解救出来？他们仍在没有阳光与温暖的阴云下遭受着如牢笼般的暴力虐待。据有关部门调查，目前有千分之五左右的少年儿童受到家庭暴力虐待和侵害。

我的一位战友在上海某少管所工作，他说他那儿有好几十位孩子劳教结束后就是不愿回自己的家，孩子们宁可再在少管所里待上十年八年，也不想回到他们的父母身边。这种现象令劳教部门十分头痛。

这个少管所里有个女孩子叫肖玲，今年 17 岁，是前年在一次“扫黄”中被送进来的。这女孩多才多艺，很有天赋，可惜她的家庭不仅没有让她成为对社会有用的人才，反而导致她在未成年时便进了不该进的地方。

肖玲的父母亲都是上海某国有企业的职工，在肖玲上小学之前的那段岁月里，这个三口之家还算平和，虽然父亲爱喝些酒，有时也会出手打女儿，但这样的事一年中不出两三回，是多数家庭中常有的事。问题是在肖玲上初中那年开始的，因为肖玲没有考上重点中学，望女成凤的肖玲父母用多年积存的几万元钱给孩子找了个好学校。虽说学校找到了，可日后这个费那个钱的也总让肖玲父母十分手紧。再加上后来企业效益不好，肖玲的父亲就辞职当起了职业股民——他想靠股市上赌一回，赢个风风光光。然而事与愿违，肖玲的父亲不仅手气不好，还常把本钱亏了个精光。

股市本来就有风险，但入迷者是很难从中反省过来的。尤其是赔了本的肖玲父亲，在一次次失利之后，脾气越变越坏，酒也越喝越多，每次只要在股市上一失利，他准是醉醺醺地回家。这时不管是谁，你只要多说一句话，他就会跟你急。

肖玲家的锅碗瓢盆不知换了多少套，但每一次新添的家什用不了多少时间准又被她父亲“乒乒乓乓”砸得个彻底粉碎。到后来肖玲和她妈也不再添新的了，说出来你不相信，后来她家吃饭用得都是到上海市郊买的竹碗——这酒鬼再怎么砸一般是不会碎的。

肖玲的母亲开始还能管管，后来她也下岗了，在当“股民”的丈夫面前只得小心翼翼，生怕影响了他的“神机妙算”。可这也不顶用，“老输坯”还是“老输坯”。

你输就输吧，输了喝点酒解解闷也错不了哪儿去。肖玲和母亲一直这么想的，可不行，她父亲像一头滑下斜坡的老牛，怎么吆喝也拉不回来。输了，他又到朋友亲戚那儿借了钱再去“投资”——亲朋好友说他那投资上面不加引号，这世上就等于绝了幽默两字。

又一回赔了。肖玲的母亲说什么也不让自己的男人再到股市去了。“我们是天生的穷人家，干啥非得做梦想发大财？就是从亲朋好友那儿借的钱也是要还的呀！作啥孽非得把自已的血汗倒进黄浦江嘛？”

“你这娘儿们懂个屁！”喝了几两“洋河”的男人借着酒疯，揪住自己女人的头发，打得女人鼻青脸肿，“你要再敢拦我，看我不把这家给踩平了！”

女人哭了一夜。男人第二天又直奔股票交易所。

“爸，学校让交300块补课费我跟你说好几回了，再不交老师不让我上课了！”肖玲胆战心惊地走到闷头坐在那儿喝酒的父亲面前。

“没钱。”父亲瓮声瓮气地。

“没钱你还喝啥酒？”

“我喝不喝酒还要你管我呀？”父亲瞪着血红的眼睛，举起巴掌就重重地落在了女儿肖玲脸上。

“你不给钱还打我呀？”肖玲委屈万分地哭着责问。

“我就打你！看你还敢管你老子不敢？”

“啪啪！”发疯了父亲又扬起巴掌，左右开弓地打在肖玲脸上……

那是肖玲自认为“自己已经长大”后，第一次受到父亲的毒打。

有了一次也就会有两次。通常这种暴力都与父亲在股市上赌输了有关。但也有一次例外，因为那一次他是赢了的。那一天肖玲放学回家，见家里一反沉闷的情景，桌上、厨房满都是各种好吃的食物和水果。

“小玲，今天爸爸的手气好，连连出手都走高……”父亲见女儿后手舞足蹈地说着他的“辉煌”。

肖玲白了父亲一眼，心想：省省吧，你都把家输成这个样了，还有脸说赢字？

“怎么，你看不起你老爸还有转风向的时候？”父亲见女儿根本不把他的“辉煌”放在眼里，那刚刚灿烂的脸立马阴了下来。

“看不出。”肖玲说完，把小门一关，进了自己的“闺房”。

“你给我出来！”父亲的牛脾气又上来了。“咚咚咚——”

肖玲沉默不语，继续做她的功课。

“咚咚咚！”

“出来你！老子以往输就输在你天天给我看一副霉气脸。出来——”这位父亲自以为在家中是说一不二的“太上皇”，哪受得了女儿的蔑视。

肖玲再也无法忍受这般折腾，“噌”地从椅子上坐起，打开房间门：“你还让不让我做作业了？”

“做什么作业？你连生你养你的老子都没放在眼里，还做什么作业念什么书？”父亲又开始说浑话了。

肖玲听得这话后，久压在内心的愤怒一下子爆发：“不做作业不念书让我干什么？也像你天天出去输输输！把整个家都扔进黄浦江？”

“混蛋东西，老子就是输掉这个家，再把你卖了也是我的事，轮得到你教训我呀？”父亲没有别的本事，打起老婆和孩子来总是占上风。他举起巴掌重重地落在肖玲的脸颊和脑袋上，那力量之大令肖玲一个踉跄，差点磕在了书桌边角上。这发疯了的父亲还不罢休，一边口出秽言骂骂咧咧，一边冲过来抓起肖玲书桌上的课本和作业稀里哗啦地撕个满地……

“我让你念、念个狗屎书！”他撕了几本仍觉不解恨似的又用双脚猛踩几下。

肖玲看着眼前的满地狼藉，那心头仅存的一丝光明也彻底毁灭了。她捂住脸，想号啕大哭一场，但嗓子眼像堵了一团棉絮……她的心犹如刀绞又像被撕裂一般。

这样的家无论如何不能再待了！她不顾一切地冲出家门，冲向大街……最后伏在苏州河畔的石栏上，悲恸地啼哭——她不敢号哭，因为周围都是过路的人群，然而她又无法压抑汹涌的泪潮……

这一夜，肖玲第一次没有回家，虽然后半夜的上海滩显得有些凉意，但到处都是没有压抑的自由空气和自由空间。

无助的肖玲也在这一夜第一次发现了在走出那个牢笼般的家庭以后，外面的世界并不是坏得不能生存——至少在她看来用不着再整天看到父亲那集酒鬼、赌徒、恶棍于一身的可憎面孔。

肖玲不再读书，也不再回家，开始了无家可归的流荡生涯——从此变成了一个流浪儿。任何一个流浪者最终都会无可奈何地被罪恶所俘虏，并且成为新的罪恶源……

这位可怜的女孩子后来因卖淫而被送进少管所进行两年的劳动教养。现在她快期满，可她已经向少管所的叔叔阿姨们表示：“宁可再待两年，也不愿回家。”

像肖玲这样的孩子不是少数。这样的孩子由于他们在家庭中饱受暴力虐待，不能像正常的孩子一样获得家庭温暖，常常存在严重的心理畸形。

一位与肖玲同岁的“牢友”，已经在少管所“三进宫”。这个女孩子表面上看很文静，谁也不会相信她竟是个名扬上海滩的惯偷。据我的战友介绍，这孩子第一次被送进来时仅 13 岁，可当时她就已经有了 5 年的“偷史”。

孩子走上犯罪的道路并不复杂。有一次她为了能够像同学们一样在放学回家路上买点零食吃，便悄悄拿了家里的钱，后来母亲发现了，打了她，并罚她当着弟弟面跪下。这一次她心灵受到很大创伤，但由于同学们经常嘲笑她穷，所以她忍不住还从家里“拿”钱。可每一次“行动”总被母亲发现，而每一次的惩罚总比前一次更严重，后来母亲和父亲联手把她吊在门框上，时间长达两个多小时。

有一天父母又发现少了 20 块钱，于是不由分说将她再次吊在门框上，又是一顿拷打。偏偏这回钱不是她拿的，是她弟弟干的好事。“弟弟拿了更要打你！还不是因为你带坏他的？”母亲气急败坏地对她说。

这回的遭遇令女孩刻骨铭心，她心头渐渐形成了一种“我就偷，反正不偷也会怪到我的头上”的心理。后来这女孩不仅在家偷，更严重的是在同学中间偷，后来发展到在商店里偷，直到在超市连续作案 20 多次被逮住为止。

第一次从少管所出来，她曾发誓洗手不干了，可一回到家，父母动不动就对她拳打脚踢，并且总是用“三只手”这样的语言侮辱她，使女孩的自尊彻底毁灭，最后她终于成了一名惯偷——公安人员最后一次送她进少管所，在检查她身体时，发现她身上有二三十处伤痕。

“都是一次次偷东西被发现后给人打的……”她自己说。

“你就不觉得疼？”

她鼻孔里哼了一声，说：“疼？啥叫疼？我被父母逼出家门后就没有感觉过疼是什么滋味。”

其实，谁都知道，这个孩子的疼是烙在心灵深处的那种疼，那种远比肉体摧残更痛苦百倍的失去亲情的疼！

1999 年 7 月，素有“火炉”之称的武汉市某法庭上也在进行着一场激烈交锋。原告是 15 岁的男孩子陈耀武，被告是他的父母陈双喜和余世春。这是一次非常特别的法庭审理，因为陈耀武是个流浪儿，他告他父母是希望得到“每月 200 元的生活抚养费，并直到原告自己能独立生活为止”。虽说陈耀武是原告，可到法庭上旁听的观众都发现他在法庭上始终是低着头的，偶尔抬一下头也显得有些惊慌。相反，被告即陈耀武的父亲则在法庭上时常表现出暴跳如雷的举动，尤其是听儿子的律师读完起诉书后，他便从被告席上跳了起来，冲着儿子大声嚷嚷道：“你这个畜生！你告我也没用，你是诬告我，就是告赢了我也没钱。你是小偷，你偷走了我的钱，把我家的东西都偷走了，你还有脸告我？要告的是我，你这个畜生！”

法庭注意到，在这场父子较量中，老子陈双喜显得理直气壮，作为原告的儿子则一直显得弱势。

作为陈耀武的重要证人，居委会的代表站出来说话了：陈耀武是个未成年人，父母理应对他的生活和学习负有抚养义务，可陈耀武没有从他父母那儿获得这种抚养，他现在不仅吃饭都不能保证，就连最起码的居住都极不像样。没床像样的被子，冬天一直冻得全身发紫，他爸从来就不管他。

“我为啥要管他？他是个畜生！你们现在看他一副可怜相，可他是条冻僵的蛇！他想让大家同情他，能同情他吗？他这样的畜牲放到哪儿也是畜生嘛！”陈耀武的父亲不等居委会代表发言完毕就站出来说话，大家注意到他的话里总称自己的儿子是畜生。

“原告，你是否经常受到被告的暴打和虐待？”法官问陈耀武。

“嗯，他经常打我，瞎打，想怎么打就怎么打。有时让我跪一个晚上，再把我打出家门……”儿子说。

“被告，你儿子所说属实？”法官再问。

“我是打他，有时用皮带，有时用皮鞋踹，也用脚踩过，还掐过他。可我打的是畜生！”父亲说。

突然，另一位被告——原告陈耀武的母亲冲着始终与自己相距几十厘米而坐的陈双喜说：“你口口声声畜牲畜牲，你才是畜生呢！孩子这么大，你除了打还管了些什么？亏你说得出口他偷你钱，你不给他吃不给他睡，他能不偷你吗？你当爸的就没有责任？你才是畜生呢！”

陈耀武母亲的一阵数落，引来法庭上下一片不小的喧哗。

“我、我……”陈耀武的父亲被充满嘲讽的喧哗声弄得极其狼狈。原来，由于缺乏家庭的关爱，特别是父亲的暴力虐待，陈耀武从 11 岁开始便多次被父亲暴打赶出家门。1996 年 10 月，被赶出家门的陈耀武在外面实在无法生活，便乘父母不在家时，悄悄溜回家，拿走了父亲的 4000 元钱。打这开始，他父亲便扬言与儿子断绝关系，并不准陈耀武再回家。陈耀武就是在这种情况下彻底地离开了家，在离家不远的一座大楼顶部的两只废油桶里开始了长达两年多的“以桶为家”的苦难生活。在这期间，居委会的干部多次找过陈耀武的父亲，希望他将可怜的流浪儿领回家，然而声称已同儿子“断绝关系”的陈双喜，说什么也不愿理会由他生下的这个“畜生”。儿子状告父母的这场官司就这样打到了法庭。

陈耀武的案件在法院的干预下终于有了圆满结果，法院判他的父亲每月支付他200元的生活费。当儿子从法官手中接过父母第一个月的200元抚养费时，他在当日的一篇作文中这样写道："我是一只游荡在外的小鸟，其实小鸟的要求并不高，只要有人肯留下几棵树，留下一个窝，只要别人不来对我进行无谓的惊扰，美丽的小鸟就会心安理得地飞啊飞……"

老师指着他的作文说："这么美妙的文章，肯定不是陈耀武所写，因为他的作文从来都是错字连篇。"

有人问陈耀武，他则难得一笑地说："我喜欢这段话，所以就从心头蹦了出来……"

与陈耀武相比，女孩小娜是家长们所说的"坏孩子"。由于她的"坏"，注定了她在家是个受歧视和虐待的对象。

小娜长得与她的名字一样很有些洋气，第一次见她的人无论如何也不会相信这样美丽动人的女孩竟然得不到家庭的温暖和抚爱。我是从一个"热线咨询"的朋友那儿认识她的。不想小小年纪的她，同样内心装的是一腔苦水……

出生在一个知识分子家庭的小娜，父母都是一所名牌中学的教师，父亲和母亲对她的教育可以追溯到"胎教"。小娜从小也是个听话的孩子，但到了初中，随着年龄和身体的成长，她渐渐成了男孩们追逐的对象。她的丰满，她的娇艳，加上她良好的气质，使那些校内校外大大小小的男孩们见她后两眼就会放光。小娜自己在当时也弄不清为什么在她身体里同时膨胀着一种特别强烈的愿望——想跟自己喜欢的男孩子一起，并且与异性在一起时那种不可言喻的美好常常令她学习走神，内心充满激动。后来她有了第一个"朋友"，再后来便与"朋友"形影不离，可这个时候她和他仅仅是放学一起走路聊天，或者没事找事待在一起而已。但这事被班主任告到了她父母那儿。

“你给我丢什么脸？以后不许你跟任何男孩子在一起！”父亲责令道。

“我们在一起什么事都没有做，聊聊天还不成？”她辩解道。

“有什么可聊的？跟男孩子在一起能干什么好事？你要是我们的女儿，就按照我们要求的去做——在上大学之前不准与任何男同学有来往！”母亲更加严厉道。

“你们这是违法行为！我偏要跟男同学接触！”小娜这个年龄正是逆反的年龄，她的逆反心理使她喊出了积压在胸中的对父母的不满。

“啪！”这是母亲打过来的一记耳光。

“我看你敢？”母亲的脸变得那样狰狞。

“你要不守规矩，就别迈进我们这个教师之家！”父亲过来补上一句。

小娜惊呆了，她第一次感到了自己的母亲和父亲离她是那么的远……

也许正是母亲的这一记重重的耳光，也许正是父亲这句“教师之家”的提醒，第二天放学后，小娜没有回家，她找到那位同班的男同学——也就是同学们相互之间称呼的“亲密朋友”。这次是她主动找的他，并且提出让他陪她“看电影”。

在那个电影院里，小娜第一次倒在了“男朋友”的怀中，哭泣不止。那男同学惊慌失措，连问到底出了什么事。当她将自己在家受到父母辱骂和挨打的事一说，委屈的小娜哭得悲天恸地，而这时的他则无限温情地将她搂在怀中不停地安抚。

“别哭了，走，到我家去，我给你做好吃的……”男孩子带着小娜到了他的家。在这个只有一位老奶奶的家里，小娜感到了自由自在的温暖与轻松。

“我爸妈都在外地，奶奶什么都依着我，你可以随时来，在这儿想干什么就干什么，我是这儿的国王……”男孩很绅士风度地对她说。

“那我就是这儿的王后！”小娜破涕为笑。与自己的那个“教师之家”相比，她在这儿呼吸的尽是自由的空气。小娜由爱这样的环境，渐渐到了爱与这样环境下的“朋友”在一起。

不用说，没像平时一样准点回家的小娜一回到家又遭受父母的一顿“狂轰滥炸”。

小娜表现出了少有的沉默，一句话也没说，关在小屋里痛哭了一夜。

她越来越感到“家如牢笼”。

她反叛年龄里的反叛血液在沸腾……

她又在一天放学后与那位男同学回到了那个“自由王国”世界里。

有道是，失去爱的人更强烈地渴望爱。

一向孤傲的小娜在男同学这儿则一反常态，表现得极其主动与热情，她需要有人爱她，需要有人拥抱她，需要有人抚慰她。她因此“屡屡进攻”那男同学……

而回到自己的那个“教师之家”，她则表现出分外的冷漠，除了吃饭不得不与父母碰面外，便只身关在小屋做那没了没完的作业。

父母在门外窃窃私语：这孩子变老实了，看来还得严管。

“你们是小娜的家长？那就赶快到医院来吧，把你们的宝贝女儿领回去……”一日，小娜的父母突然接到一个医院的电话。当不知何事的父母赶到医院问清情况时，就差没当场宰了他们的女儿——小娜在这医院刚刚做完人流……

“从进医院的那一刻起，我知道是自己做错了事。在我惊恐万状地躺在那张白色手术台上，看到医生举起锃亮的手术钳时，我第一次认识了什么叫残忍——我每叫一声，她们就在旁边说一句‘早知今日，何必当初’。最后我咬着牙，流着泪不哼一声。我浑身像被抽干血似的回到家，看到自己的父母不给我半口水、不扶我上床，当着我的面拍桌摔碗的那一刻，我也第一次认识了什么叫真正的没有爱……”若干年后，当年的那个小娜如今已是某公司的公关小姐。

小娜做“人流”之后便被父母办了休学手续，之后被送到父亲的山东老家“借读”两年——“其实是被看押起来一样”。直到现在，她的父母仍没有对她笑过一次，而她也再没叫过一次“爸”和“妈”，“那是一个彻底冰冷了的世界，除了吃同一锅的饭是热的外，我丝毫感受不到什么叫家庭的温暖与爱……从我自己有房子的那一天起，我会永远地离开它，并且也许再不会回来……”。

小娜的经历曾经令我深思：为什么一个教师家庭竟然也出现了如此“冰冷世界”？其实原因并不复杂，我们的众多家长只知道按照自己的“准则”去管教孩子，但却不懂得如何尊重孩子，如何理解孩子，更很少注意青少年时期的孩子们心理和生理的特点，一味采取顺我者“好孩子”，逆我者“坏孩子”的定论，使本来美满幸福的家庭变成了可怕可憎的“冰冷世界”。

上面讲述的这些孩子的不幸，其根源都是由家庭暴力造成的。不知什么原因，如今不管是当爹的还是当妈的，在对待那些自认为“不听话”的孩子时，往往动不动就施以拳脚和棍棒——家庭暴力，已经成为今天这个社会在教育孩子过程中的一种十分严重的罪过。

第九章 残肢断体，我就连猪狗都不如？

现代社会一直提倡对残疾人的关怀，当一个幼弱的生命出现哪怕是微小的伤害时，党和人民就会倾情倾力给予关照和呵护。

但现实的生活从来不是尽善尽美的。在良知泯灭、私欲膨胀时，有人会残暴地丧失基本的人性。

他和她没有想到：你是人，他也是人，你们的孩子更是人。应该让天下所有的人明白：无论你们孩子的躯体有多么残缺，可他们的心一点儿不残缺！

记住上面这句话，孩子们就不会有下面如此悲恸的诉说——

2000年冬天的一日，我路过北京阜成门桥，见一大群围观者正在那儿嚷嚷，于是忍不住挤过去看了一眼，而就是这一眼让人满心伤痛：只见一个左腿断缺的十来岁的孩子趴在地上，穿着一身又脏又破的衣服，抖动着双手在向行人乞讨。他的身边放着一只可口可乐小罐，是用来放钱的。因为在街头，匆匆从他身边走过的行人稍不注意就会一脚踢翻他的这个“钱罐”。那天我见到的这一幕正是一位年轻人可能没有注意脚边还有一个这样的乞丐，便一脚将他的“钱罐”踢倒了。此时正好一阵寒风吹过，小“钱罐”内的几张钞票随风飘落在路头。那是很不起眼的几张一毛两毛和1块5块的钞票，可偏偏有人将那张5元钞票顺手捡走了。

“还我还我，那是我的钱——”小乞丐不怎么会走路，为了追赶那位捡他钱的年轻人，便连滚带爬地一边喊着一边想讨回钱。当他爬出十几米后猛地抱住那个捡钱者，不料他刚说一声“那钱是我的”，那人就飞腿朝他猛踢了重重一脚，在场看到的人不止一两个，于是有人瞅着残腿的小乞丐可怜，便吆喝住那年轻人让他把钱还回来，于是便有了围观的场面。当我看到那小乞丐时，他正躺在地上捂着被踢伤的半边脸，痛苦地流着眼泪……

我听到此时有人在诅咒那捡他钱又踢他的年轻人，也有人在辱骂那倒在地上的小乞丐，说他这么个样子太“有损北京形象”。这种场合既没有法律，也不会有正经的道德，只有人们的一阵愤怒与一阵嘲讽，多数人漠不关心瞅一眼就匆匆离开了现场——因为北京街头这样的乞丐实在不少，人们更多的是讨厌这样的街头“无赖”。

但我的心却无法平静，因为我正在关注那些成千上万的失去亲情和家庭的流浪儿命运，所以我知道这又是一个可怜的孩子在遭受他们亲人强加于他们的悲惨命运。

几乎所有的流浪儿，绝大多数是因为父母和亲人的罪过才使他们给我们这个社会带来了种种看上去很丑陋的一幕。

一阵喧哗后，小乞丐重新获得了那张 5 元钞票。这回他学乖了，我见他迅速将那张 5 元钱的大票塞进了怀里……

“能起来吗？跟我走一趟。”我见没有人再围着他，便对他说。

小乞丐见我身材高大，十分恐惧地瞪着那双迷惘的眼睛，胆怯地问：“你要干什么？我……我不去。”

“不要怕，我不是公安局收容所的。我是想听听你为什么跑到北京来行乞的。”我做出了副很可以信任的架势，蹲下身子与他说话。

他瞪了我一眼，不理会地侧过头。

我朝他一笑，从口袋里掏出一张 10 元钱：“给。够你这一天的收获吧？”

那小乞丐先是一愣，继而又看看我，不敢伸手拿钱。

我只好把钱塞在他的小“钱罐”子里。

他两眼盯着我看了半天，然后迅速将10元钱塞进怀里。

“你真的不用怕，我只想问问你为什么你的家里人不管你？”我说。

小乞丐这时眼里溢出泪水。

“你看，如果我们在大街上这么说话，说不定警察会马上来的，我们还是换个地方说话怎么样？”

一听我这句话，小乞丐马上点点头，表示同意。

在这种场合，我也不好挽着这么个拐腿的小乞丐走在街头，所以指指不远处的桥墩：我就在那儿等你……

趁他慢慢挪步向我走来的工夫，我从旁边的一个小摊上买了一根煮熟的老玉米：“你吃着，然后我们再聊聊天。”

小乞丐已经开始觉得我不像是个坏人了，于是放心地吃了起来，一边吃的时候一边还看我几眼，大概在想为什么会有人这样待他？

“你不要害怕，我只想问问你是什么地方来的？家在哪儿？”

“河北、承德那边的河北。”看来他知道自己是谁。

“家里有什么人？”

“爸爸妈妈，一个弟弟，一个奶奶。”

“你出来行乞他们知道吗？”

他摇摇头。

“你叫什么？”

“……壮壮。”

“你是自己逃出来的？还是被他们逼出来的？”

“……是我自己出来的。”

“为什么？出来不怕被别人抓起来？不怕饿死在外面？”

他点点头，又摇摇头。

“腿怎么残的？”

“小时候给汽车压的……”

“几岁时？”

“三岁。”

“后来你们家的爸爸妈妈就给你生了个弟弟？”

他点点头，似乎很惊奇我为什么会知道这些。

其实像这种情况我已经碰到不止一两个了。通常那些有残疾独生子女的家庭，是被允许再生一个孩子的。而当第二个孩子生下后，有的父母的感情会慢慢全部转移到那个健康的孩子身上，对原来有残疾的子女则表现出非常不人道的歧视和虐待，这使很多残疾孩子像这个流浪儿一样最后不得不在街头行乞或者过着更凄惨的日子。

“你怎么到北京来的？就一个人？”

“不，还有两个伙伴，他们在复兴门那儿……”他指指南边的方向。

“一天能讨到多少钱？”

他那张僵硬的小脸上第一次有了一丝笑容：“不一定，有时三两块，逢到你这样的好人就多些，也有的一天讨不到两毛钱。”

“如果只有两三毛钱你吃什么呀？”

他摇摇头，一副可怜的样：“饿着呗……”

“家里人没有找过你？”

“不知道。”小乞丐低头想了想，又抬起头，“他们才不会找呢，我死了他们才高兴……”

“为什么？”

他不说话了，把头低得低低的。

我知道这触到了他的痛处，需要换个问题。

“你晚上住哪儿？”

他好像一下来了精神：“哪都可以住。有时就在这阜成门桥下，有时在地铁口……”

“没人抓你们？”

“他们看不到我们……”他似乎很得意地朝我笑笑。可我看着心痛。我知道这样的流浪儿特别是这些残疾的流浪儿，他们通常行动迟缓，寻找的寄宿地一般人想都想不出来。

“有一次我被一个清洁车拉到了郊外的垃圾场，后来那个开清洁车的阿姨吓得把车停在路边就跑了……”小乞丐像在说着一件趣事似的跟我说着他的“传奇经历”。

“你不怕哪一天被人埋在垃圾山里出不来了？”

他又摇头了。

“那你这么着一个人独自在外面行乞就没有怕的？”

他又朝我瞪眼，不想回答这样的问题。

“在家时父母打你吗？”

“打……”他卷起胳膊，露出一个很长的伤疤，“这是我爸用炒菜的勺烫的……”

我抚摸着小胳膊上的那道长长的疤痕，无法相信这是一个亲生父亲对自己儿子下的毒手。

“你爸为什么要这么对待你？”

“……那天我偷吃了弟弟上学要带的饭菜。”

“难道你父母就不给你吃的，为什么要偷吃弟弟的饭菜呢？”

“弟弟的饭菜里有肉……我吃不到。”

“为什么家里不给你吃呀？”

“他们说弟弟以后可以上大学，可以孝敬大人，我不行，我还要连累全家……”

“这……”我一下子感到语塞，天下竟然还有这等父母！有残疾的孩子本来心灵就脆弱，他们不健全的躯体本来就需要关爱，然而像这位小乞丐不仅得不到正常的关照，相反饱受虐待。我记得有一次在报端看到这样一则新闻：某省有一个家庭的父母，因为自己的一个孩子有残疾，竟然让这个残疾儿童常年与家里的一头猪生活在一起，这样骇人听闻的事其实在现实生活中还有，绝非一两例。

去年 7 月 23 日，我在网上看到广州《新快报》的一则报道：一位七岁的男孩，因为患有多动症，结果被父母用铁链锁住了手脚，时达数月……

孩子患多动症确实是让人烦恼的事，我记得我的孩子也曾有过这样的毛病，后来听医生讲，几乎有三成的新生儿患有这类疾病，但只要经过一定的治疗是完全可以恢复正常的。然而广州的这位小男孩却因为自己的这一点点病而被像牲畜似的整天锁着，他开着饭店的父母竟然还以此为荣向外人炫耀自己的“能耐”——可怜七龄男童在父母如此非人折磨下，还在向前来“观摩”的叔叔阿姨们傻乐着……他完全不知自己是在亲生父母的折磨下由人变成了猴而被一群群陌生人耍弄与嘲笑。

我知道，天下的苦命儿并非壮壮一个，也并非仅只这位被父母铁链紧锁的七龄童。

去年夏天，江西兴国县龙口镇的张功全家喜得一子，于是全家张灯结彩，准备大办喜酒，以迎接张家的又一个后代出世。可正当张功全忙着走东家串西家通知亲戚吃喜酒时，妇产医院通知他儿子患有先天性肛门闭锁不全，孩子不得不在医院做了肛门成形术。

“哈，这可是新鲜！”左邻右舍立马有人暗地里偷着乐。

张功全听了直喘粗气，他要上医院问个究竟。可刚到医院，医生就告诉他：“再准备5000元，你儿子这几天全身抽搐，神志不清，还有吐血等症状，是颅内出血或者是上消化道出血，还得动手术。”

“啥？还要动大手术呀？”张功全一听就傻了：这个儿子生得哪是福气嘛！左思右想了一番的张功全越想越觉得窝囊，一跺脚，他跑到医生那儿说：“不治了，我们把孩子抱回家再说。”

这么着，他就给孩子办了出院手续。医生哪劝得住？说孩子有残疾你当父亲的也得给他治才行呀！

治？怎么个治？治到啥时算好？还没生出来几天就要动两次大手术，以后还不知咋个样呢？张功全自有他的道理。

一切出院手续办妥，可张功全并没有把儿子抱回家，却乘天黑夜静时，偷偷送给医院埋尸体的吴某40元钱，说：这孩子出来就有残，长大后还不知要扒我多少层皮！你帮帮忙，将这东西扔在太平间里，等死后埋掉算了！

吴某一手接过40元钱，一手抱过出世不久的婴儿，便进了太平间。

张家的苦命孩子就这么着活活地被送进了冰冷死寂的太平间，紧贴在一具尸体身边……第五天了，那具尸体被人抬出来正要抬上火葬场的车子时，人们才发现一个婴儿眼睁睁地躺在那儿正饿得张着嘴。

“这是谁家的孩子？怎么会在太平间里呢？作孽啊，快让他的家人来领走呀！”众人们惊呼起来。那埋尸体的吴某最后不得不交代是孩子的亲生父亲让他这么干的，不料5天过去，命运多舛的孩子不仅没死，反倒好端端地重新见到了阳光。

我知道现在这个孩子的父亲因为犯有“故意杀人罪”而被判刑，可我仍然担忧这个有残疾的苦命儿能不能永远平安地留在这个世界上。

如果说张家的这个孩子在太平间度过五天后尚能从“死亡世界”重归人间是件不幸中的大幸，那么云南中缅边境某要塞重镇上，被毒枭当做贩毒工具惨遭残害的残疾儿木岩的命运则要恐怖得多。

木岩出生时好端端的，三岁那年突然得了一场病，从此他的两只小腿便不能像正常的小孩子一样站立，可他的上身却一点儿不见毛病，长得与其他小孩没有两样。但只因为他的双腿无法走动，他到了上学的年龄却只能待在家里帮助大人做些简单的家务活。在外面做些小生意的父亲又没多少能耐，赚少亏多，因此常常拿小木岩出气，每回老子一动手打儿子，小木岩都疼得满地打滚。

“你这个废物，养你有什么用？”父亲每次吼的时候总这样骂。

小木岩的幼小心灵里只有屈辱和伤心的眼泪。

“咋没有用嘛，是人是物就有用，就得看你怎么个用法。”那天父亲又在朝小木岩发怒时，一位专做毒品生意的昆明人对小木岩的父亲说。

“老杨啊，你是做大生意的，瞧我上辈子造的什么孽嘛！生意生意做不好，养个仔还是瘸腿的孽种，唉，这辈子……”小木岩的父亲最怕在有面子的人面前露他家的短。

“哈哈哈，你要是信得过我，把木岩交给我，保证他不仅不是闲人，还能让你这个老子吃香的喝辣的。”

“他？他能做啥？”

“这你就不用管。”姓杨的在小木岩的父亲面前拍着胸脯对天发誓，“只要你把孩子交给我，我每月至少给你500元，怎么样？或者我们一杆到底：我出1万元，领走小木岩。如何？”

1万元？!

对，1万元。过今天这话就作废，怎么样？

成交。小木岩的父亲就像接了天上掉下的馅饼，他做梦都想把家里的这个包袱扔出去，只是碍于不能背个杀子罪名才没敢动手。

那时小木岩 11 岁，虽然他没有上过学，但脑子不笨，甚至可以说比一般孩子更机灵。

姓杨的把小木岩领走后，开始还算不错，有吃有喝的，只是不把他当人待。

“你跟‘阿甘’睡，负责它的一切。你们俩要混熟悉，以后有事会让你做的。”姓杨的牵过一头狼狗，对小木岩说。

小木岩起初见比自己高出半个头的这只一身黄毛的大狗，吓得浑身哆嗦。日久天长，他还真跟“阿甘”情如兄弟——他早已失去人间的兄弟情分，只有这头狼狗成了他的伙伴。姓杨的表面上是做珠宝生意的，实际上专门在中缅边境贩毒。小木岩不知道姓杨的用他做什么，他还以为仅仅是让他养狗和看狗的。等到 3 个多月后，他与“阿甘”已经混得相当熟时，一天，姓杨的让小木岩支着拐棍，慢慢带着“阿甘”到边境去“取货”。

黑道上的事小木岩哪会知道？当他 10 厘米 10 厘米艰难地挪动在小镇街头时，人们谁也没有正眼看过这个可怜的残疾儿。这一天姓杨的交给小木岩的任务非常简单，让他接一接从缅甸那边来的一位生意人，告诉他一声姓杨的“不在家”，有什么话可以托小木岩带回来。

小木岩觉得这是第一次给主人干活，一定要把事情办好，不然也有点对不起主人。他和“阿甘”就这么着在桥墩那儿装着玩耍了一个上午，快到中饭时，突然有个戴着竹斗笠的人走过来问小木岩你是不是杨某某家里的人？小木岩说是，你有什么话我可以带给我“大叔”——杨让小木岩这么称呼他。

“没事，他不在家就算了。”那戴竹斗笠的人一边装着很不在意，一边眼睛不停地朝桥墩那边的边防武警瞄。就在小木岩不经意间，那人装着蹲下身子逗“阿甘”，突然悄悄将一包铅笔盒那么大的东西塞给小木岩：“快收起来，交给你大叔！”

小木岩先是一愣，见那人朝他使劲瞪眼，便赶忙将小包塞进怀里。

这一接一收在几秒钟之内就完成了。

“你今天把事情办得很好，我都看到了。”回去后，“杨大叔”朝小木岩和“阿甘”扔过几块肉骨头，又把眼皮翻了翻：“其实我就在你们身后几十米的地方，哼哼！”

姓杨的扬扬得意。

小木岩自己从小在这块毒品蔓延的土地上长大，他知道“杨大叔”其实是在利用他和“阿甘”为他贩毒服务。

“大叔，干这种事很危险的，要是被逮住会被砍头的……我害怕。”有一天，小木岩轻轻地对“大叔”说。

“你有什么害怕的？”“杨大叔”眯着两只小眼睛，“你要学学‘阿甘’，有一次我让它在武警的枪口下把一包‘货’抢回来，它连个盹都没打一下。”

“可它是狗……”

小木岩刚想分辩，“杨大叔”的巴掌却已落到了他的脸上。“哎哟——”小木岩不知道姓杨的使了什么招，那巴掌打得他脸上火辣辣的疼痛，而这种疼痛以后一直十分恐惧地烙在小木岩的心坎。

“你以为你是人哪？可谁把你当人看待？老实告诉你：你连条狗都不如！不信你自己上街体味体味，‘阿甘’还有人给它扔根骨头丢个剩包子吃。你？除了我给你扔根骨头吃吃外，谁会那么做？没人！别自作多情，什么怕不怕的，想有根骨头吃，你就得听我的，再说，我每一个月付给你老爸的钱足够喂几条‘阿甘’的，你以为那是白扔的？哼，安分点吧，像‘阿甘’那么听话，什么事都不要问，我怎么吆喝你就怎么做，要不你就得像扔在大街上的那些癞皮狗一样，死了发臭也不会有人捡……”

“杨大叔”这么一顿臭骂，把小木岩都给说糊涂了：我真的连条狗都不如？

有一天“杨大叔”出去办事，只有小木岩和“阿甘”留在家里，为了证明一下自己与狗到底谁在人们心目中的地位高，小木岩牵着“阿甘”来到街头，他看到一家餐馆，便想往里走——姓杨的主子经常自己一出去就不管小木岩和“阿甘”了，所以小木岩和“阿甘”一见油腻飘香的餐馆就有些收不住脚步。

“阿甘”闻到食香，低着头，走得特快，一溜烟就进了餐馆，随后便在几张桌子底下穿梭着啃起骨头来，那劲儿很显得意。小木岩没有“阿甘”那么利索，特别是跨越那个餐馆的门槛简直就像登一座山那么费劲。好不容易他连滚带爬地越过门槛，只觉身子突然被吊至半空、

“放下！你放下！我喘不过气了，快放下我——”小木岩的脸都发紫了。

“好啊，我看你这个小断脚还敢来捣乱，进去！”膀大腰圆的餐馆老板像拎小鸡似的把小木岩使劲往门口那只装垃圾的废柴油桶内一放，哈哈哈地狂笑着转身只管忙他的活计去了。

“救命！救命——”小木岩的下肢残疾，整个身子高度不足80厘米，举起双手仍够不到油桶的边缘，所以只能在里边叫喊求助。

“哈哈哈……你们听那小叫花子在喊娘了，可谁知他是不是娘生出来的？哈哈……”餐馆里传来一阵高过一阵的笑声。

如井底之蛙的小木岩没辙，他知道不会有人来救他，便只得大喊“阿甘”：“我在这儿哪，阿甘，阿甘快来救我——”

“阿甘”一顿饱餐后发觉自己的“伙计”没了，便出了餐馆摇摇尾巴，直起耳朵：嗯，是他在喊呢！

“阿甘”绕着油桶“侦察”了一圈，可觉得无从下手，于是“汪汪汪”地乱叫了一通，好似告诉里面的“伙计”：我无能为力。

“笨阿甘，用身子，用身子推翻这个该死的桶——”小木岩气得在里面直骂。

好吧，用身子试试看吧，“阿甘”真的像得到了命令似的使劲用身子拱那只油桶，但终因油桶分量很重而不见成效。

“混蛋，再来再来！”小木岩声嘶力竭地继续喊着，同时他也在想：等外面的“阿甘”用身子拱那桶时，他赶紧把自己的重心挪到相反位置……

“哐当！哗啦——”油桶开始倾斜，脏水和垃圾连同小木岩一起倾泻出来。

“汪，汪汪！”“阿甘”瞅着“伙计”如此狼狈，得意地昂首欢叫着。

小木岩则一边擦着脸上的污秽，一边拍拍“饭饱酒足”的伙伴“阿甘”，不得不痛苦地承认一个事实：我还真不如狗呢！

当人一旦失去自尊时，就会变得连牲畜和野兽都不如。小木岩不知自己从什么时候开始对人的尊严这一概念渐渐彻底地淡漠了，或者他自知这些东西只是别人才有的奢侈。

“杨大叔”的事情越做越大，也越做越令小木岩心惊肉跳，因为边防武警和公安人员对走私毒品的防范一直处在“魔高一尺，道高一丈”的情势下，而“杨大叔”的“秘密交易”几乎都是靠着小木岩和“阿甘”这条狗组成的通道。边关小镇这两年随着开辟“一周缅甸游”后，来来往往的人特别多，而边贸商务活动也愈加频繁。狡猾的走私毒贩“杨大叔”也正是看准了警察的目光只盯着这来来往往的明面，便频频通过小木岩和“阿甘”不惹眼的行动屡屡得手。

又是一次交换接头地点。“杨大叔”从内线处获悉“那边”将派人送来具体的联络内容，小木岩和“阿甘”再次被派出去当做毒品交易的“联络活动邮箱”——黑道上这么称呼他和那条狗。事先说好的不管等多少时间，必须见“邮件”后才能撤离。小木岩从早晨6点开始带着“阿甘”就在边关的桥头装聋卖傻，一直到了天黑月出时，仍然没有接到“邮件”，饿了一天的“阿甘”早已忍不住汪汪乱叫。小木岩何尝不是饿得肚子咕咕直叫。但撤回是不可能的，那样“杨大叔”非得把他和“阿甘”吊在树上抽几十鞭不可。小木岩到死都没有搞清他的“杨大叔”使的什么邪招，那红麻藤浸在水里后为什么抽在身上会像刀割一样疼?

“卧底”的味道太难忍，又必须在原定的地方守候，而离桥头太近又容易引起边防武警的注意，小木岩只好不停地装疯卖傻，最后他实在没招了，便有意在一条污水沟旁一拐一扭地支撑着行走，忽地将身子一侧，“扑通”掉进污水之中。出入境的行路人和边关执勤的人员似乎谁也没有把这个残疾可怜儿与贩毒运毒的罪恶联在一起。

“哈哈哈，你们看他现在像不像丧家之犬?”别人拿小木岩取乐嘲笑，而小木岩自己则趁机装疯卖傻，溜之大吉。

“来，庆祝一下。这次你和阿甘表现机智，应该奖赏。接着——”在小镇一家最高档的饭馆，“杨大叔”夹起一块大排骨给小木岩，又夹起另一块给了“阿甘”。

这是小木岩有生以来第一次享受到如此奢侈的美餐，不知是那香喷喷的猪排刺痛了他的眼，还是看到自己与旁边的“阿甘”这条狗一样狼吞虎咽刺痛了他的心，小木岩吃着吃着，眼泪不由得直往下掉，他在心底苦思着一个问题：自己到底是人还是狗呢?

“你这个混蛋东西！废物！你真的就连狗都不如？这么点活你的胆也像蚂蚁一样大?”就在吃完那次美餐的第三天，“杨大叔”又交给小木岩和“阿甘”一项任务：搜寻一个贩毒的交货人抛进那条叫黎水河的一包“货”，将“货”从水中提上来，以便获得下步行动计划。

黎水河不长，却紧连着中缅边境，不少毒贩利用这条河进行“水下交通”——将准备大笔交易的毒品由水中进行神不知鬼不觉地传递。姓杨的交给小木岩的任务就是寻找到先遣毒源，然后再搞大批的“水下交易”。可小木岩并不会游泳，“你会游的话我还不会交给你这个任务呢！知道吗，你越是不会，你掉进水中后岸上看见你的人才越不会注意你呢！”姓杨的不愧是贩毒高手，他要双腿残疾的小木岩表演苦肉计。可小木岩真的害怕了，他知道那黎水河虽然不深，但他一旦掉到河中也许就永远上不来了。无奈，小木岩知道虽然自己刚刚获得了一次吃猪排的“奖赏”，可这回的任务不想干或干不好都会惨遭姓杨的一顿毒打。

小木岩做好了死的准备，临走时他拍拍伙计“阿甘”：假如我上不来时，你千万要来救救我呀！

“汪！汪汪！”“阿甘”同情地伸出舌头在小木岩的脸上舔了舔，表示一定会全力以赴。

按照“杨大叔”的交代，小木岩在第二天便开始在黎水河旁牵着“阿甘”装着玩耍，然后趁人多的时候便朝河塘里一滚，“扑通”一下掉进了河水之中。从没有下过水的小木岩哪知道水里的人是种什么姿态，当河水淹没他头顶的那一瞬间，他的全部下意识动作便是将双手高高地举出水面拼命地挥动。“阿甘！阿甘……”他想向岸边的“伙计”求助，却被扑面而来的河水堵住了嘴巴，开始那水直灌肠子，又从鼻孔冒出——他惊恐地意识到自己的身子在往下沉着，想呼叫求救但声音却根本无法发出……

小木岩知道自己要死了。猛然间他的脚触到了软绵绵的一团东西……他的手下意识地死死抓住那东西，仿佛想从那东西那儿夺回自己的生命，可咕噜噜的水依然不停地灌进他的肠肚，犹如一把尖刀在搅动他的心肝。

死定了，真的。就在小木岩无望地准备抛弃手里那软绵绵的东西时，他的左胳膊突然被什么东西钩住似的轻轻往上一“吊”。

小木岩惊喜地发现自己的眼睛能睁开了：头顶是蓝蓝的天，蓝蓝的天下是朵朵美丽的白云……再侧头一看，原来是“阿甘”的脸正贴着他的脸——“阿甘”用嘴救起了他。

“阿甘……太谢谢你了！”小木岩想对伙计说一声，却一个字都说不出口，他的嘴唇在瑟瑟发抖。

我没有死？不会死了！当小木岩刚刚意识到自己卑微的生命仍然存在时，他浑身一松劲，手中牢牢抓着的那东西便飘然而去。

“汪！汪汪！？”伙计在一旁叫个不停。

“怎么啦？阿甘？”惊魂未定的小木岩抚摸着救他一命的“阿甘”，不解其意地询问有些异常焦躁的伙计。

“汪！汪汪！”“阿甘”仍冲着他不停地叫唤着。

“叫什么你？烦！”小木岩见因为“阿甘”的汪汪乱叫，招致一大群过路人站在岸头看他这个“落汤鸡”。

“汪！汪汪！”

小木岩生气地把惹来异常难堪的“阿甘”往水里一推。不想“阿甘”顺势一个猛子扎进水中，当它重新露出水面时，它的嘴里咬着一样东西——那件小木岩曾经触摸和抓住过的软绵绵的东西。

“快看快看，那狗找到什么宝了？”岸上的人在七嘴八舌地叫嚷和议论。

小木岩一惊，神志顿时也清醒了过来。他半个身子伏在河岸的淤泥上，半个身子浸在水中，不顾一切地用手狠狠拍打了一下“阿甘”的脸。“阿甘”委屈地一下子松开了口中咬着的那只白塑料包。

“起来起来！”这时岸上出现了两位全副武装的边防武警。

坏了，小木岩心头“咯噔”一下。

果不其然，武警战士没费多少劲，就把水中的那只塑料包从河底捞出，再拖到岸头用刀子一戳，白花花的毒品尽露眼底……

“走，到派出所去一趟！”小木岩连同“阿甘”被那两个武警拖到警车上。

“你知道那包东西是谁投的？又是谁派你去取的？”武警威严地审问道。

“我……”我真的什么都不知道呀！我是无意掉进河里的，险些被淹死呢！”小木岩记着“杨大叔”的话，坚决不承认自己与那毒品有关。

“真是这样？”武警用怀疑的目光盯着小木岩。

“真的这样。我对天发誓，刚才要不是它救了我，我……我就喂鱼了。呜呜……”小木岩使出了最有效的一招：他伏在“阿甘”身上号啕大哭起来。

审问他的两位武警对视了一下，然后说：“既然这样，那你就回去吧。”

“哎。”小木岩心头一喜，赶忙拍了拍“阿甘”，用双手支起那他残肢，一拐一拐地出了派出所。

“什么？你把货都暴露给武警了？！”回到家，姓杨的一听小木岩的叙述，抄起一根铁棍就朝小木岩的残肢打去，“你真是连狗都不如！平时说你还不承认！你明白不明白，就你这一失手，造成我断货的损失是多少吗？”

“我也不是有意的，还差点连命丢了。”惊魂未定的小木岩委屈地分辩道。

“你的命？哼，你的命也算命？你是老子从你爹那儿买来的，知道吗？我买一条狗的钱是买你 10 个废物的价钱！你想想你的命值多少？”姓杨的此时完全剥去了平时的那份伪善面目，手臂粗的铁棍再次重重地落在了小木岩两条残疾的下肢……

“啊——救命啊！”在那个狗嚎人喧的边关小镇的夜幕下，小木岩的凄惨尖叫并不为匆匆而过的行人所关注，因为邻居和镇上的人都知道他本来就是一个连亲生父母都不疼的小叫花子。

10多天后，姓杨的在再次贩运毒品时被我边境武警人员逮捕，当执法人员到他家搜查时，发现残疾儿小木岩和那只叫“阿甘”的狗都已经死在了一只不足一米高的铁笼里，法医发现那条死狗的四肢和嘴巴都沾着血迹，估计在死前作过剧烈的挣扎。但他们非常惊讶地发现小木岩没作过什么挣扎，只是惊骇地看到他的那具小尸体连条狗的重量都不如……

据云南、广西、广东和福建等边境和沿海一带的公安部门查证，在过去的几年里，贩毒团伙利用残疾儿童充作毒品和走私的作案工具的案件曾先后发现过200多起，有一个毒贩子为了蒙骗公安人员的眼睛，竟然残忍地将自己亲生儿子的仅有的一条好腿锯断，并且趁孩子疼痛得昏死过去的那段时间，以血淋淋的场面出现在公安人员面前，以掩饰自己偷运毒品的目的。另一位父亲，竟然让自己瞎眼的女儿做人质，在公安人员紧急追捕时为了逃命，灭绝人性地将瞎眼的女儿推倒在一辆疾驶而来的汽车面前。他自己逃跑了，17岁的女儿则被飞驶而来的汽车轧得血肉横飞。更有甚者，一位毒贩专门从各地收容了6位残疾少儿，为了让他们帮助自己贩毒，先训练这些可怜的孩子染上毒瘾，然后一步步地用毒品来控制他们，再让他们无偿地为自己贩毒服务，最后使其中的三名孩子死于非命，另三名也因吸毒过度，最后同样过早地离开了人世。而这些孩子大多是被父母遗弃，或者是干脆卖给了毒品贩子。这些残疾儿的苦难人生是难以用语言表述的。

据北京市某妇产科医院的一位医生讲，在她们医院每年接生的5000多名新生婴儿中，约有三四十名婴儿是先天性残疾者，而这些孩子中有相当一部分从他们出生后便惨遭不幸待遇。她说遇过这样的情况：新生儿的年轻父母一旦得知自己的孩子有残疾，不是死不认账就是溜之大吉，留下婴儿让医院无法处置。更有甚者，那些非北京居民的外地产妇生下残疾婴儿后，有的刚出医院门就把孩子扔进了门口的垃圾箱，这可怜的弃婴不是过早离开了人间，就是从此沦为孤儿。对这些孩子来说，他们从出生的那一刻起，便从未有过父母的亲情，等候他们的不是冰冷的死亡，就是漫漫的孤独与凄凉……

那是在前年，我到三峡工地采访时，意外听说了这样一件事：

在离宜昌仅一百多里的某山区，住着一户由5个光棍组成的家。别看这儿离宜昌只百十里路，却很难出入，通常山那边的人出门一趟要走两三天的路，因为这是个交通死角，不通汽车，也不通水路，唯一的路是条崎岖的山道，连马和驴子都感到累的山道，山里面的人因此见不到外面的世界。这个王姓家庭除了老汉外，有4个儿子，大的已经35岁，老二33岁，老三32岁，老四正好30岁。人称“一根老梁扛着四个秃儿”，意思是说老光棍的全部能耐是养了四个儿子。

王家的老太太是前年死的，她一辈子就盼4个儿子中能有人找回个儿媳妇，但临死时她也没有这福分。在她去世后的第二年，在外面打工的老三突然有一天背回一个媳妇，这下把王老头和几个儿子乐坏了，可等老三从肩上把媳妇放下时，他们见这位还算俊秀的媳妇不仅年岁特小，而且一只脚是跛脚……可毕竟女人是真的，因此全家上下好不热闹，连已经七十有余的王老汉见了这位跛脚的小媳妇都直流口水——女人对他们来说简直是稀罕之物。那另外3个光棍则恨不得上前在老三背回来的媳妇身上咬上几口才过瘾哩！

“咋娶回的？”晚上，王老汉在黑洞洞的床头问老三——因为贫穷，全家从老太太死后就没有在晚上点过灯火。

“是我用打工的500元钱从山外的一个老婆子那儿换来的……”老三瓮声瓮气地说。

“这娃爹娘是干啥的？”

“她没有爹妈。”

“没有？”

“没有。”儿子说完补充道，“据说她从小就被父母丢掉了，后来又被宜昌的一家人家领养了，可没多久她又离开了那儿……”

“咋回事？”

“她有疯病。”

王老汉啊了一声，长久没有再往下问。最后他说：“你可得把她给看住了啊！”

“嗯。”儿子保证道。

接下去的新生活就开始了。从王老汉到老大、老二和老四，个个对新来的老三媳妇关照备至。老三心里甜滋滋的，因为由于他的“功劳”和能耐，使得他们王家不仅有了生机，而且也有了不绝种的可能。这样甜美和喜庆的日子并不多长，约有4个月吧。

突然有一天傍晚，老三的媳妇叫肚子疼，疼得滚着叫唤，而且她的肚子也跟着大大地隆起。这是怎么回事？几个儿子谁也不懂这是怎么搞的嘛？长血吸虫病了？不像，她没那么瘦。是中了毒？可她胃口还好。

王老汉过来一瞧，然后扯了扯老三的衣襟，问：“你跟她认识多长时间了？”。

老三不解：“不就是我将她背回家这4个来月嘛。”

王老汉不吱声了，背着手跑到儿媳妇的床头转悠了一下，便闷着头蹲在墙角“吧嗒吧嗒”一个劲儿地抽旱烟。

“爹，你倒是看咋办呀？她、她快不行了呀！”先是老三过来催问，继而是老四老二过来。最后连老大都坐不住了，说：“爹，你再不想法我们几个可动手把老三媳妇抬下山去了。赶早到乡医院也要五六个小时哩！”

王老汉白了几眼站在跟前的傻儿子们，然后把旱烟嘴往地上一搁，用脚狠狠地踩了踩，恶声道：“傻喔！傻到底了喔……”

老三和兄弟几个不明白老爹的话，仍然你看我我看你的不知所措。

“抬下山呗，还愣着干啥？”王老汉终于发话了。

儿子们这才慌手慌脚地忙碌起来。一床破被子，4 个穷兄弟，把残腿的老三媳妇裹着扛起直往山下奔……

第二天清晨 5 点，4 兄弟像从泥沟里钻出来的 4 只野猪出现在乡医院。

不出两小时，医生告诉老三：喜事，你家女人给你生了个大胖儿子！

哈哈哈，我们家生小的了！老三，你有福啊！王家的几个老光棍一听，一个比一个傻地冲着老三打趣。

啥？她生娃儿了？老三一听发蒙：才结婚 4 个来月，她怎么就给我生出儿子来了？老三觉得事情蹊跷，便问医生：是早产？

不是，满当当的十月怀胎儿！医生说。

老三这下彻底傻眼了：怎么可能嘛！

怎么不可能？当晚，王家 4 个傻儿子回到家，把弄不懂的问题交给了老爹回答。王老汉抽着烟，头一斜，连瞪了几眼老三，瓮声瓮气地说：又不是猪，4 个月就生崽了！

“她娘的，老子把她宰了！”老三气得胸脯都要爆炸了，起身就往山下走。

“你给我回来！”王老汉这回真火了，“你个东西，你以为你值几个钱？想想，人家有啥大错？给你白生个胖小子，这是我们王家的厚福！厚福你知道吗？咱王家不绝孙了，你们的妈都会在九泉之下笑了……还愣着干啥？把家里的那只母鸡宰了给她送去！”

“我不去！要送你自个儿去……”老三的嘴上还那么硬，不过语调却变了许多。

第二天，全家唯一的那只老母鸡没有被宰掉——这是王家全部的“可用资产”，4 兄弟谁也没下手。

“唉——傻喔！”王老汉实在气过头了，最后还是亲手宰了那只母鸡。

第 3 天，他带着老四赶到乡医院。医生一见他们则急促地问：产妇是不是回家去了？

“没有，没有啊！”王老汉给搞糊涂了，“她明明住在你们这儿，怎么会回家呢？再说她是个跛脚呀！五六十里山路她能走得动嘛！”

“可不是，照理说也不会呀……”医生们面面相觑，谁也道不出个所以然。

王老汉的老三媳妇就这么着丢了，而且是连同一个出生仅 3 天的婴儿一起“丢失”了，这对医院和王老汉家来说是个无法解释的谜。

山弯弯里的王老汉家又恢复了往日的死气沉沉，只是多了老三那叹不完的气……他真的想媳妇，有时想得好苦好苦。

“哥，有信儿了：有人见嫂就在我们山那边的一个村上……”一日，从外面收破烂回来的老四兴冲冲地给老三和全家人带来一个振奋人心的消息。

“没搞错？是我们家老三的媳妇？”王老汉似乎比儿子们更激动，生怕傻儿子弄错了，一个劲儿地追问道：“她的腿跛的，你瞅见的女人跛不跛？”

"爸，我能错吗？她是跛腿。"

"还带着孩子没有？"

"带着，跟我们在医院见的那个小胖墩一模一样……"老四一边冲老三比画一边傻乐起来，"哥，我见你儿子了！"

"臭嘴！那不是我儿！"老三"呸"地朝老四吐了口痰。但谁都能看得出，老三嘴上很硬，心里却甜滋滋地向兄弟打听个没完。

"老四，你说说清楚：女人现在是带着孩子独住着，还是……"王老汉制止吵吵嚷嚷的儿子们，声色俱厉地继续追问。

"不是不是的，她、她已经跟别的男人了……"

"啥？你说啥？！"老三的话没完，拳头却已经落到了老四头上。

"哎哟哟……是跟别的男人了，那儿的人都是这么说的，她自己也对我这么说的呀！"看来老四没说傻话。

"她娘的她敢？！"老三双脚连跺了好几下，直到最后两眼泪汪汪。

接下去是5条老光棍长久的沉默。除了王老汉"吧嗒吧嗒"地抽旱烟声和老三喘粗气声外，这个山弯弯里的人家像断了人烟似的死气沉沉。

"明儿过山去把娃儿要回来，说啥那孩子是生在我们家的……"王老汉临进屋睡前发出一道垂死挣扎般的命令。

过一日，这个有着5条光棍的生活贫困之家，举家出动，翻越了3道山峦，走过了5道沟谷，终于找到了曾经当了他们家4个月媳妇的跛脚女人。

但人家不放人，更不准带走已经一岁的孩子。

"瞧，我们是合法夫妻。"人家拿出结婚证书，上面盖着大红印章和一男一女的照片——那女人当然就是先前王老汉家老三从山外背回来的女人。

老三要跟人家拼命，却被王老汉拦住 ："要傻能成事？"说完，他带着老三上了当地乡政府。可从乡政府出来时，王老汉彻底地绝望了，他仰天长叹一声 ：老天要绝我王家呀！便一下断了气……

老父亲死后，老三便没日没夜地往后山的那女人落户的那个村上跑，但半年后当他再来要回"媳妇"和"儿子"时，成为那女人正式丈夫的男人比他还沮丧地告诉他说 ：女人又疯了，带着儿子已经 3 个月没回家了。

我听当地的干部说，这个疯女人其实是最可怜的人儿，在她出生不到一岁时，就因为是跛腿，被狠心的父母丢在宜昌码头上，后来被人东买西卖，十三四岁时便成为既残又疯的流浪儿。王老汉的老三将她背回山弯弯的家时已经是这个可怜的残疾女孩第 5 次被人领养了。本来一个五保户领她回家准备好好过的，可女孩命苦，她的最后一位"父亲"也因病去世。住在山弯弯里的王老三就是在这当儿出了 500 元，从那五保户的亲戚手中将她"买"下来的。

当地人在谈论山弯弯里的那个光棍之家时都说这一家可怜和倒霉，其实我知道真正可怜和倒霉的是那连自己都不知自己是谁的跛腿疯女人，因为就在她成为孩子的母亲时，她自己也还是个未成年人……

我不知道现在这个未成年的疯女人（应该说她是个疯女孩更准确些）的命运究竟如何？但我知道像她这样的弱者常常被人漠视。这样的孩子从出生到这个世上后，就没有过过一天人间温暖的日子，甚至连起码的人的尊严都从来没有过。他们或者被当做那些健全人的工具，或者被当做劣等商品而被任意买卖，并且每一次交易的背后都是极其残忍和残暴的，使这样的弱者一点点地丧失了人的本性，沦落到猪狗不如的境地。

你也许没有听说过这样的故事，但它却是真实地发生在我们的社会里——

某市的一个普通市民家，爷爷奶奶非常渴望家里能够添个“光耀祖宗”的后代，可偏偏儿子、儿媳妇十月怀胎生下的孩子竟然是个“独眼龙”。从医学上找不出任何解释为什么胎儿会有这样的先天性缺陷，于是有人就在背后嘲讽这户人家干过“缺德事”。

这一家的老爷子本来就是个极要面子的人，这回儿媳妇生出个“独眼龙”让老爷子气坏了。

“你给我扔了这杂种！”他红着眼命令儿子。

可活脱脱的一个小生命怎么可能说扔就扔嘛！从那以后孩子虽然没被扔至荒野，但全家人都把这先天残疾儿当做眼中钉肉中刺，一句话，他们在默认等待一种契机，希望孩子有可能突然“自然死亡”。然而偏偏这小家伙的生命力特强，他不仅活了下来，而且一年比一年健壮。这家人后来通过关系重新弄了个生育指标，又经过B超技术下了几番“功夫”，后来又生了一个男孩。打这健全的男孩出世后，全家人对“独眼龙”的存在更加不能容忍，不断刻意制造些“意外事件”。先是孩子的父亲以带他到关内“玩”为幌子，将他带到北戴河想扔了他，但孩子很机灵，紧跟父亲白玩了一趟。后是老爷子亲自出动，带他上城外的山里“打猎”，想借野外杂草丛林制造“意外”，结果孩子没伤一点儿皮肉，老爷子却扭伤了脚脖子。独眼的残疾儿不死就是全家的一桩心病。有一次这孩子抢吃了弟弟的东西，弟弟哭着喊着找爷爷。老爷子本来就对这让外人耻笑的“孽种”恨得牙齿都发酸，于是一听宝贝心肝小孙子的哭闹，便随手拿起一根木棍朝仅有9岁的大孙子当头劈去……孩子一闪，但却依然没有躲过力如千钧的木棍，而这一棍恰巧落在孩子的那只好眼上，可怜的娃儿仅有的一只眼被打得皮翻肉烂，血流满脸……

“瞎了！瞎了才好呢！”全家人除了那孩子的母亲不敢吭声外，其余的都这么咒道。

多少年的委屈与侮辱，多少事的心酸与心痛，使这个过早懂得人情世故的孩子再也无法忍受稚嫩心灵里的怨恨——他选择了离家出走。

离家的他像只伤残的幼狼，惊恐与惊慌伴着他踏上了南下的一列货车。他只知道没有钱是出不了远门的，而他想永永远远地离开那个丝毫不给他温暖与人的待遇的家。黑夜的幽暗中他偷偷地摸上货车的车厢内，谁知那货车里有押货人。

“谁？！”一声惊天动地的吆喝后，魂飞魄散的他失足坠落在铁轨之上，而他的后脑不偏不倚撞击在铁轨的一只铆钉上，当时血流了一地……

他死于“意外”。家人们得知后佯装几分悲痛地为他举行了一个没有外人参加的葬礼，据说那是个没有人流泪的“喜丧”。

下面我想说的是一起死者的家人集体参与的特殊谋杀案，虽然我们无法从法律上制裁任何一位凶手，但这仍是非常清楚的一宗由死者和受害者亲属们“特别”制造的“特别凶杀案”。

我同样知道这样的“特别凶杀案”不会引起法院注意，也不可能列入卷宗，然而我相信在人类道义的“特别法庭”上，这样的案件必定会记录在案，那些残害弱势群体的凶手们终究也会有一天受到天理和公道的审判！

我们现在需要在道义上给这类特殊案件“立案”，并用起码的道德准绳来惩治凶手。因为，所有的普通人如果不是像我一样深入接触这类饱受苦难的残疾儿特殊群体，谁也不会注意到生活中竟然会存在如上所述的种种恶果。

也许因为听过多的人间悲剧，所以我特别想提醒社会关注一点：那就是，在我们人类的大家庭里，智障者和残疾者可能是一个生下来就注定要接受悲剧命运的群体。某些人在意识和行为上对残疾人有与生俱来的歧视和虐待。

一个生活在南方某大城市的名叫谭小林的残疾儿，曾经跟我谈了很长时间，他的全部生活感受是“生不如死”和“欲死不能”。他患的是小儿麻痹症，走路十分不便，但自他懂事起，经历的最多的事就是走路。他有父亲母亲，还有爷爷奶奶。父亲是工农兵大学生，毕业后留在城里，之后就与小林的母亲结婚成家，生下的第一个孩子就是小林。但就像他父母的婚姻一样残缺——三岁时他的双腿就完全失去了正常人的功能，从此成了家里一个多余的人。父母后来又生下了一个儿子，并且把那份爱几乎全部给予了小林的弟弟。

小林从 4 岁起就被送到乡下的爷爷奶奶身边，这也是他相对喜欢的地方，因为农村不像城里那样，父母天天把他关在屋子里出不了门，而乡下是那么辽阔、那么奔放，想在宅边打滚，想在田野里狂欢都是无拘无束的。但小林的命就是苦，7 岁时，爷爷突然中风，失去了生活能力，奶奶本来就有病，跛腿的小林成了家中的顶梁柱——里里外外走路的事都归了他。这本来是他最忌讳的事，可他爷爷躺在床头，一天不给他打水擦身就会臭气熏天，奶奶有病，小林倘若两天不给弄药回来就会使全家人挨饿、受罪。

这样的日子小林从 7 岁一直过到 11 岁。这期间他在上镇医院为爷爷奶奶买药买菜的路上受过多少凌辱、有过多少惊险，他根本数不清。令他刻骨铭心的是一次他被一辆拖拉机撞昏过去，后被人抬到医院，整整三天后才醒过来，而这时他的爷爷已经奄奄一息。小林得知后，拔掉针头就往家里跑。他看到父亲站在爷爷的病榻前，于是多少年的委屈和辛酸像决了堤的水，小林抱住父亲的腿哭了好长好长时间，他希望父亲能带他回城：“我想家，想妈妈和弟弟……”小林一边哭，一边说。父亲抚摸着儿子的头，跟着默默流泪。可临走时，他并没有把小林带回城，也没有说出任何理由，父亲只给了他 500 元钱，说奶奶这儿需要人照顾。

“奶奶是需要人照顾，可谁照顾我呀？”小林声嘶力竭地大声喊着哭着，但载着父亲的公共汽车已经渐渐从他视野中消失了……

空旷而孤独的山村小道上只留下小林那矮小的身影。其实小林不用埋怨父亲，他父亲临别时连看一眼孩子的勇气都没有。因为他不敢告诉儿子实情：临离城时，小林的妈千叮咛万嘱咐丈夫：“说什么也不能让跛腿的儿子回城。他一回来，这个家就霉气！”小林并不知道母亲的话，但他明白城里的那个家永远不会欢迎他这个残疾儿子的出现。他欲哭无泪，也曾想过一死了之，然而当他闪过这一念头时，身后的奶奶在呼唤着他的乳名：“林儿，林儿——”谭小林从一次次恍惚中惊醒，幼小孱弱的生命顿时萌发了一丝对亲人和自己生命的悲悯。小林便这样一次次从死神那儿回到了奶奶身边，直到他用一双跛腿和一颗善良之心为 76 岁的奶奶送终。当爷爷和奶奶相继去世之后，小林盼到了他天天在梦中才能见到的亲人——这回他的父母一同出现在他面前，然而令小林想不到的是父母这一次同样没有将他带回城里的家，而是告诉他准备将他送到河南焦作的一个姨家。

“他们家开了个磨盘加工厂，有车床的活，你的腿不利索，姨说可以给你找份不用腿力的磨片手工活，管吃管住，还有几十元的零花钱。等你成人了，活儿麻利了，按月发工资给你……”母亲说这话时像个惯于恩赐别人的女皇，但在小林的眼里，自己的母亲就像一个巫婆。

“我哪儿都不去！爷爷奶奶在时我陪着他们，现在他们不在了，我陪着他们的坟茔……”小林说完，把爷爷奶奶家那扇吱嘎乱响的木门关得死死的，独自在里屋“呜呜”痛哭起来，那撕心裂肺的恸哭使狠心的母亲都忍不住偷偷抹起眼泪——但她依旧不同意带儿子回城……

当我采访谭小林后回到北京，跟几位朋友谈论起这个残疾儿的沧桑命运时，几位有家有室的人士的回答大大出乎我的意料。他们认为，残疾儿固然可怜和值得关照，但对一个具体的家庭来说，谭小林的父母亲做得并不过分。他们的话令我感到悲哀，我悲哀文明社会里的“文明病”。是的，在今天很多人全身心追求现代文明成果时，他们的道德与伦理观则在渐渐发霉，而对待残疾人的观点与行为，便是这种道德观与伦理观已经渐渐发霉的典型表现。

有一位贵州土家族小伙子，因为从小双腿畸形，20 年前被父亲抛弃，与母亲两人相依为命。后来这个双腿畸形的男孩以坚韧不拔的精神考上了大学。那位在 20 年前抛弃他的父亲突然“良心发现”给儿子写了一封信，希望得到儿子的原谅。然而儿子只给他这个“父亲”写了一句话的回信 :“父亲，我想控告你!”20 年了，这位饱尝了人间苦水的残疾儿子其实有太多辛酸的话要向世人倾诉，但对亲生父亲他只有恨，只有怨，只有以“控告”方能解恨消怨。儿子后来把埋在自己心底的怨恨，通过报纸昭告世人和他的父亲，他对父亲如此说 :

你在信中说，20 年前是你一时“想不开”，还说当时情况“很特殊”! 我知道，父亲，我是一个残疾人，一个给你丢人现眼的儿子。但怎么着我也是你的儿子呀! 这恐怕就是你信中所指的“特殊情况”吧? 正是这该死的“特殊情况”，使你抛弃还在襁褓中的儿子和尚处于悲痛中的妻子，毅然决然地离去，是吗？苦命的娘，为了我这个残疾的儿子，她牺牲了自己一生的幸福，一把屎一把尿地把我拉扯大。拼死拼活地从那贫瘠的土地上刨出些钞票来供我上学。在我的记忆中，娘总是天刚蒙蒙亮就起床，忙完挑水、放牛、喂鸡之后，把睡眼惺忪的我抱起床，给我穿衣洗脸后，再急火火地背上我向学校赶。中午，她还来不及揩干额上的汗水，就匆匆赶到学校去接我。下午娘再背我往学校跑一个来回。一天又一天，一年又一年，直到上初中了，我身体随着年龄的增长终于能自己走着上学了，娘才告别了持续6年背我上学的苦役。父亲，难道这一切，就是因为你“一时想不开”吗？难道你以为我们娘儿俩就应该“想得开”吗？

你说，得知我考上大学“非常高兴”，如我“捐弃前嫌”的话，你将为我提供上大学的全部费用，以此来“重续”我们之间的“父子感情”！父亲，我想说，你想得未免太天真了一点！你那么一把年纪，你应该明白，父子感情这个东西是相濡以沫朝夕相处关怀呵护的结果，绝不会像魔术师手中的麻雀一样随手一挥就奇迹般出现在掌心，更不会因为你打算给我几块钱几千块钱就能在几秒钟之内诞生的。20年来，我只听说你和你那个家庭生活得有滋有味，而我们娘俩则尝尽生活的艰辛，你知道这些吗？由于我不能干活，娘一个人里里外外地忙碌，她还不到花甲头发就已全白了。在我读高三时，我实在不忍心让年过半百的娘去犁田，第一次我不顾娘的叮嘱，蹒跚着自己去扶着那沉重的铁犁干了起来。父亲，你知道犁田不仅要靠力气，还要靠技术，我手忙脚乱地扶着铁铧，老是和拉犁的牛配合不上……在我的折腾下，那老黄牛实在不耐烦了，它狂怒般拖着铧口向前猛蹿了一步。顿时我把持不住仰面倒在泥水中，大腿被锋利的铧尖划开长长的口子，鲜血如注般地涌出。可怜的娘看见后哭着连鞋也没顾上脱就跳进田里，搂住我放声大哭。但我默默地拥着娘走上田坎，虽然腿在钻心的疼，可我还是硬忍着剧痛，笑着安慰娘说这不算什么。经历磨难的我，早已习惯了用顽强用毅力去和命运搏击……苍天不负有心人，1996 年 8 月，怡人的夏风耿回了我 7 月的梦想，我成了我们那个土家族聚居的山寨中第一个大学生。而为了我的学费，娘又到处求爷爷告奶奶地凑齐了那笔来之不易的学费，使我终于踏进了大学门……这叫血浓于水的“感情”啊！父亲，你知道吗？我承认我的确是你的儿子，但我哪怕是用最先进的显微镜也找不出一丝你所说的“父子感情”啊！你还是不要亵渎了“父子感情”这神圣的字眼吧！

最后你说希望我能原谅你的“过失”，并希望能有所“补偿”。你错了，父亲，感情这东西很微妙，绝不是你信中所说的能用金钱或者其他什么东西来“补偿”得了的。能用金钱或者其他的东西来“补偿”的那就不叫感情了！再说，你我素昧平生，“原谅”和“补偿”从何谈起？曾经由于你残忍的抛弃行为，我产生了去法院控告你的念头，这恐怕是对你最好的“补偿”了！只是由于娘坚决地反对我才作罢。她说，每个人都有每个人的活法，只要我们自己好好活着就行了。当然，对你和娘的感情问题，我这个当儿子的无权过问，但你的行为总不能算是很“道德”吧？总之，我们是从未谋面的陌生人，因此根本无所谓“原谅”“补偿”等，你大概可以心安了吧？人生几十年，我们只不过是宇宙间的匆匆过客而已，我只想对你说："再见，陌生人，但愿今生我不会遇到你！"

看过这位署名"天骆子"（天落子）的残疾年轻人给他"父亲"写下的这封信，我们都会在心底发出一声长长的感叹。世上什么最伤人心？莫过于被自己的亲人抛弃！当你有罪于自己的亲人，反过来同样被自己的亲人从道德和良心角度"抛弃"时，这才是真正的可怜之人。相信这位儿子的"父亲"下半辈子不会有太多的好日子过，因为他的内心将永远背负着沉重的枷锁，而这枷锁会直压到他生命的最后一刻。也许这就是人们常说的代价吧。

其实，关于如何看待和养育残疾儿的问题，社会的功能从来就仅仅是间接环节，残疾人的家庭则向来是直接和主要的角色。

然而据我调查考察的结果，人们在认同残疾人是人类共同成员之一的同时，也认为他们对其他肢体健全的多数成员而言，是个不言而喻的负担和累赘。可有谁知道正是由于许多先天性残疾人的存在，我们人类才能一代比一代更健康地成长，纵情享受现代文明。在2001级的中央党校"中青年班"学习期间，听过我国人类基因专家杨焕明教授的课后，我才补上了这重要的一课：即许多残疾人的痛苦正是对我们所有健全人最重要而宝贵的贡献。杨教授是我国参与国际人类基因组计划的中方负责人，他给我们上课时讲的哪些风趣和深入浅出的人类基因知识，受到学员们的极大欢迎。当他讲到人类基因的发展形势、那鼓舞人心的成果和未来时，所有听众无不欢欣鼓舞。当他讲到人类之所以有今天越来越健康和充满活力的生命时，特别指出了患有遗传病基因的人对全人类的特殊贡献。所谓患有遗传病基因的人，他们中其实多数就是先天性的残疾人，比如小儿麻痹症、唇腭裂、先天性痴呆等几十种可以归结为残类与疾类患者，他们之所以有的从一生出来就与正常人不同，或者有的是在成长过程中渐变成残疾者，其原因是他们的遗传基因有问题。据杨教授介绍，现在已知的人类的遗传基因密码共有 3 万～4 万个，而把这些基因密码归类，科学家发现普天下的人实际上仅由 23 对不同的染色体组成了我们的身体和生命的全部秘密。这 23 对“生命密码”中，代表男女的 X 与 Y 染色体细胞的不同组合，便产生了不同的男女性别。在人类无数次 X 与 Y 的组合中，必然会出现个别不良的基因，也正是这些个别不良基因的存在才更有效地保证了其他多数基因不断健康和茁壮地繁衍下来。

从人类生命的这个根本意义上看，患有先天性遗传病的残疾人，他们正是以自己的不幸和痛苦换得了我们绝大多数人健康生存的最基本的基因条件。杨教授一再提醒社会，要尊重和理解这些为人类共同健康和幸福承担了特殊责任的弱势人群，而这种尊重和理解的本身其实就是在更好地关怀和爱护我们所有健全人自己。瞧，这就是我们为什么不能歧视残疾患者的根本原因！先天性残疾人以自己不可摆脱的终身痛苦和折磨在为我们多数人的幸福生活垒筑基因大厦，因而更应得到尊敬和礼赞；那么那些因后天的疾病和意外的事故才造成残疾的人则无疑更值得我们尊重和爱护，因为他们本来就同我们一样是强健的群体。是灾难，是不可抗拒的自然力量，甚至是我们健康的人强加于他们的罪孽，才使他们的肌体丧失了健全的功能和削弱了生命的质量，那么我们有什么理由歧视和奴役他们？没有！对所有先天的和后天的一切残疾患者，我们健康的人应该保护和帮助他们，使他们与我们一起获得人类应有的一切美好生活和高质量的生命，没有权利再造成他们心灵和肉体上的任何创伤。这是我们人类共同良知所需，也是我们人类为了自身得以继续繁衍生息所需！对那些原本生命就非常幼弱的残疾儿，谁欺辱和虐待他们，就是不折不扣的丧尽天良。然而，看看今天我们这个社会，情况又是怎样呢？！

中国残疾人联合会有一项数据：目前中国有3000多万残疾人，其中少年儿童约1400多万。我所了解到的是，在这部分残疾少年儿童中，有相当一部分缺少或者基本得不到亲情关爱。

他们的命运难道不需要我们关注的吗？

然而，这还不是本文所关注的全部以及最根本的……

第十章　拯救父母，拯救亲情

一个民族的素质，并不仅仅是指我们多出几个诺贝尔奖获得者。一个国家的教育，并不单单指对下一代的教育，在家庭和整个社会里，对身为父母者的教育应当被提到议事日程上来。

虽然我们可以这样自豪地向全世界说：中国的社会主义精神文明建设工程，取得了丰硕的成果。我们也可以自豪地说：中国对弱势群体的关心和帮助以及取得的工作成就是可喜的，并且已经成为我们建设有中国特色社会主义伟大事业的重要组成部分。然而我仍然要提醒国民共同努力去做好一项紧迫的任务——

是的，在我下笔写此作时，我就非常明白一件事，在我一开始思考如何呼吁社会各界关心这些数以千万计苦孩子命运的同时，我更多的是在忧思着为什么在我们建设有中国特色社会主义物质文明和精神文明的进程中会产生如此严重的这一新问题？在这一问题的背后又暴露了什么呢？面对这一问题，我们又该做些什么呢？

坦率而言，我常感到有种说不清的痛楚。固然那些苦命孩子们的命运叫我常常夜不能眠，但我对带给这些孩子苦难命运的家长们的行为更忧虑。因为我在采访和调查中发现：十有八九这些苦孩子的父母，他们对自己孩子当下的处境并不关心，或者根本不甚了解，因而不会倾注任何一份心思。

原因何在？我苦苦寻思，结论只有一个，这些父母和家长心目中缺了系结我们人类赖以生息与繁衍几万年的血缘和亲情。

现在到了该补课——给那些苦孩子的父母及整个社会大众补课的时候了！

谁能回答出什么叫亲情？

你？还是他？

唉，令我遗憾的是在我向20多位遗弃孩子的家长们提出这个问题时，竟然没有一个人能在很短的时间回答得上来。他们在我面前表现出的那种含含糊糊的情景和我所知道的他们孩子惨遭的苦难命运交织在一起，使我的心底油然产生了一种愤怒。在被采访的对象中，最后只有一位在监狱里服刑的女人说：亲情嘛——就像小狗生出来后母狗一直守在它跟前给它弄些吃的，拍拍小狗崽身上的脏东西什么的。

这个女囚说完上面的话后用眼睛长时间地盯着我，想获得肯定或者否定的答案。后来她见我朝她点头笑笑，她高兴了，可随即她又痛哭起来，边哭边自责自己连狗都不如……我知道这个女囚在入狱前因为只管自己在外面“追求丰富的感情”而发展到连自己女儿的生死都不管，最后她的女儿竟然饿死在铁道边上，而她心里期望的那位“白马王子”也离她而去。愤怒中，她用自己的方式报复了这个“没良心”的男人，因此进了监狱。

“你是作家，懂得多。你说我为了他连家和孩子都不要了，还帮他发了财，结果他竟然拍拍屁股跟我‘拜拜’了，扭头就跟另外一个女人走了，连一分钱都没留下。你说他哪有一点儿亲情？”这个女囚的心头永远有个不解的疑问，她希望我给她一个能让她信服的解释。

一个人连自己女儿的死活都可以不闻不问，却因与情夫失败的风流事念念不忘和百思不解对方为何不识“亲情”，真让我大为惊叹呜呼。

在中国，有史以来人们在相处间，最讲究的就是“情义”两个字。后来刑法出现，把情义两字稍作改动，变成了情与理。无论是情义还是情理，讲究的就是人与人之间相处中起码和必须具有的感情与常理。也就是说，如果人与人之间缺少了这种起码的感情与常理，就是无情无义，而无情无义者，其结果必然为无法无天。具有五千年文明史的中国，自古以来，把情义和情理看做是人与人之间相处的基本准则。我们知道，人与人之间有多种感情，恋人之间的感情是火一般的恋情；朋友之间的感情是磐石般的挚情；夫妻之间的感情是你中有我我中有你的温情……然而所有这些感情中还有一种感情是与生俱来的和超越于一切普通人与人之间感情的特殊感情，这就是父与子、母与女、兄妹与姐弟之间的血缘亲情。

在古希腊有一则故事，说的是两个从小被战争分离的双胞胎兄弟在若干年后，相逢在战场。当时他们谁也不认识谁，但就是在生死决斗的那一刻，他们突然都被对方一种说不清的感觉影响了，于是两人不知不觉地放下了手中的武器。当他们再进行语言交流后，发现有种天然的同情同理意识。到了后来他们彼此终于知道了自己的身世，原来两人是一对同胞亲兄弟。也许这一传说可以说明血缘亲情的特殊力量，它可以不随时间和岁月流逝，也不为敌我阵线而分割，它是人类本体中最基本和最原始的一种受着遗传基因影响的“基本情源”，也是人类所有其他感情的出发点与起源点。

父亲可以为了挽救儿子的生命而赴汤蹈火，母亲为了女儿的贞洁宁可遭受凌辱。同样，儿子会为了保护母亲而勇敢献身，女儿能为了拯救垂危的父亲不惜青春年华。而这种在必要时将生留给他人，把死留给自己的人间最崇高伟大的行为，在兄弟姐妹之间比比皆是，这就是我们所说的血缘亲情。

其实，血缘亲情不仅存在于人类，它几乎存在于所有自然界一切有感情本能的动物之中。无论是陆地上行走的猿猴，还是水中游窜的低等鱼蛙，它们都懂得“父子母女情”。

人类如此简单而本能的感情范畴，为什么在今天高度发达的文明社会里，竟然要把亲情问题独立提出并用拯救的字眼来呼吁？特别是当读者随我的笔看完上面的这些章节后，面对一桩桩近似惨无人道的无情无义事件，谁不感到问题的严重性和迫切性？

是的，人类在万象更新、一日千里的变迁中，我们正在扬弃许多旧的和落后的东西，但无论社会发展和进步到什么程度，唯有一样东西是万不能扬弃和丧失的，那就是骨肉亲情，其道理同样非常简单，它是人类生存和发展的本体属性。所谓本体属性，就是说假如没有了这样一种东西，人就不再是我们通常意义上的“人”了。即使是有一天人类允许自己克隆自己，就基因的遗传角度看，“克隆人”其实仍存在血缘关系，也就是说即使人类不再靠母体繁衍而是进入通过基因细胞进行克隆的阶段时，血缘亲情仍将是我们人类最基本和最重要的感情之一。

从这个意义讲，今天仍然靠母体生育而传宗接代的人类社会，更需要维系血缘亲情。一个不讲血缘亲情的民族，无疑会是个失去基本道德准则和无秩序的民族。一个不讲亲情的人，无疑也只能算作是个没有灵魂的躯壳。

在采写这部“另类孩子”教育问题时，我也同时聆听到下面这样的声音：

有一个姑娘曾对我说过这样的话，她说她可以没有爱人，但却不能没有父女、母女和姐妹兄弟之间的那种亲情。如果一旦丧失了那种亲情，她就会窒息而死。

有一位离婚中年男子说，我之所以没有再婚，是因为我没有找到一位能对我身边的孩子献出真爱的女人。如果一个女人不懂得爱我的孩子却在我面前大谈爱我，我觉得那种爱太虚假，太缺乏亲情了，因此我宁可永远只与自己的孩子一起度过残生。

有一位千万富翁说，我是有很多钱财，但我更看重自己的家庭是否和睦，如果我自己的家庭成员之间没有热烈和真诚的那种谁也离不开谁的亲情的话，那么即使我有比尔·盖茨那样多的财富，我也会感到自己穷得像乞丐一样痛苦。

我相信这些人对我说的话都是从心底里发出的声音，因为这种心声是人世间最美好和最动听的。它的力量可以战胜任何武器，它的力量可以帮人渡过任何难关。同样，它的力量可以弥合多少肉体和心灵的创伤，可以拯救多少失去的信念与灵魂。

前年，我在美国访问时，曾经询问过那些物质生活相当富裕的美国人："你们最欣赏中国人的是什么？"他们的回答几乎是一致的："我们最羡慕你们中国人和睦的家庭和父子母女及家庭成员之间的亲情。"时过数年，美国给我留下的印象越来越模糊，但唯有这句话却深深地烙在我心中。当时看到美国人满脸流露着敬佩之意在称赞我们中国人的这一美德时，我感到的是一种神圣和幸福的自豪。

中国人从古就有"修身、齐家、治国、平天下"和"家事国事天下事事事关心"以及"一屋不扫何以扫天下"等名言。"家"在我们中国人的心目中是何等重要！它是中华民族的基石，是一个人成长和栖息的摇篮。它既是人生命的起点，又是生命的终点；既是万里征程出发的陆地，也是远航归来的港口。如果说家是孕育灵魂与精神的温床，那它应该是世界上最柔软和舒坦的温床；如果说家是一条爱河，那它应该是世界上最源远流长和最清纯炽热的爱河；如果说家是人生信念的一座大厦，那它应该是世界上最坚固最壮丽的大厦。

家是诞生人类亲情的发源地，血肉亲情来源于家的温床之中。

一个人诞生于家庭，成长于家庭。后来又寻偶组成了新的家庭，开始新一代的繁衍，如此一代传一代，便联结起了人类的历史，组成了庞大的社会与世界。每一个人都在自己的家里获得母亲的哺育和父亲的保护，也都从兄弟姐妹那里接受爱护与给予。

有一天当他或她再长大成人后又把自己的那份天然的关怀与慈爱给予子女。这就是人的自然属性和本体。然而问题偏偏出在这个环节——有人成长在父母怀抱的时候认为一切从父母那儿获得的都是应该的，当他或她成为一家之长时，却忘却了作为父母的义务和责任。虽然很多人并不是不懂得应该给予自己的孩子什么样的爱和什么样的关怀，但他们常常由于种种原因，渐渐淡化甚至忘却和漠视了自己的责任和义务，把追求自我利益或者避免自身困苦磨难放在一切之上。还有的则滥用和误用家长的权威，以暴力的和非正确的方法强迫子女按其意志行事，使我们今天这个社会出现越来越多的“另类孩子”这一非正常生存状态。

人们不难看出，在上述众多篇幅中罗列的种种“另类孩子”现象，无非是两类家长所致的恶果，一类是他们已经从本质上失去了做父母的资格；一类是他们尚不具备做一个好家长的资格。前者所表现出的种种行为需要整个社会用法律和道德方式去拯救，后者则需要通过传授正确的方法和助其反省校正去拯救。

凡是前一种家长，他们几乎都是以自我为中心和唯利是图者，其实他们自身最需要获得亲情与爱。我采访过一位把自己的亲生女儿扔在荒野，最后为报复离婚的丈夫而举起屠刀的女人。她说她从小就是个孤儿，在养父养母家的 23 年里，有过快乐和幸福，但更多的是受到几位非同胞兄弟姐妹的欺凌。所以在她成人后寻找丈夫时就有了一个强烈的愿望，即要求丈夫必须全心全意地爱她。结婚后她发现丈夫既不能做到全心全意，也不能做到半心半意，甚至后来有了些钱后就干脆对她假心假意，另在外面寻欢作乐。这个女人的心灵和感情受到极大的刺激，渐渐地由爱变成了恨，并且不惜以赌命来“夺回”本该拥有的那份爱。从此她把所有精力和时间全都花在了对付负心的丈夫上，而这时的她什么是母亲的责任，女人应当是什么样儿，全都抛诸脑后。女儿失学了，她不闻不问；女儿被人糟蹋了，她反抽巴掌骂女儿“不长心眼”。最后，她为了给丈夫“难堪”，竟不顾年幼的女儿人生地不熟，独自将女儿扔下去砍杀丈夫。可结果她没能将负心的丈夫砍死，自己却进了牢房，最可悲的是她的女儿从此流落他乡，杳无音信。

这样的女人不算少。通常她们在受到伤害和刺激后，往往感情不能自拔，总在思考和盘算着自己如何如何吃亏，如果不相应地重新得到或者夺回些什么，就终身不能安宁。而这时陷入单向思维的她们，如果能够把注意力转移到子女身上，从自身痛失最宝贵的东西时所承载的悲愤与痛苦中将心比心地回头为自己的子女设想一下，也许原有的一切悲愤与痛苦便会烟消云散。

唯利是图者在今天这个时代为数不少，他们的基本特征是见利眼开，在利益面前可以放弃和忘却除自己之外的整个世界，当然也可以六亲不认。许多散失在社会各个角落的流浪儿，大多是因为他们的父母借以种种理由放弃了正常的抚养权后才落得流离失所、无家可归的悲惨命运。至于那么多残疾少年的不幸，其根源也是这一原因所致。残疾儿童的家长也许为了自己和家庭利益或形象的“唯美”，甘冒为天下人所不齿的罪名，说穿了还是个利益的问题。在这些父母看来，家中有个拖累他们的残疾儿的存在，便会给自己和整个家庭带来沉重负担。在如此利益权衡之下，许多父母便做出了可以称之为罪恶的选择，甩手放弃了抚养孩子的责任，把一个好端端的子女推入火坑，或者是将自己本该承担的义务，转移给了社会。通常在这样的家长身上，丧失的是做人的基本责任感。

事实上，现实生活中还有一种利益驱使下的父母，他们根本不懂和不珍惜作为家长的神圣职责，枉为父母一场，其所作所为，连最基本的人性都没有，甚至连动物惜子的本能都丢得一干二净。虽然这样的父母是少数，但给社会和下一代造成的危害却是巨大的。

前年在西北采访时，我遇到了这样一个恶性事件：

某市的一个高级工程师全家 4 口人，一夜间倒在歹徒的乱刀之中。后来警察侦破了这起恶性案件，犯罪的是个只有 17 岁的少年。令办案人员惊诧的是这个少年凶手之所以走上犯罪道路是有一段极其悲惨的社会原因。

少年犯的父亲当时还在监狱，这个孩子从父亲入狱起就失去了家庭，到处流浪。后来有人收养了他，但由于养母与养父不和，不到三年又将他遗弃。他靠在车站帮助别人站队买票维持生活。那是有了上顿没下顿的日子，坏人就看上了他，教唆他偷东西，稍长大些后又拉他加入黑社会，给这孩子的任务是望风。开始参与杀人时他特别害怕，渐渐地见多了，也就变得凶残起来。杀害高级工程师全家的这一事件中他扮演的角色是主犯。这伙 4 个黑帮分子中他年纪最小，撬门入室时他人小进出容易，黑帮头目令他第一个冲进去。开始一进屋惊醒的第一个人是高工的女儿，他毫不犹豫地用刀将同年龄的女孩捅倒在地。另一个屋的高工夫人听到有动静便过来，这个少年急红了眼，上前又朝女主人连捅 3 刀。这时，高工和 20 岁的儿子全惊醒了，并且奋起反抗。杀红了眼的少年在另两位黑帮分子的协助下，又将高工父子残忍地杀害了。

侦破案件的公安人员还是第一次碰上这么残忍的少年。后来一调查，他父亲也是杀人犯。特别让办案人感叹的是他父亲从小也是失去家庭抚爱的“另类子女”。这孩子父亲的父亲是个惯偷，他进了监狱后把儿子一个人留在社会上无人照看，最后也学坏了，最后父子俩进的是同一所监狱。像如此“子承父业”、祖孙三代沦为罪犯的并非只有一例。可见对这些失去家庭和亲情的孩子们的教育与管理工作之重要和迫切。

现在有相当多的成年人在思考和处理问题时，有时想得特别简单，比如那些离婚的父母，他们在做出分手决定的时候，常常不能优先把安置好孩子的问题放在首位，一心只想着自己如何“早点解脱枷锁”。等一旦离婚后，有的虽然带着孩子，却由于受到离婚的打击等影响，将自己的情绪带进了孩子的生活圈中，甚至把自己离婚后出现的烦躁与苦恼归罪于孩子头上，动不动就发怒打骂孩子；或者再也提不起精神，对家庭和周围的一切表示漠然。他们的孩子生活在这种亲人身边，慢慢地会厌恶自己的父母，那颗受伤的稚嫩之心寻求不到温暖的呵护，便十分容易出现畸形发展，直至被社会上的坏人和坏风气所利用、所沾染，导致最后陷入火坑，葬送一生。

任何一种事物的发展，都有其因果关系，当我们解读这些陷入生存困境甚至在人生刚刚起步时就迈入深渊的孩子时，谁都会与孩子一起痛恨那些不负责任的父母。对这样的父母，只能说一句话：你们枉为父母的神圣称呼。

凡是后一种家长则可能完全与上述的情况相反。他们爱自己的子女，却不懂得怎样去爱。这些父母犯的错误是没有摆正自己做父母的位置，以为自己生育的子女就是自己的私产，可以任意摆布和强制他们做什么或者不允许他们做什么。他们常常一方面对子女的严厉管教过了头，另一方面对自己的秉性和行为从不检点，最后当看到子女们并没有按照他们规定和希望的方向去实现某一目标，或者出现背道而驰的结果时，他们失望和愤怒，开始不停地埋怨子女不懂得父母心思。如果这时的子女再不听他们的话，这些为父为母者便再也无法容忍，不是表现出过分的冲动，就是以不适当的惩罚来对待亲生骨肉。暴力和辱骂，报复和歧视，冷落和遗弃……种种手段全都用上，使本来和谐的父母与子女的关系和爱意浓浓的骨肉亲情，出现令人触目惊心的裂痕。而这时本来应当重新反省和调整自己的家长却又以傲慢自居，摆出一副长辈的架势，采取更加不当的方法，最后导致子女离家出走，或出现奋起反抗的绝情绝义结果。

显而易见，这样的家长在我们的现实中为数不少，他们需要重新补上一堂“怎么做父母”的课程。

说到这儿，有的家长会诉苦说，把他列为那些不讲情不讲义和没有亲情意识的家长是冤枉的，他会列举一百条例子说明他有多爱自己的子女。然而就是这样“抱在怀里怕热着，放在地上怕跌着”的爱护，可儿女们依然“不听话”，最后才使大人“怒不可遏”。这样的家长心头也有一肚子的怨气。但我想说的是无论你的孩子有多么的“不听话”，责任恐怕还在做父母的身上。我曾经遇到过几位身为教育工作者的家长，他们在外面是非常受人尊敬的教师，有的还是模范教师，但在教育自己的孩子时，却搞得一团乱麻。问题出在何处？据我考察得出结论：这些家长的主要毛病出在，他们在学校和外面能非常到位地按照教育的科学方法去育人，并且做得细致入微，但在家里对待自己的子女时，则极其地简单、强制，甚至异常的粗暴。

君不知，小小家庭关系其实比社会关系更复杂，因此处理它时情况也会变得异常错综复杂。我们知道，朋友之间的关系是以志趣相投为纽带的；单位的同事关系则是以共同的工作为纽带的；生意场上的合作关系则更加明显地是以共同的利益为纽带的；左邻右舍的关系通常是以公共居住的环境为纽带的。家庭是以什么为纽带呢？很清楚，是以血缘和婚姻关系来维系的。这种关系和纽带是人类最原始和最牢固的关系，任何友情、同事情、合作情都是无法与之相比的。而我们所有走向社会的人都知道，任何一种和朋友和同事包括和生意及职业上的合作者之间的关系，它都需要精心地培养和浇灌后，才能保持长久的友谊与交情。家庭成员之间的关系，看起来似乎比处理与外面的朋友或者合作者更简单，也不用装模作样，因此许多家长一回到家里就根本不考虑必须的和基本的方式方法，在对待和处理自己的子女关系时，想怎么做就怎么做，完全不注意方式方法，更不用谈如何注意发展亲情、培育亲情、保护亲情，相反有不少家长把特有的血缘亲情当做了一种可以为所欲为的基础，任意地发家长淫威，最后导致子女与父母离心离德，甚至互视为敌人，将骨肉亲情化为乌有。这是一个多么可怕的家庭误区！

由此可见，对待上面这一类型的家长，我们需要使他们重新认识亲情，重新理解亲情，只有这样才能在真正拯救他们之后再帮助他们拯救他们所失去的孩子以及完整的家庭。

呼唤拯救亲情不仅仅是父母与儿女之间的事，亲情就家庭成员而言，还有兄弟姐妹之间、爷爷奶奶与孙儿孙女之间的相互关系，这些同为亲情的范畴。而这一层面近年来发生的问题也异常多，兄弟姐妹之间大打出手，毫无情面，为了一点利益、一起矛盾、一份家产，可以拼个你死我活的现象，不胜枚举。

还是先随我的叙述看看下面这些人物的命运吧：

那是去年 11 月的一个早晨，广东南海市西岸镇的两名联防队员像往常一样在镇附近的大槎村后山巡视，他们走着走着，发现前面的一处树林里有片泥土很特别，像是被人翻动过，于是这两位联防队员随便用脚踢动了一下那片松动的泥土，结果令他们震惊，那松动的土里竟然露出一个小脑袋，继而又见一个小脑袋……两个联防队员吓得魂飞魄散，他们一想这两天大槎村的刘某家说是丢了两个孩子，于是就赶紧边跑边喊村上的人来辨认，村上的人听后跑到山上一辨认，这不正是刘某家的 5 岁老二和 2 岁老三姐弟俩嘛！

瞬间，刘某家的一对小姐弟被人残害的噩耗传遍了附近村庄。刘某夫妇赶到现场看着自己的亲生骨肉在不足 1 米深的小土坑里被残害致死的惨景，悲痛欲绝。刘某共有 3 个孩子，除了被害的两个外，还有一个女儿，已经有 20 岁了。一直希望有个儿子的刘某在 50 岁时才得了个儿子，所以夫妇俩对最小的儿子视为掌上明珠，因为这个小儿子来之不易。仅凭夫妇俩在生下大女儿 18 年后，终于历经“不懈努力”后如愿得到一个儿子便可知他们的苦心。出事的前两天，刘某夫妇在晚上 6 点多钟收工回家时却不见像往日一样在门口等候他们的小女儿和儿子，便左邻右舍问了个遍，都说没见他们家的小姐弟俩，当夜他们找遍了村里村外，却仍不见孩子，于是连忙向派出所报案，但事过几天，仍然没有孩子们的音讯。要不是联防队员无意间发现，刘家还仍然以为孩子可能是被外地什么人贩子骗走了呢！

刘家的小姐弟死得好惨，那活埋他们的土坑仅过 2 岁小弟的头部，警察发现在土坑的松土里有明显的小孩挣扎痕迹，可怜 2 岁的他力小气短，最后被薄薄的松土窒息而死。

这么残忍的事是谁干的？公安人员迅速展开了侦察，很快发现刘家的大女儿在自己的妹妹和弟弟出事后神情异常，东躲西藏形迹可疑。于是公安部门对其采取了隔离审讯，经过并不复杂的几番旁敲侧击，这位刘家的老大开始惊慌起来，最终交代了她残害亲弟妹的犯罪过程：刘家的这位大女儿有个男朋友，她偶尔听男友说她家村上正在兴建公寓。

“你家即使分了公寓也没有你的份呀，那是你父母的。”男友对她说。

“父母死了不就是我的了吗?!”她回答道。

“那不一定，你还有妹妹弟弟，尤其是你爸妈对你弟弟那么宠爱，以后家里的什么好东西还不都传给他嘛!”

刘家的大女儿听后像心里被打了一闷棍，她左思右想，想出了一个自己认为是“绝妙”的计划：一日，20岁的她，把根本不懂事的5岁妹妹和2岁弟弟领到后村的山上，说是带他们玩，小妹小弟哪知大姐心存歹毒，他们一路还蹦蹦跳跳地嚷着姐姐好姐姐好的，谁知他们走到一个土坑前还没有明白怎么回事时，紧随在他们后面的姐姐竟然举起一根大树干，“哐哐”几下就抡在他们脑袋上……之后这对不省人事的小姐弟就被他们的亲姐姐用土活活地埋在小坑里。

刘某的大女儿在监狱里反省时还咬着牙说道：“我想我……不把他们弄死，我就得不到父母传下的任何东西，所以其他的我就不去想了……”

刘家的悲剧始于这位20岁的大姑娘身上，而作为20岁的姐姐，本该对两个比自己小得多的弟弟妹妹产生同胞亲情，然而她不仅丝毫没有，反而做出了灭绝人性的恶行。也许正因为她比弟弟妹妹年岁大得多才懂了什么叫利益，才最终连基本的同胞之情都不顾了。

这种灭绝亲情和人性的罪孽并非仅此一例。

也是一位刘姓家庭的孩子，兄弟3人，大的15岁，小的两个13岁和7岁。老刘是某矿务局的职工，这几年矿上效益都不行，老刘全家生活十分拮据。有一天他在家里说，照这么个日子，以后3个娃中最多也只能有一个人去上大学。父亲说着看了看正在念初中的老大，然后长叹一声，说：“就要看谁在学校的成绩好了……”

老二和老三还小，都在念小学，他们并不把父亲的话记在心头，该玩该喝的照常。唯独老大这一夜没有踏踏实实睡好，他在床上滚来滚去一夜没合眼，他在琢磨着：爹说的话明摆着是让学习成绩好的弟弟们以后上大学，而我老大看来没戏了，因为平时我成绩不如他们。咱家的爹大小也是个矿业大学的专科毕业生，可现在连饭碗都保不住了，要是我将来上不了大学，还不知咋样？

老大越想越觉得活得窝囊，不如干脆……他想到了一个主意——一个可以实现他愿望的主意。

第二天放学回家后，老大把两个弟弟叫到离家不远的山上，骗他们说玩，结果“玩”了上面那个刘家大姐姐同样把戏，只是刘家的老大是先用木棍把两个弟弟打死后再挖坑把他们俩埋掉了。

案情发生后，这位老大被公安局逮捕时还未成年，问他为什么这么做，他回答得非常简单：我不把他们杀了，我就上不了大学。

又问：那可都是你的亲弟弟呀！

他说：现在是亲弟弟，可如果因为他们今后我不能上大学，这亲弟弟不就成了害我一辈子的仇人吗？

别人又问：你现在把他们杀害了，你不也成了他们的仇人了？

他很平静地说：所以还提啥亲不亲……

说这样话的，显然不能说这位15岁的少年一点不成熟。从他的思维里，我们看出在当今社会里，人与人之间由于某种利益驱动和支配，存在着的严重的亲情危机。

在我写这部作品时，正好碰上在深圳工作的一位朋友，他给我讲的一个故事更令人深思——

有一对兄弟来自湖南某市，兄弟俩从小因为父亲早逝而饱受生活的艰辛，当他们给常年有病的母亲送终后，带着仅有的5000元钱一起南下到了深圳。5000元够什么用？哥哥对弟弟说：你看看这深圳，到处都是有钱人，我们兄弟俩要想发财，就必须敢于冒大险。

弟弟问：怎么个冒险法？

哥哥说：你看人家现在不是都在玩股票嘛，干脆我们把这钱拿去买点股票，说不准过几天我们的钱便能滚几倍。

弟弟一听急了，说：哥，咱们还是踏踏实实找份工作算了，那样也许还能有口饭吃，玩股票玩砸了可怎么对得起妈呀？ 5000元钱是妈舍不得治病才剩下的……弟弟说得眼泪直往下掉。

哥也跟着掉泪。他们的母亲在重病时知道为自己治病而害得两个有孝心的儿子不仅没找对象，而且连仅有的那么点家底也给折腾光了。本来她最后一次若是动手术，兴许还能多活一阵，但她知道一次手术又得花费几千元钱，于是乘人不备自己投河自尽了。当兄弟俩在邻居的帮助下把僵硬的母亲从河底拖出，抬回家里的那张硬板床上时，发现了母亲在铺底下留给他们的这 5000元钱。

这样的钱自然提起来就叫人心酸。

哥儿俩就这样各自找到了一个工作的机会，但哥哥看着人家玩股票一夜之间发了大财，便依然惦念着发大财。于是有一天他托人偷偷买了 3000 元股票（留下 2000 元是兄弟俩的生活费），结果不出 10 天人家就告诉他赚回了一倍的钱。当哥的一想干脆把本钱带赚回的那几千元又全都买了新股。又是一个月过去，他这6000 元买的那只“深发展”股，在市场上连翻了几番，6000 元像变戏法似的成了 6 万元。

哥哥高兴得一个人躲在厕所里直掉眼泪——他不敢让别人知道，更怕让弟弟知道。

老实巴交的弟弟还在一家私营企业那儿打工。

哥哥的那颗躁动的心此时已经无法平静，他对弟弟说他不想再打工了，准备自己做点“小买卖”。

弟弟一听就着急了，说你无论如何不能去冒风险。

哥哥说在深圳这儿你不冒风险就永远是个穷光蛋，永远发不了财。

弟弟说，咱们是本分人家的苦孩子出身，干啥一定要发大财？能有口饭吃就可以了。

哥哥不同意弟弟的这种想法，说你这样永远是老土。

老土就老土。弟弟不服气，兄弟俩第一次吵了架。

最后弟弟说：你实在要去做“小买卖”，那我们把妈留下的5000元钱分了，咱们各干各的。

哥哥说行啊。他立刻拿出3000元给了弟弟，说我是哥，应该让你点，你拿3000元，我留2000元——其实他口袋里已经有了5万多元。

弟弟对哥哥的这份心意还很感动。

从此兄弟俩各干各的，弟弟依然打工，哥哥就甩开膀子混迹股市。他把除了生活费以外的钱全部投入买那些新上市的股票，结果他的运气还真好，竟然连连得手。那阵子股市刚兴起，特别是那些原始股的价格简直就像是火箭一样扶摇直上。不出一年，这位哥哥从5万元起家一下子变成了手头拥有70多万元的“大款”，并且在深圳股市小有名气，人称“小黑鱼”。

“小黑鱼”得势后，有不少股民向他取经，他也毫不隐瞒地跟人家吹嘘他当年如何跟弟弟两人身上只有5000元钱，后来瞒着弟弟买股票的那些事。他的这些“经典”故事，在股市上被不少新股民所传颂。有一天弟弟的一位打工同事跟他说起了他哥哥的“传奇”，这时弟弟才恍然大悟，原来哥哥瞒着他发了大财，而且是用当年他们哥俩的钱呀！

弟弟找到了哥哥，说你得给我钱。

哥哥先是一愣，然后笑笑，说行，咱们兄弟俩还用说。当即哥哥给了弟弟 1 万元。

弟弟没有拿，绷着个脸，什么话也不说。

哥哥怒了：你这是怎么啦？ 1 万元哪！你打一年的工也不一定有这么多钱嘛！

弟弟朝哥哥虎着个脸，就是不说话。

哥哥一下子也把脸虎了起来：你想干什么？

我们分，弟弟说。

哥哥一听，脸都涨红了，问：分？分什么？

人家都说你至少现在有六七十万元，我们不是平分，但你至少也该给我 20 万元，少了一分我也不走。弟弟一字一句地盯着哥哥这么说。

你凭什么要跟我分？这钱是我赚回来的，当时妈留下的 5000 元我还多给了你 1000 元，我凭什么还要分给你？哥哥大声吼道。

弟弟的脸也红了：可你那时其实已经瞒着我赚回了五六万元，是用妈留下的 5000 元，你说多分给了我 1000 元，可我知道你当时就少给了我至少两三万元！你从一开始就在哄我、骗我，这回我不那么傻了，20 万元一分不能少！你给了我们就两清，不给也行，那我们当中就有一个人先去陪爸妈……弟弟说着从腰间抽出一把雪亮的刀子。

哥哥怎么也想不到他这位一向文弱的弟弟竟然会以死相逼，哥哥觉得弟弟太没有良心了，自己辛辛苦苦在股市上混战，每天都是提心吊胆在赌，哪一天也没有安宁过，虽然钱是赚了，可那是靠运气呀！他无论如何也想不通自己的亲弟弟会如此逼他。什么亲情，什么一家人，什么亲兄弟，狗屁！连条狗都不如，要是条狗主人给它一块骨头吃，它也会高兴得摇尾巴，这身为弟弟的倒好，什么都没有干，白白给他 1 万元钱嫌少不说，竟然狮子大开口，一张口就要20万元！

行啊你，今天我把话说完……哥哥又从口袋里拿出2万元扔在桌上，说：看在死去的父母面上，这3万元钱算是了结我们二十几年的兄弟情，你把这3万元钱拿走，我们俩从此各走天涯路，也不再是兄弟了。要是你还嫌少，要赖皮，那么也看在父母面上，今天是有你就没有我，有我就没有你……

哥哥把身上的衬衣一脱，把脖子伸向弟弟：我再让你最后一回，你先动手。

弟弟还真被哥哥的这一手给镇住了，可是一想到只能拿到3万元而不是20万元时，他的血管在不断地膨胀，那只提着刀的手在剧烈抖动……突然，他眼睛一闭，朝哥哥的胸部猛地刺去……

“啊——”随着一声大叫，他们中的一个像装着沙石的麻袋，沉沉地倒在了地上，但倒下的却不是哥哥，而恰恰是弟弟。原来虽然有心杀人的弟弟却没有那个胆子睁着眼向亲哥哥举刀，而哥哥见自己的亲弟弟真的拿着刀向他刺来时，他感到了绝望，也感到了一切亲情和兄弟情谊全然消去，于是借着闭眼的弟弟朝他扑过来的那一瞬，迅速一个侧身，然后用脚一扫，失去重心的弟弟“哐当”一下便来了个“狗吃屎”。而哥哥顺势夺过刀子，朝弟弟的后背就是3刀，顿时鲜血喷满屋子……

当警察发现案情时，弟弟已经命归西天。数十天后，哥哥在海南被捕，被判了无期徒刑。当进监狱的时候，公安人员从他身上搜出的钱数正好是5000元，就像当年他到深圳时一样，只是他身边的弟弟没有了。

“这样的弟弟我宁可不要，我恨死他了，是他毁了我，也毁了他自己……”这位哥哥说得一点不错。他没有想到的是在他以后的几十年铁窗生涯里，会是带着对自己亲弟弟的那种强烈的仇恨度过的，只要有人向他提起往事，他便会把牙齿咬得“咯咯”响。

怀着对自己亲弟弟这样“深仇大恨”的人，远不只被关在广东某监狱的这位哥哥，江苏无锡的唐贵生是另一个因为亲妹妹而冤死在太湖里的哥哥。

唐贵生死时正好48岁，有一个儿子在上海读书，现在每逢清明时，他儿子都要回一趟无锡，到太湖边为父亲烧一炷香，以祭奠亡父无法安息的灵魂。

唐贵生和妹妹唐贵香从小很亲，当年父母在世的时候兄妹俩有什么好吃的都是互相分着，从不计较。按照南方传统习惯，儿子留家娶回媳妇，做女儿的就得嫁出去另立门户。唐贵生在妹妹到了婚龄时，看看家里父母留下的房子比较多，自己一家3口住得太空，又见妹妹的对象家兄弟3人，房子很紧，便对妹妹说你干脆把对象招回来，现在啥年头了，无所谓“倒插门”。妹妹同自己的对象一商量，也就顺应了哥哥的这份深情厚谊。兄妹俩便这样各自成家立业，日子就这样一天天过着，兄妹两家的孩子也都慢慢长大。哥哥唐贵生老老实实执行计划生育有了一个儿子，妹妹与妹夫“能力”强，结果生下一对双胞胎。哥哥见自己的妹妹一家如此运气，也十分高兴，外甥的名字统统由他这个舅舅起。一对双胞胎犹如一对小老虎，从小虎虎生威，让舅舅好不得意，自然做妹妹的全家更是喜在心头眉间。

兄妹两家和和睦睦过了十几年。可就在前年，唐贵生夫妇渐渐得病，身子骨一年不如一年，加上儿子要上大学，唐贵生最后累倒在病榻上，但他还是实现了将儿子送进大学的愿望。

躺在病榻上的唐贵生长叹一声，对着苍天说自己也算命里“贵生”，将来儿子大学毕业后也可以光耀祖宗，对得起唐家了。

妹妹家的一对小“虎仔”虽然身体棒、力气大，但就是念书不行，初中毕业后没有考上高中。唐贵生的妹妹唐贵香和丈夫为这急得团团转，可又没有法子。现今什么年头？上不了高中的孩子，眼看着只能给有钱人当下手，干苦力，将来弄不好连一家好的亲事都成问题。妹妹唐贵香为此不知流了多少眼泪，在哥哥面前也没少说埋怨话——当然埋怨得最多的还是自己的男人长了个“蠢脑子”。骂归骂，儿子的将来还得赶紧想办法。乡下人还能想出什么好办法？有啊，你家儿子上不了大学，在外面成不了大器，你能在家里把里里外外弄得楼阁亭院像模像样，也还能招回个好媳妇，否则就是“阿木零”（土话，意为没有出息的人）。妹妹本想找哥哥商量怎么个弄法，见哥哥病在床头，也就听了自己丈夫的话，“该怎么干就怎么干”。现在无锡一带盖房子哪一家不是楼上楼下，庭前庭后的？可一对双胞胎“虎儿”，你给这个虎儿盖什么样，就得给另一个虎儿盖得不能差分毫。

这下让妹妹唐贵香有点不好处理的是，他们唐家在只有她和哥哥兄妹俩时，宅基地还算很大，现今她“倒插门”留在家与哥哥各立一户也还算过得去。可如今得在原来的宅基地上再扩充给两个虎儿盖两栋新楼，显然妹妹觉得自己的宅基地小了。入夜，她偷偷地用脚丈量了半天，怎么着也得有一栋新楼的宅基得向哥哥那边靠两米。

妹妹有些为难了，丈夫却说：他家儿子上了大学，将来肯定不会再在老家成家立业，我们两个没有出息的“宝贝”儿子看来是下辈子还得埋在这块老宅基地上。

哥哥这时病得不轻，又被送进医院，一住便是3个月。妹妹家的儿子一天比一天大，十八九岁，走在路上完完全全是两个大男人，这时候不找对象等什么时候？提亲的人也不时有人来询问唐贵香。

当妹妹的有点为难了：再不动手盖楼房，提亲的人怎么把人家的女孩子带来相亲呢？又窄又小的旧楼，能有好凤凰飞到唐家来？

“你哥哥啥时候不让着你？依我看把房子盖了再说，他这么病重，你去问他假如他不同意或者再气出个三长两短，你一是担当不起，二是我们家两个儿子的亲事就总得拖着不是？”唐贵香觉得自己的男人说的话有一定道理。于是夫妻俩一合计，便在哥哥住院期间（嫂嫂跟着到城里医院陪病房），三下五除二地把楼房的宅基挖出个模样来，然后趁着冬天的农闲季节，叫上泥水瓦匠和木工师傅把两栋楼房趁热打铁盖出了个模样。

春节到来，哥哥的儿子放寒假从上海的学校里回家一看，自己的家被姑姑家的新楼挤得像个火柴盒似的。他以为住院的父亲知道此事，所以赶到医院看着病榻上的父亲便劝说道：爸，我们用不着像姑姑家那么兴师动众地盖楼扩基，反正我将来争取在上海找个工作，把你们接到上海城里去住。再说你病着，妈身体也不好，没姑姑家有力量盖房造楼。

什么姑姑家造楼盖房？我怎么一点也不知道，她家啥时候开的工？病重的父亲对儿子的话十分惊诧。

你们啥都不知道啊？儿子睁大了眼睛，说姑姑家不仅盖房子，而且是两栋大楼哩！其中有一栋的楼墙已经贴在我们家的墙根根了。

唐贵生一听火了：她想干什么？我还没有死呢，她就想抢唐家的基业了？

你明天回去就把她给我叫医院来，我要问问她到底想做什么！唐贵生从来不曾对自己的妹妹生过这么大的气，他叫儿子马上回去。

可儿子没能把姑姑叫到医院。唐贵生气得谁劝也不听，一定要出院回家。

妹妹唐贵香一见哥哥拄着拐杖从医院里回到家，知道事情不妙，便过来向哥哥说情：本来早想对你说的，就怕影响你治病……

我死了，不就可以把唐家的这一点点地盘全归你了吗？哥哥没好气地瞪着妹妹直骂：你今天不给我把楼墙挪回去两米，你全家就给我搬回王庄的李家去——妹妹的丈夫家在王庄。

哥你这话就见外了，我们两个虎儿都要娶媳妇了，再说当初我“倒插门”也是你一再让我这么做的，我哪点不依着你?

依着我?依着我你还见我住院不在家就立马抢占宅基盖新楼?我还没有死呢!哥哥越说越生气：你今天不把楼墙扒了，我就吊死在你家新楼门框上!

哥你这算啥话?我也是没有办法，两个虎儿没出息，也只能硬撑个楼架子好招两门亲事。你这么着绝我后路，我也只好顾不得哥哥你的情面了……妹妹唐贵香说完就甩了个脸子给哥哥看。

看我病了就想让我早点死了让给你们呀?呸!唐贵生气得顺手操起一把铁锹，气喘吁吁地冲到新楼墙根就“噼里啪啦”地扒了起来，一边扒一边还在嘴里骂个不停。

这唐贵香的两个虎儿见了还了得!扒他们的新楼就像有人抢他们的媳妇似的，上前不管三七二十一，逮住舅舅唐贵生的胳膊，像抓小鸡似的将他“放倒”在地。

“小牲畜!牲畜——!”唐贵生本来就有病，哪经得住两个十七八岁小伙子的一顿拳脚?当时就“哇”地口吐鲜血……

这下事情就闹大了，乡亲们七手八脚地将唐贵生抬到船上，送往镇上的医院。

哥哥唐贵生无奈在医院一住就又是一个月，这期间他不停地问儿子和老婆他妹妹家的楼房是不是还在盖?

儿子和老婆怕他有个三长两短，便瞒着他说已经停了。其实楼房不仅没停盖，而且还提前半个来月完工了。这期间妹妹一家从来没有在哥哥的病房内出现过。

“他们是跟我绝情了。”唐贵生躺在病榻头无比哀伤地长叹。

终于有一天他要出院了，儿子也要回上海上学。当唐贵生远远看到自已亲妹妹家的两栋新楼高高地耸立在唐家宅基上，他做哥哥的那栋旧楼如同他病入膏肓的身体一样斜靠在那儿时，一向好面子的唐贵生觉得自己没脸回家，那一天趁人不备，他带着对自己亲妹妹的无比憎恨之心，跳进了滔滔太湖……

关于唐家兄妹之间的恩怨，本该到此为止，然而事情并非那么简单。

当唐贵生在上海读书的儿子得知自己的父亲是被自己的姑姑一家逼上死路的真相后，喝了几年大学墨水的小伙子一不做二不休，请了两位律师将姑姑家的两个儿子以故意伤害罪告上了法庭。那天唐贵香的两个儿子打大舅的事乡亲们都看到了，再加上医院证明唐贵生受伤住院的直接原因也是被打伤引起肝脏内出血。虽说后来他出院了，但落下的病根再加上气郁，最终造成他投湖自尽的结果。人证物证俱全，唐贵生死得冤，法律介入之后事情就变得复杂化了，也变得简单化了，唐贵香的两个儿子因此吃官司进了监狱。刑虽不重，却使本以为在这场“兄妹之争”中占了上风的唐贵香大受刺激，在儿子进监狱不足两个月时便白了头。突然有一天，唐贵香走到哥哥家，抱住刚从上海回家的侄儿，哈哈大笑地嚷着：“我儿回来了！我要为儿找媳妇！”

唐贵香从此疯了，整天追着侄儿要为他“娶媳妇”，害得这位大学生再也不敢回家。如今，好端端的一个唐氏家族，既见不着撑门的前辈，也见不着香火正旺的后代，一片凄凉之景，同族同村的乡亲们一提起这事，无不摇头叹息。

众乡亲们在议论时叹息着说出这样的话：这年头，只有自己得利才是真的，啥亲兄亲妹亲儿亲女，情早不如利了呀。今天的世界是个多变的世界，在这多变的世界里，人们的价值观在发生巨大变化。但是无论如何变化与更迭，家庭成员之间的亲情是无法用价值观来衡量的，它的特殊性决定着人类继续生存的基本质量。因此，我出于这无数严重的“另类孩子”问题现象认为，有必要重视“拯救亲情”这一命题。我们也完全可以把“拯救亲情”归结为建设社会主义精神文明和“以德治国”的一个极其重要的组成部分。道理十分简单，社会是由一个个家庭细胞所组成，有小家才有大家，才有国家。亲情和血缘联结了人类最小的社会单位，又联结着整个人类世界。没有和谐美满的亲情关系，人类将是一个庞大可怕的“好斗动物园”，倘若真是这样，人类将是所有动物界最快灭绝的一个种类。

我们谁也不期望这样的世界出现!

然而现实的情况却并非如此，当我们稍稍留意一下身边的一些人和事时，就会发现太多太多的有悖常理的怪现象。仅列举几个数据：

2000 年，仅天津一个市就有 500 位老人要求与儿女脱离关系，理由是赡养倒置，子女成家后反向老人索取，有的老人长期受到儿女的虐待。

2001 年 1 月至 4 月，仅南方某省受理兄弟姐妹间因财产纠纷而引发的刑事案件就有 205 起，其中致人死命的 23 起、致残致伤的 58 起。

2001 年春节期间在上海、南京和北京等城市，因兄弟姐妹结婚而埋怨父母给的钱物不均引发的纠纷达 380 多起，为当地民事纠纷案主要内容……

所有这些现象，都说明一个事实：人们在追求生活的时尚和幸福时，渐渐把应该珍惜的亲情弃之脑后，取而代之的是极端的个人主义、唯利主义，其产生的恶果令世人惊愕和不可思议。

值得欣慰的是，当这个忙碌的世界里人们无暇顾及成千上万的那些“另类孩子”，以及由此引发的越来越严重和复杂的社会问题时，当人们远离亲情、淡漠亲情、遗忘亲情成为一种严酷现实时，在我们的社会里，还有那么多善良和无私的人在高扬亲情、传播爱心，这正代表着我们民族道德水准的前进方向——

先从北京城说起。

有一对夫妇，男的姓叶，女的姓陈。他们住在北京城郊的东风乡辛庄村。老叶的妻子陈荣，是他30年前在大街上“捡”来的——那时陈荣是一个从山东流落到北京的孤儿。后来他们成了家，有了两个自己的孩子。7年前的一天，在城里做清洁工的妻子在路过王府井大街时，听到一个垃圾站内有婴儿的哭声。这个孤儿出身的善良妇女忍不住走过去把孩子抱了起来，从此再也撒不了手。这个起名为“中华”的孤儿成了叶家的第一个非亲生的孩子。叶、陈夫妇在这之后的几年里又先后在北京城内郊外“捡”了4个弃婴。最小的一个是2000年国庆在东方广场附近捡到的，当时孩子已经冻僵且是个唇腭裂病儿。但陈荣并没有因此拒绝这位后来起名为“国庆”的弃婴进家……

叶、陈夫妇组成了也许是现在北京城内200多万个家庭中拥有孩子最多的一个家庭，但谁也不会相信，他们同样又可能是京城内生活条件最差的一个家庭。9口之家，仅有一间半房屋，全家唯一的经济来源是夫妇两人靠捡破烂换来的钱。

有人问叶、陈夫妇为什么能在自己生活条件极其艰苦的情况下收养那么多孤儿？叶、陈夫妇说得很简单：“我们也许什么都给不了孩子，但我们能用全身心的爱让这些苦命孩子得到家庭与亲人的温暖……”

叶、陈夫妇的事迹感动了京城百姓。

让我们走出北京往河北走：

河北沧州，在一个叫杜村乡小赵庄的村子里，有一位叫苏玉祥的农民，他收养了沧州监狱服刑犯的17名孩子。苏玉祥原来是当地一位小有名气的农民企业家，属于小康家庭，可是自从收养这么多无家可归的孩子后，他的企业垮了，所有的积蓄全部用在了支付孩子们的生活和上学费用上。曾有几次因为眼看家中揭不开锅时，苏玉祥悄悄跑到沧州城内的医院去卖血换回给孩子们的食物。即使这样，几年来，苏玉祥与妻子也从来没被困难吓倒过，他们宁可自己挨饿卖血，也要保证不让 17 个孩子受到丝毫的亏待。

苏玉祥的行动感召了周围的许多人。他的一位家住天津市的朋友，舍去退休在家享清福的悠闲生活，主动跑到沧州来帮助苏玉祥料理 17 个孩子的生活和学习。

如今这个特殊家庭里的亲情浓浓又融融。虽然苏玉祥为了抚养这么多孩子每天都有可能面临缺钱缺米的尴尬，可我无法设想那些原本流离失所、被人歧视的罪犯子女们还能寻找到比这儿更安全、更温暖和充满爱意的家了。

然而我的结论下得有些过早。

在陕西榆林市的靖边县，也有这么个中年汉子，他靠一身好手艺，在那个贫困的黄土高原上辛辛苦苦挣得 90 万元钱，先后收留了 46 位孤儿。这位名叫马国成的黄土高原汉子并非钱多得没处花，其实他也有权利用挣来的钱享受一番，或者分给自己的兄弟姐妹。谁都知道马国成从小是个苦命孩子，他要过饭，啃过树皮，挖过野菜，在他 18 岁前的漫长日子里，没有尝过一次白面馒头是什么滋味。后来改革开放他靠手艺挣到了钱，但他在感受到社会变化的同时，心头也一直有件事从没有放下过，那就是在西北地区，无论是在城里还是乡村，还有太多的流落在街头与村口的孤儿弱童……马国成怎么也忘不了他有一次在县城的一家小餐馆吃饭时，竟然先后有 8 个衣不蔽体、骨瘦如柴的讨饭流浪儿在他面前行乞。

这位刚刚富起来却没来得及过一天幸福日子的西北汉子，倾家荡产又借了 50 多万元，建起了一所总投资 140 多万元的“马国成孤儿院”……

马国成的事迹在《北京青年报》上登过。后来在采访中我才知道，仅在陕西省，像马国成这样收养孤儿的行善者就有好几个。他们是省公安厅的张淑英女士、三原树庄的郭建华等，他们不仅收养了数以百计在西北监狱服刑的罪犯子女和流落到西部的流浪儿，而且建起了我国第一批已成规模的“孤儿村”。许多人在中央电视台的节目里曾多次见到的那个叫“黑豆”的孤儿，就是最早进“孤儿村”的孩子。“黑豆”无爹无妈，乡亲们都因为穷而抚养不起他，这位可怜的小男孩因此吃东家宿西家，等到张淑英、郭建华他们找到小“黑豆”时，这5岁的孩子身高不足90厘米，体重仅有15公斤。小“黑豆”进了“孤儿村”，不仅有了善待他的“爹妈”，现在也进了学校读书。

与靖边县遥隔秦岭的河南三门峡，这里到处可以听到人们在传颂一位大妈“认贼作子”的故事。

这位大妈名叫田淑敏，原是东北人，1973年她和丈夫带着11岁的女儿和9岁的儿子响应国家支援三线建设的号召，从沈阳机床厂调到三门峡豫西机床厂工作。说起田大妈“认贼作子”，还得从她痛失儿子的事说起。那时“文革”刚刚结束，有一天田大妈和厂里的一位熟人聊天时谈起自己的丈夫在“文革”中因受冲击一直没有涨上工资。十几岁的儿子齐伟在一旁听着听着，竟然琢磨着要为父母“出气”的“壮举”——他去偷了厂领导家的东西。结果，小齐伟付出了惨痛的代价，他被判盗窃罪处以一年劳教。

“我的儿子不是贼，他心眼不坏。”那一次，田大妈虽然心疼地看着儿子进了劳教所，但在她心目中，儿子仍然是世上最好的儿子。

一年后，儿子齐伟从劳教所出来后，如换了一个身份似的，处处受到外界的歧视和冷落，“小偷”也成了他的大名。“妈妈，咱家搬家吧！搬得越远越好，永远离开这个鬼地方……”一日，儿子跪在母亲跟前哭着乞求道。

“这孩子，你疯了？我和你爸整天在单位里有忙不完的工作要做，你瞎搅乱什么呀？”那时一心想着工厂工作的田大妈，根本没有把儿子绝望的哭求放在眼里，还以为“浑儿子”又不知在想什么混账事。她照常该忙什么还忙什么。哪知饱受外界冷落和歧视的儿子，见亲生父母也不理会自己，从此便自暴自弃。初中毕业后，儿子开始与社会上的那些“哥们儿”混在一起，整天合伙盘算着联手盗窃财物。1988年，突然有一天，“呜呜”作响的警车开到田大妈的家门口，几位全副武装的警察用手铐将田大妈的儿子押上了警车。由于儿子涉及重大盗窃案，罪不可赦，1990年5月被司法机关判处死刑。善良爱子的田大妈犹如惨遭晴天霹雳。当眼见着儿子被押赴刑场撕心裂肺地呼喊着“妈妈，救救我！救救我”的那生死永别的一幕时，田大妈昏倒在路边，并且一病数日不起……

那是太突然和太意想不到的灾祸，田大妈久久不能从痛苦和自责中自拔。也正是在这漫长而痛苦的自责中，她想了许多许多，其中最多的是从自己对儿子教育的失职中，联想到了天下还有那么多与儿子一样由于缺乏亲情、缺少关心而走上犯罪道路的孩子。想多了，田大妈越发将对不起自己儿子的那份感情，转移到了那些仍在饱受冷漠和歧视的孩子们的命运上。没有爹妈的孩子最可怜，而得不到爹妈关心帮助的孩子也许比他们更可怜、更孤独，更迫切需要亲人的关怀。

“我失去了一个儿子，再不能让天下千百万的父母再失去儿子，更不能让同样像我天真可爱的儿子一样的年轻人成为社会的罪人，让爹妈揪心落泪啊！”那些日子里，田大妈反反复复想着这件事，她下定决心要用自己的行动弥补一个失败母亲的那份足以悔恨一辈子的缺憾。

秋日里，田大妈的身子尚未从失子的悲痛中恢复痊愈，她便坐不住了，赶到数百里外的焦作市监狱，看望了与儿子同案的少年罪犯祁永跃。已被判6年的祁永跃先是一愣，继而“扑通”一下跪在田大妈脚跟前，痛哭流涕道：“大妈，我这辈子完了！彻底地完了！就是6年后出去了，还会有人把我当人看待吗？你说我活着还有什么意思啊？大妈……”

“孩子，你站起来。只要你站起来真心悔过，堂堂正正重新做人，就一定会活得好的。你要有勇气，孩子……”那一天，田大妈看到祁永跃那憔悴颓废的面容和痛不欲生的情景，犹如针尖扎在她的心头。回到家，她那颗受伤的心再也无法平静，胸中顿时升起一股炽烈的母爱之情。她给祁永跃发出了第一封信。她在信中说道：孩子，人的一生不可能不犯错，关键是犯了错后不心灰意冷，而是坚定地痛改前非，用汗水来洗刷污点。永跃，你的齐伟哥已经去了，我没有对他尽到做母亲的责任，你婶我将悔恨终身，只要你答应我好好改造，重新做人，我肯认你当儿子，尽全力帮助你……”

没隔几日，田大妈收到了祁永跃的来信，这是一封站在迷途的黑暗中看到一丝希望和阳光的赤诚之子的来信：

妈妈：

请接受儿一拜吧！你能认我这个罪犯为儿，我感激不尽。从今后，您就是我的亲妈妈。

妈，今后我听您的，好好改造，争取多立功，多减刑，早日获得自由，重新做人……你的来信，领导念给了同狱中的1000多位犯人听，许多人都哭了，他们齐声称您是世上最好的妈妈……您瞧，我又成了一个幸福的人儿！

儿：永跃

1990年9月7日

如此一去一来，田大妈“认贼作子”的故事就传开了。在她的鼓励下，祁永跃在半年多时间里，积极改造，立功一次，并减了刑。这让田大妈的脸上第一次露出了笑容。

对祁永跃的帮教成功，使田大妈内心震动很大，这时她不仅更加坚定了“认贼作子”的决心，而且想到了帮助更多的犯罪少年改变命运。从此之后，田大妈将整个身心投入关爱失足青年和那些缺乏亲情关爱的孩子工作上。在她自己的亲生儿子枪决后的10年时间里，先后共收认了5个失足青年为儿，并靠开办闻名三门峡的“老田饺子店”帮助这些儿子成家立业。田大妈用伟大的母爱和亲情，拯救的不仅仅是5个无家可归的儿子，更是当今社会最缺少的一种崇高的人间真爱。她与这些儿子非亲非故，可他们之间的爱与情远远超过了血缘亲情，美名传遍四方。今年4月，连北京的一位失足少年的母亲也千里迢迢赶到田大妈家，将自己“无法管教”的儿子送到田大妈家“认母作儿”。

田大妈的义举是我们这个社会的主旋律，它使我们重新看到了中华民族那种特有的不朽亲情。

可我知道，像田大妈这样将自己全部的亲情与爱给予那些饱受遗弃之苦的孩子们的人和事并不是唯一。

在这里，我当然要特别重提一下在第一章中已经写到的山西大同育孤学校的创办者张洪图先生。

这位科技干部出身的“煤老板”，利用他的发明创新技术办了一个新型煤厂，赚了不少钱，以其资产完全可以成为能使后几代人都不愁吃不愁穿的富翁。可他没有这么做，他首先想到的是要为那些失去爹妈和家庭的苦孩子建个学校，有个温暖幸福的家。8年了，张洪图执着地这样做，他把办厂赚得的4000多万元钱全部投到了建育孤学校上，先后从全国各地收养了近千名孤儿，2000

年夏天我在他那儿采访时，正好是他办的孤儿学校出第一位大学生的日子。我着实有幸与他一起享受了一番收获的喜悦。

张洪图办孤儿学校的事在山西已成为民间一大美谈，因为现在不仅他自己倾囊出资几千万元为社会做了件大好事，而且也吸引了 170 多名好心人主动放弃优越的工作与生活条件，来到孤儿学校帮助他一起办校、当孩子们的爸妈。我印象最深的是在这 170 多人中，年轻的大学生占多数，他们有的已经在那儿结婚成家，有的甚至把远方的父母也接来一起在那儿安家落户。大同其实并不富裕，张洪图的育孤学校甚至经常还因一些社会因素而受到来自各方的种种压力，可这些立志与张洪图一起“坚持到底”的孤儿“爹妈”老师，却义无反顾地留在那块土地上，留在孩子们中间。漂亮而充满魅力的张威小姐便是其中的一个。这位在中央党校读完大学的女孩子，本来在北京是有工作的，她是在自己的伯伯张洪图的精神感召下主动请求留在伯伯身边协助办校的一位年轻教师。

我看这位漂亮的女孩整天在煤场边的学校出没，辛劳地负责着几百个孩子的学习和整个学校的校务工作，便问她为什么甘心放弃北京的优越工作和生活环境，挑起现在这份又苦又累、又默默无闻的活儿。张威动情地对我说：“我来伯伯这儿已经三年了，天天与孩子们在一起，感情深了，我就无法再与他们分开。并不是我不知道留在北京的好处，可现在真的让我留在北京，哪怕是一天，我的心也不会安宁的，我会每时每刻地挂念他们。我和孩子们已经融为一家人了，心贴着心，这是无法用价值来换取的人间亲情……”

张威说得真好。

在这个世界上还有什么比亲情更伟大、更崇高、更无私、更令人牵肠挂肚？

没有。我曾经问过10个以上有孩子的父母，我说当需要在你和你的孩子之间做一次生命的选择时，你会怎么办？

他们几乎都是毫不犹豫地说："那还用问？我会眼睛都不多眨一下地让生留给我的孩子，让死留给我自己。"

我知道这样的问题对多数成人来说都不是问题，因为我们都珍惜真情，视亲情高于生命，高于一切。

然而，我同样知道，在今天的许多人看来，在追求自我与个人化生活、生存方式的物欲世界里，什么亲情爱情都不重要，唯有自我才真正重要和优先。于是便有了本文所关注的，日趋严重并已经形成的当今社会的一个弱势群体，即那些刚刚来到这个世界就被遗弃，或因为父母不和，或因为本身的某些缺陷，或因为教育不当，或因为无视下一代基本权利而导致的那些"另类孩子"。这个问题如今已越来越成为当今社会的一种不良"时代病"，且会直接影响我们民族和国家下一代人的素质。

这正是本部作品渴望达到的一个目的，希望社会能注意这个严峻的现实已摆在了我们面前：呼唤亲情，珍爱亲情，已经成为我们在走向文明时需要特别关注的重要社会素质课题。因为中国有近1000万青少年正处在缺少或者完全没有亲情关爱的困境之中，他们或者有的走上了苦难的凄惨之途，或者因生活所迫从事了犯罪行为，有的则在无力支撑中走向死亡……这难道还不足以让我们所有生活在正常的学习和美好生活中的人以及广大社会学家给予重视吗？

亲情如同构成人躯体的基本基因一样，假如人类失去了起码的亲情，那么人类自身的生存和发展将最终遭受毁灭。

人类今天已经步入破译自身生命基因密码的时代，克隆人的生物工程也初见端倪，但我想无论人类对自身生命谜题的破解程度如何，即使明天全人类都实现了基因克隆，而亲情和血缘仍将是联系我们情感和这个社会最基本的纽带。假如失去了这个纽带，人类还搞什么克隆呢，干脆制造机器人算了。同时我想，即使全人类进入机器人时代，同一技术同一结构的同种机器人之间恐怕仍然有种关系是相互依存的，那还是它们之间的基本“亲情”。那么今天我们人类还没有进入克隆和机器人阶段，为什么就如此淡薄人与人之间的起码亲情呢？今天人们最喜欢用一个“爱”字，但人类原始的和起码的爱是从父母与子女、子女与父母之间的血缘与血统开始的。那么，从这个意义上讲，我郑重呼吁那些喜欢对异性、喜欢对公众大谈其爱的人，先回过头对自己身边和对自己的亲人们——特别是对有血缘关系的亲人们真情地喊一声“爱”，因为他们真的太需要你的爱了。我想谁都应该明白这样一个事实：你要想让亲人爱你，那你起码得有对自己亲人的爱，不然你从别人身上获得的爱最终也会失去，因为你不懂得什么叫真正的爱。作为独立的人，我们不能没有亲情。没有亲情，人类就将停止繁衍，就将迅速地毁灭……

为这，我呼吁——

让爱，先从我们亲人之间构筑起来吧！

让爱，先从我们亲人中间发扬和光大吧！

后记　接受和获取爱是人人应有的权利

可以这么说，在人类的感情世界里，一个“爱”字包含了我们所有想表达和获取的全部内容。爱，可以使人兴奋，也可以使人幸福。同样，爱，可以使人痛苦，也可以使人悲哀。也许正是这种原因，人类在必需的食欲以外，谈论和思恋最多的就是一个爱字。

真正的爱，并不仅指年轻人之间或者是男女之间的那种情欲与性欲的爱慕，爱的内容其实十分广泛，几乎与自然界的所有物体同样多。我在这里指出的是人类一种最基本的和最原始的亲情之爱。

什么是亲情之爱？这是个不用过多解释的词句，因为它是一切生物界甚至是连植物界都共有的一种具有血缘和遗传意义上的情愫。你自然一定见过小鱼儿跟着大鱼儿游来游去的那一份亲近劲儿；你自然也见过母狗与小狗之间抚摩厮守的那份浓浓亲密；你当然更见过大猴为了小猴不受外来者侵袭而宁死一战的壮烈场面……你稍稍留神也能发现参天大树与幼嫩小苗之间那份相依相偎的缠绵以及巨竹躯干下勃发而起的新竹……这些不都是亲情之爱生动而有形的表现吗？

当然，无论是生物界还是植物界，它们中的任何一种亲情之爱都无法与人类的亲情之爱相比。翻检古今中外的历史，我们曾多少次为那些母亲为儿子含辛茹苦、儿子为母亲赴汤蹈火的故事和精神所感动。而发生在亲人之间的这种相互无私的献身，是使我们人类社会成为生物界和自然界最强大的生存力量的原因所在。

亲情表现最突出的范围是在家庭及其成员之间。这种充满血缘成分的爱是整个亲情的主要及根本之处，它与生俱来，它无须传授，它不可抹杀，因此它也就成了人类衡量自身的道德标准之一，而且是起码的、最重要的道德标准。中国自古就有“修身、齐家、治国、平天下”和“家事、国事、天下事事事关心”之说，家，始终是我们生活中最重要的和最基本的中心，而家的存在首先是因为有联结这个人类基本组织的亲情的存在。从这个意义上讲，人类之所以能发展到今天，亲情的作用几乎承担了最基本和最伟大的使命。

没有亲情，人与人之间的关系也许与动物相同；没有亲情，人类社会的发展也许仍在原地踏步；没有亲情，人类的进化革命也许永远处在猿猴阶段。即使从现在开始我们停止亲情的发展与发扬，人类照样可能退化至原始时代——如果没有亲情的存在，其实就等于生命不再繁衍。而这绝非是骇人听闻，设想一下：一个母亲不对自己“十月怀胎”的后代给予爱抚与承担责任，下一代如何保证自身生命的继续存在？答案是显而易见的。

在我写作此书的时候，有朋友曾不止一次地问我为什么不趁《落泪是金》《中国高考报告》两部热遍大江南北的“大学系列”报告文学之势，再抛出一部“大学系列”，而突然转向“另类孩子”教育这一“偏远”题材呢？我当然有必要借此向关心我写作的朋友和读者们说个明白——显然这是事出有因：2000 年下半年，正值我准备开始最后一部“大学系列”报告文学采写时，有一次应一位朋友之邀，跑了一趟山西大同的“中华孤儿学校”（有关这方面的感受我在本书第一章中有所表述），那几日我身处在几百名孤儿之中，耳闻目睹这些苦孩子的命运后，心灵便一直没有平静过。我不曾想到在同一片阳光下，还有那么多生活在苦难边缘的孩子。这让我心头无比痛惜。看着那么多孩子迷惘而又期盼的目光，我觉得我应该赶紧做一件事，这就是尽我所能，呼唤社会都来关心和关注这些“另类孩子”。至于其他的我个人的什么工作都显得一点儿也不重要了，因为没有比挽救那些弱势的生命更为紧迫的任务了。

关于“另类孩子”的情况，其实并不是只我们国家才有，几乎全世界每个国家都有，落后的非洲国家情况会更严重些，而发达的西方国家特别像美国的情况同样严重。相信读完本书的人，能得出同我一样的结论，即那些为追求个人享乐而无情地抛弃自己孩子的人，他们是否是在寻求个人享受的思想影响下，渐渐淡忘了自己的责任，也渐渐泯灭了良知，最后连起码的亲情都可以不要，使自己的亲生骨肉饱受苦难。这是很可悲的。因为这样的人即使暂时有了所谓的幸福和满足，但最终是不会落得好结果的。

针对“另类孩子”群体，我们要做的事至少有三件：一是以有效的方法迅速拯救那些生活在苦难中的孩子，使他们能够在短时间内获得基本的生存条件和相对稳定的生活、上学的环境；二是对那些以种种理由抛弃亲生骨肉或无视自己基本责任的父母进行教育，唤起他们最起码的良知和人性；三是发动和呼吁全社会都能行动起来，关注和保护那些从你身边不经意间躲闪而过的街头流浪儿、残疾儿、弃婴、智障儿以及所有失去亲情关爱的“另类孩子”——其实也不需要多做什么，哪怕只是在见了这些孩子时询问一声“孩子你饿不饿”，当看到有这样的孩子露宿街头时请他进屋暖一暖身子，在孩子摇摇晃晃过马路时你不去抢他的路就已经非常不错了……而这些恰恰是我们谁都可以不费任何之力就能做得到的。

既然如此，还有谁不会向同是我们祖国未来的这些“另类孩子”伸出呵护的温暖之手呢?

是人都渴望有人爱，没有人爱的世界是恐惧的，恐惧的世界不该属于孩子们——无论他是什么样的孩子，只要他是人类的一员，那么便有获取和接受爱的权利。

我愿生活在伟大的中国土地上的所有孩子都拥有父母与家庭之爱、社会和国家之爱。

我同样愿天下所有的孩子们都一样拥有父母与家庭之爱、社会和国家之爱。

2001年3月至6月

完稿于中央党校

科学大师的名利场

在20世纪的中国科学史上，真正称得上使中华民族扬眉吐气的有两大事件：一是“两弹”（氢弹、原子弹）的上天，一是大庆油田的发现。前者的功臣，我们可以清晰地列出聂荣臻、钱学森、王淦昌、邓稼先等一串英名。这些都是我们熟识而又无可争辩的人物。但是关于大庆油田的发现，包括笔者在内的绝大多数人过去只知道一个李四光。从1959年9月26日，地质队员和石油工人在松辽盆地“松基3号”打出第一口自喷工业油井至今，给共和国命脉注射了源源不断血液的大庆油田，它一直以骄傲和响亮的名字，向世人光耀了整整35个年头。然而，那个真正用自己的科学理论和亲手在松辽盆地布下那决定性的普查与勘探钻井任务的科学大师，却被历史与人为的因素而久久地淹没了35年，直到临终前的80天，他才被中外新闻界和科技界，将那顶“中国石油之父”的桂冠戴在了头上。

1995年1月12日，当他与“两弹之父”钱学森、王淦昌和光学大师王大珩一起，从李鹏总理手中接过那份“何梁何利基金优秀奖”证书和100万港币奖金时，新闻界和文学界的好几个人惊诧而好奇地发问，那第一个上台领奖的瘦老头是干什么的？

他就是，91岁高龄的中共优秀党员，我国一代科学宗师，著名地质学家黄汲清院士，于1995年3月22日21时55分，大师猝然与世长辞。

大师给我留下了一个永远无法弥补的遗憾。

这是我寻求来的那沉重的历史并与之对话的记录。

1963 年 12 月 3 日，周恩来总理在二届四次全国人大会上向世界庄严宣布：中国人民使用“洋油”的时代将一去不复返。而作为发现大庆油田的主要组织者与领导者的黄汲清，此时连话都不敢说（其实是不能说）……

历史的错误便从此而开始。

中南海，丰泽园。

毛泽东敞着外衣，大步走出“菊香书屋”，朝正在值班的卫士长招招手：“银桥，今晚弄碗红烧肉，好久没吃了，我有点馋了呐！”

卫士长一听蹦了起来。哈，主席要“开荤”了！这三年多来，老人家为了给全党做榜样，第一个在中央高级干部中提出不吃肉和减工资。那是因为国家遇上了天灾人祸的年头。眼下，老人家要“开荤”就意味着国家已经从困难中走出！这可是天大的喜讯呀！卫士长想到这里，立马兴奋地向毛泽东行礼立正：“是，我马上就去办！”

就在方才，毛主席在周恩来总理送来的《政府工作报告》上批示，可以把中国人摆脱困境的一个重要“秘密”公布于世了。

十天后，第二届全国人民代表大会第四次会议召开。周恩来总理站在雄伟的人民大会堂主席台，向来自各族的人民代表透露了一个振奋人心的“秘密”：我们中国人依靠自力更生，在东北松辽平原发现了一个世界级的大庆油田！与此同时，他骄傲地宣布：中国需要的石油，现在已经可以自给，中国人民使用了一百多年的“洋油”时代，将一去不复返了！

于是，石油人和王进喜在毛泽东与人民代表的掌声中成了万众瞩目的功臣。

或许就在毛泽东向石油部负责人投去一次又一次充满赞誉的

目光时，我们的领袖和人民代表谁也没有注意到台下的另一些人，此刻心头却不是滋味。

他们就是来自地质战线的人大代表和官员。这中间包括人大代表、时任地质部地质科学院副院长的黄汲清学部委员（他是1956年中科院第一届学部委员）。

作为参与大庆油田发现工作并做出卓越贡献的地质部的人急了。可又没谁敢跑到主席台，跑到毛泽东主席面前说一声：“大庆油田是我们发现的”——这不是在党的面前抢功吗？不行不行，这是万万不能做的。可不说心里又窝得喘不过气呀！

有人跑到黄汲清的房间，气不打一处来地说：“老黄呀，大庆油田怎么发现的，你是组织者和领导者，你最清楚，得出来说个明白。咱们干了那么多工作，取得了那么大的成绩，可不能连个名都不沾呀！你得出来说！”

一向视名利淡如水的黄汲清对来者的一番话很不以为然，甚至有些惊讶。他抬抬鼻梁上的眼镜，轻描淡写道：“用不着嘛，只要说明大庆油田是咱中国人自力更生发现的，我看其他的什么都不重要。”

“哼，真是个‘老右’！”来者一听话不投机，扔下一句不轻不重的话便走了。

黄汲清淡淡一笑，以为事情就这么过去了。可他万没想到，中午吃饭时他所在的四川小组组长廖苏华把他盯住了：

“老黄啊，你是搞油的地质专家，大伙都想听听你们是怎样发现大庆油田的，等一会儿你好好讲讲。咱们中国人再用不着怕美帝国主义和苏联修正主义封锁了！”廖苏华临别时，重重地在老乡黄汲清的肩膀上拍了一掌，脸上堆满了中国人的自豪感。

这可咋办？黄汲清急坏了。让我讲大庆油田怎么发现的？直说，说是我们地质部布置的普查工作？说是我们地质队员先在松辽平原上找到油田，打出油井的？这一讲，不是跟石油部唱对台戏，不是在毛主席面前跟别人抢功吗？可要是不讲，咱地质部这么多年来，这么多科技工作者辛辛苦苦白干了？

黄汲清坐不住了。凭他的性格，他是个科学界出了名的敢说实话的人，可打1957年的那场“反右”斗争以后，他这位“候补”右派已经几乎没有什么可以说话的权利了——尽管他还是个人大代表。谢家荣（黄的好友，当时的地质部总工程师）是全国政协常委，还不照样被打成大右派嘛！黄汲清这么想着，心里就越发没了主意。

这顿午饭他没吃好，饭碗一搁，就一个人从会议住处溜了出来，直奔部机关，找到了老部下，当时的地质部石油局副局长李奔（李奔是大庆油田发现初期的一线组织者）。

“这件事可不好办。话说不好，不仅会影响两个部的关系，而且会让中央感到我们地质部有抢功之嫌呐！”一向办事精明的李奔此时也没了主意。

“得快拿主意，下午人大小组会上我是推不掉的呀！”黄汲清急得直搓手。

李奔想了想，说：“我们去找‘何老头’，他在中央待的时间长，处理上面的事，一定有经验。”

“何老头”即当时的地质部副部长、党组书记何长工。“此事非他莫属。走，我们一起去找他。”黄汲清不客气地拉着李奔就走。

黄汲清拉着李奔去见何长工，抱的就是这么一种心情：别人在中央面前办不到或者不好办的事，“何老头”出面没有办不成的。可他们偏偏忽视了何长工的一个弱点，那就是什么事都不要跟毛主席撞车。

什么，大庆油田？哎哟！何长工一听这就懵起头来。大庆油田是毛主席睡觉也在抓的事，如今油田找到了，石油部的领导成了毛主席的红人，你们要我到毛主席面前说大庆是我们地质部找的，这要让毛主席对我何长工怎么看呢？

“唉，老黄呀，你看怎么说好呢？”

黄汲清朝李奔瞥了一眼，又瞅瞅何长工，心想你大部长都觉得不知咋办，我就更没辙了。

临别时，何长工拄着拐杖，拖着跛腿出来送客——那是井冈山游击战时给这位老战士留下的终身纪念。望着这位跛腿老将军那阴沉的脸，此时的黄汲清心头不免涌起一丝怜惜。不过，他心头更多的还是对这位老革命家的一种特殊的崇敬之情。

有一桩事，黄汲清一辈子没有忘却。

那是1957年新中国历史上知识分子第一次大劫难的年份。当时黄汲清身兼两大要职：国家石油地质局总工程师和地质部地质矿产研究所第一副所长（所长由一名副部长兼任）。4月，全国第一次区域地质调查会结束后，黄汲清带着一批青年工作者赴广东野外进行实地传帮带。当时的苏联专家已经渗透到了各个工业部门，地质部也不例外。可是，早在40年代就已成为世界知名地质学家的黄汲清发现，那些在他面前指手画脚的所谓“苏联专家”，竟是些在苏联本国时也还把他写的那本《中国主要地质构造单位》奉为经典学习的刚从大学校门走出的学生。黄汲清很有些看法，并且直言不讳地向专家组组长提出了自己的意见与建议——其实作为大师他也有足够的资格在这些俄罗斯“娃娃”面前说说话。可是黄汲清错了。

初秋，他回到了北京。地质部的“反右”斗争已经进入了高度的“具体”阶段，他和另外三名高级工程师被点名批判，那时的点名实际上已是“内定”的右派了。除了黄以外，那三名受批判者有当时的地质部总工程师谢家荣和著名地质学家李春昱，他们和黄汲清一样，都是当时中国地质事业的顶梁柱。谢、李的

“罪责”难逃，特别是谢，他的“罪责”有两大条：一是反苏联专家（谢的观点跟黄汲清一样，他对苏联的“毛孩子”在自己面前指手画脚意见大着呢。更何况谢当时是堂堂共和国地质部总工程师，一国地质最高技术权威，听俄罗斯“毛孩子”瞎指挥算什么事呀）；二是反党（其实是反某些政治权威）。

黄汲清和谢家荣作为当时发现大庆油田的主要组织者与领导者，他们在“反右”斗争中的命运，对后来直至今天有关这一中国科技界第一大“悬案”的结果，有着直接与极大的关系。

比起谢家荣，黄汲清可谓碰到了好运。论“罪状”，黄汲清与谢家荣差不了多少。巧在12级台风般的冲击下，黄汲清得病住进了医院。身为党组书记的何长工知道后断然挥了一下手，说：“有病，就好好住院。什么时候好了，什么时候出院，不要着急。”有“老头子”的这句话，谁还敢动黄汲清？这一“病”就是半年。1958年6月黄汲清出院时，“反右”斗争已近尾声。何长工又“像模像样”地把他叫到党组扩大会上作了一通深刻批判，那顶“右派”帽子就这样搁在了一边没动。黄汲清的头上总算轻松了一些，可他的嘴巴从此也被封住——“漏划大右派”的尊称一直像大口罩似的贴在脸上，使他不得在言行间有丝毫可以袒露真实自我的余地。之后的近20年间，他尽管还是名义上的全国人大代表（一、二、三届），然而政治生命实际已死亡。

从此，他嘴里的话不再属于他自己了。

从何长工家出来，黄汲清回到人大会议上，四川组的代表们早已在那里等着听他讲大庆油田的发现“秘闻”了。

黄汲清找到自己的座位后，摘下眼镜，抹了一把额上的汗珠，心头异常紧张。他知道弄不好会捅娄子，可今天再不讲已是不行了，于是他只好这样不着边际地讲道：

“……嗯，这么说吧，像我们的四川大盆地一样，东北松辽地区——就是现在的大庆，那儿也是一个大盆地，这大盆地是可以含油的，陆相地层大盆地更可以含油，那些厚度很大的有机质、丰富的灰黑色页岩就更可以生石油。咱们的大庆油田呢，是政府1955年开始布置了力量很强的地质队和物探队，经过大约5年时间，后来在松基3号井位打了一口深井，一钻下去，油气就喷出来，好大好大的油气，这就是我们的大庆油田！”

黄汲清就这样一边谨慎地一个字一个字琢磨着，一边自感十分生硬地讲着。人大代表们可像是在听说书人讲三国、水浒，一个个目不转睛地盯着黄汲清，仿佛他的嘴里蹦出的每一个字都是最最精彩的传奇故事。

“黄先生，你说说，过去有没有人在大庆那儿找过油呀？”有人站起来问。

黄汲清说：“有啊，日本人在那儿找了整整30年呢！可他们没有找到！”

“听说日本人找油技术比我们先进得多，为什么他们就没有发现，而我们才用了5年就发现了大油田呀？”

黄汲清一听这，眼睛立马亮了起来，嗓门也高了，话语也“溜”了：“小日本为什么没找着呢？那是因为他们不懂得陆相地层可以生油。在我们大庆油田发现之前，世界上许多国家的大地质学家都认为只有海相地层才可能生油，而把陆相地层视为贫油区，咱们中国搞地质的人不信那一套，早在40年代，就提出陆相生油的理论。新中国成立后，根据这一理论，我们果然没用多少年就找到了大庆油田！”

“要得嘛！咱中国人就不比洋人差嘛！”

“这提出那个叫啥子陆相地层生油的人可是了不起呀！”代表们越听越情绪高涨，有人站起来拉着嗓门问道：“黄先生，你知道是谁提出陆相地层生油的吗？”

黄汲清一听，心里“咯噔”了一下，额头顿时直冒虚汗。他知道由于自己太投入话题而说漏了嘴，于是赶忙改口：“这都是毛主席、共产党领导的伟大胜利，我们中国人民找到了一个大庆，明天还会找到第二个、第三个大庆！”

“对对，为第二个、第三个大庆欢呼吧！”代表们完全沉浸在激情澎湃之中。

险乎！黄汲清躲过欢呼的浪潮，掏出手绢，轻轻地抹了一把额头上的汗珠。他无意间抬起眼皮，一下愣了：他看到了另一位著名地质学家、中国科学院地质研究所所长侯德封。侯先生是中国地质开山纪元的“十八罗汉”之一，与谢家荣是同学。解放前，黄汲清任国民政府“中央地质调查所”所长时，侯当过比自己小一截年龄的黄汲清的部下，不过他们彼此都是有几十年交情的好友。方才黄汲清讲话时，并没有想到身边还有位认识他的大地质学家。否则恐怕连上面有关大庆油田发现的那番含糊其词的话他都不会讲的。

黄汲清偷偷抬起眼皮，又瞅了一眼对方，只见侯德封十分滑稽地朝他点点头，又摇摇头，之后是长叹一声。

怎么，我哪儿说错了？黄汲清顿时惊恐起来，他想上前问个究竟，可中间有几位代表的座位隔着不好动弹。七上八下的心，使黄汲清长叹了一声，他的心头涌起一个念头：以后我再也不说发现大庆油田的事了！

事实上，后来的十几年间，他别说想谈大庆油田发现的事，就是连最基本的工作和搞科研的权利也都被剥夺了。那些铺天盖地的千篇一律的有关发现大庆油田的宣传，根本不容另一种截然相反的声音出现，特别是黄汲清的声音。

需要申明的一点是，后来关于大庆油田发现的非真实宣传有一个特别重要的细节，那就是在黄汲清发誓闭嘴不谈时，全国人大会议内外炒起来的大庆热，使作为第一个在松辽平原插足，并第一个在那儿发现油砂和打出第一口油井的地质部领导越来越感到失落，原因是在“上面”以及公众印象中，大庆油田的功劳几乎“一边倒”地倾向石油部及“王铁人”为代表的石油工人。

对这样的“不公”，身为当时地质部的几位领导自然首先感到紧张，因为不把这件事向中央和全国人民说个明白，下面几十万地质大军是不会答应的。另一方面也难免有一天哪位中央领导站出来冲着地质部的部长们说，哎，石油部找了个大庆油田，你们地质部怎么回事，光向国家伸手要钱撑饱肚子，就不会“生崽子”呀！不行，决不能让举国上下的宣传“一边倒”。

对这件事最着急的应该数地质部党组书记、常务副部长何长工了。那天听黄汲清回来一汇报，他心里就开始七上八下。当年毛主席点名让他到地质部来后，就曾这样说过，地质部长虽然是李四光，可他是搞技术的，你是党组书记兼副部长，平时地质部的日常工作主要靠你。是啊，地质部的好坏，毛主席是要拿我何长工是问的呀！说不着急是假，可说为中国革命出生入死几十年，从不计个人得失的何长工此时一点不荣誉也是假。

外人不知道，何长工心里清楚呀。打 1955 年黄汲清等人提出松辽平原列入石油普查计划之后，于 1959 年开始“大庆会战”以来，地质部和石油部两家的合作是从不分彼此的，那时只要一逢重大问题，何长工就会下道“军令”，余秋里、康世恩等石油部的“小将们”马上就会像走亲戚似的往他家跑。

“喂，诸位部长小将们，最近在松辽有没有发现敌人的团长、师长呀？”每次，何长工不等客人坐下，就摆起“龙门阵”来。他爱把发现新的“油田”与矿山按其大小，称之为“班长”“排长”，大的就叫“连长”“营长”。

“报告老将军，这次我们抓住了一个‘军长’！”余秋里“啪”

的一个立正，庄严地抬起他的那只右手（战争使余秋里失去了左胳膊）。

“好样的，我就爱听抓大家伙的！”

何长工听后，兴奋得一跛一拐地走过来，双手紧抱住余秋里，然后大声说道：“毛主席让我们两个断腿少胳膊的人追赶美帝国主义的火箭卫星，谁说不成！”

“成——！”这时，屋子里的人全都兴奋地欢呼起来，只有一个人躲在一旁捧着一碗面条在狼吞虎咽着。

“好你个康世恩，每次来你都得消灭我一斤大白面。怎么样，又该罚你头个发言了！”何长工拎着大庆油田会战总指挥的耳朵，嚷着。康世恩则像顽童似的二手捂住耳朵，一边连声“抗议”：“这事你老可无权干涉，是尹大姐对我特殊关照！”

“是这样吗？”何长工转头问老伴。

“你这个死老头，先把手给我放下！”老伴尹清平站出来说话了，“人家世恩在冰天雪地里啃棒子面，难得回来一趟，总给你抓来作‘舌头’，坦白交代，还不兴让人家吃饱一顿？”

康世恩听了这话，乐得像个大孩子似的手舞足蹈起来：“还是大姐好，大姐心疼我哟！”

此时，何长工的家里便会响起一阵欢快的朗朗笑声。

那是多么难忘的时光呀！何长工想着过去左右上下为了大庆油田通力合力的一幕幕情景，再看看眼下打出油后谁都想在毛主席老人家面前和全国人民面前摆功举旗的局面，心里真不是滋味。

老将军从来不为名利所动，可在大庆油田这个问题上他不能等闲视之了，因为这不是他个人的事，事关全地质部几十万人的名誉问题，也关系到毛泽东主席和党中央对地质部的看法问题。

何长工的看法和意见得到了“一班人”的赞同。于是，向中央写份关于发现大庆油田若干问题的报告的动议，便在地质部上层集体形成。

怎么写？写什么？这又是一个难题。

按照历史实事求是地把发现大庆油田的每一个细节陈述一遍，那就得首先把黄汲清、谢家荣他们在“普委”第一个制定出对松辽平原进行石油普查的建议和计划的功劳写进去。或者更远些，那就得从黄汲清在1942年秋至1943年夏，受国民党政府经济部派遣到新疆考察时第一个在世界上提出“陆相生油论和多期生油论”算起。后者显然不能提及——因为那样会冒“为国民党反动政府唱赞歌”之嫌。可前者似乎又缺乏新中国阳光下的共产党人光彩。为什么？不为什么，因为那个“普委”（全称为地质部全国矿产普查委员会）执权的三位大员黄汲清、谢家荣、刘毅都是“臭名昭著”的大右派或“漏划右派”。“普委”主任名义上由李四光兼任，实际平时工作则全由黄、谢、刘三位常委领导与决策。刘毅是“三人领导组”的行政长官，兼“普委”党委书记，在打成右派后被押至东北一个农场，据说后来不幸去世。“大庆油田”如此一个在毛主席光辉思想照耀下取得的社会主义巨大成就，怎么可以与这些右派分子们的功劳联系在一起呢？

李奔（当时石油局副局长）他们代表业务部门为党组起草的初稿上因为列举了黄汲清、谢家荣等技术人员的名字，自然被删掉了。“报告”中的提法后来改成了另一位后来全国、全世界人都知道的“权威人士”。

毛泽东对李四光说：“你的太极拳打得好哇。”黄汲清感到纳闷：为什么自己亲自布下的松辽平原石油普查计划被无情地撤掉了？历史留下如此的玩笑：

一个世界级大油田差点被人一笔勾销。

时间：1964年底，第三届全国人民代表大会会议期间。

地址：人民大会堂北京厅。

一位工作人员对李四光说，请您到北京厅去一下。李四光拉开门跨进北京厅时，发现毛主席在那里。李四光以为是通知错了，就说："主席，对不起，我走错了门。"正想转身出门。

这时，毛主席走过来，握着李四光的手说：你没有走错，就是我找你的。李老，你的太极拳打得好哇！

李四光暗自诧异，心想：太极拳我刚刚学，主席怎么一下就知道了呢？于是回答说：我的身体不好，刚学会一点，太极拳打得还不好。

毛主席温和地笑开了："我说的是你的地质力学这个太极拳。李先生，你这一拳，给我们新中国打出了一大油田，打得帝国主义和修正主义发抖哟！"

这是一个人们非常熟悉的"故事"情节，它不仅在黄钢的报告文学《亚洲大陆的新崛起》中有，电影《李四光》中有，许多中小学教科书和科学家传记中也有。

第二届全国人民代表大会第四次会议和第三届全国人民代表大会第一次会议相距仅一年，从上面这则"故事"中，我们可以看出，毛泽东主席和中央对发现大庆油田者，可不是一般的看待了，那绝对视为座上客。

我不能肯定这样的变化是否全部归功于地质部的那份"报告"。事实上，我至今一直未见到这份报告。地质部档案室的老同志都说"印象中是有的"，可他们费了很大力气也没能帮我找到它。但有一点是可以肯定的，日后关于大庆油田的发现问题上的宣传出现了严重偏差。

第二届全国人民代表大会第四次会议刚结束的1964年初，毛泽东主席奋然挥笔，向全国工业战线发出了“工业学大庆”的号召。于是，大庆作为社会主义建设的一面红旗，开始高高飘扬在共和国的历史舞台上。地质部也得到了相应的嘉奖，当年4月22日，中共中央转发了《国家经委关于加强地质工作的报告》，正式首次肯定了地质工作与发现大庆油田的关系，原文这样说：“解放以来，地质工作有了很大的发展，探明了大量矿产储量，发现和勘探了一批对我国经济建设具有重要意义的矿产地，如大庆油田……”

毛泽东主席的话更使地质部的人像掉进了蜜罐里似的那么甜滋滋的。毛主席说：“地质部应是地下情况的侦察与情报部门，地质工作是国民经济的先行官。”不仅如此，毛主席还在中央会议上告诫所有党和国家的高级干部，“要好好看看《徐霞客游记》，要学习地质部的人，踏踏实实走下去，一步一个脚印地去发现宝藏。”

不管怎么说，能在毛泽东主席和全国人民面前讨个公道，何长工觉得自己算又为地质部做了件好事。可他并没有料想到另一层意思，即科学上的任何发现创造，就同科学本身一样，来不得半点虚假，否则终会铸成大错。

当毛泽东主席刚刚褒奖石油工人亲手树起大庆这面旗帜后，他没有忘记自己寄予厚望的老朋友李四光。由于大庆油田的发现，毛泽东这位伟大的哲学家、思想家，对李四光的地质力学开始产生浓厚的兴趣。

“老朋友，你的地质力学能找到大庆油田那样的大油田，了不得哟。你能给我上一课吗？”一天，毛泽东把李四光请到中南海，兴致勃勃地问道。

“不敢不敢。主席，您是全国人民的导师，我要好好学习您的著作才是。”李四光回答道。

“我搞了几十年阶级斗争，打仗、搞土改还成。可讲自然科学，先生，还是你哟！”毛泽东一边笑着，一边用夹着香烟的手指指坐在一旁的周恩来，对李四光说：“恩来已经在你的身上学不少了。”

李四光很是诧异：“是吗？总理？”

周恩来站起来：“主席说得对。李先生，我知道你的地质力学不仅是门国际闻名的先进科学，而且又是我们中国土生土长的科学。在地质学界独树一帜嘛。恩格斯讲，英国的赖尔第一次把理性带进了地质学，但是批评不讲运动，不讲发展。李先生你的地质力学则第一次把运动、把辩证法带进了地质学，这是个很大贡献！”

“好，好好！”不知是寻觅到了哲学观念上的知音，还是出于对自然科学的浓厚兴趣，毛泽东听到这儿一连称了三个好。他按捺不住心头的激荡情绪，那只曾指挥千军万马推翻蒋家王朝的大手在空中有力地一画，然后目光炯炯地对李四光说：“看来，世界上一切进步的事业，都离不开运动这个规律。运动可以推动社会，可以改变社会，可以使过去孤立和失败的事成为今天得道多助与成功的现实。你说呢，李先生？”

李四光激动得不知说什么好，尽管他对这位大哲人的话尚不能全部领会，但仍令他备受鼓舞。

作为中共非党人士和“漏划右派分子”的黄汲清，自那次人大会上受到“惊吓”之后，他又回到原单位埋头于他的资料与图表之中，当然对上面发生的一连串事情尚不清楚。他只奇怪的是，打这以后，原来与自己亲密无间、无话不谈的李奔，似乎也变了个样，常常有意无意地躲着他。

“这个李奔搞啥子名堂呀！”黄汲清生来最怕身边的老熟人跟他闹隔阂。一次开业务会，他一把将李奔拉到一边，问：“直说，我哪处做得对不住你？”

李奔慌了：“先生千万别误会，是我觉得对不住您老！”

黄汲清不解，又催着问。

无奈，李奔只好背着人偷偷把部党组写给中央的那份“报告”抄件让黄汲清看。

“开始，是有您和谢先生等人名字的，可……后来给划了。”李奔指着至关重要的那段话处，非常歉意地道。

“这不是事实，也不符合科学！”黄汲清的身子在颤抖，双手抓住李奔的胳膊，“你也是当事人，该清楚是怎么回事！”

李奔懊丧地低着头，默默收起“报告”：“当然。可，可这不是为了需要嘛！”

“需要？为什么当初有人把松辽的普查计划差点给毙了呢？”

在发现大庆油田的最初期，确实发生了一件差点把如此一个世界级大油田给一笔勾销的怪事。

这件“怪事”之谜，使大师熬了近40年时光才把它解开。他生前虽然在各种科学会议和学术著作中公开过这件事，但社会上广大群众并不知道，大师也还没有来得及站出来对广大群众就此事说个明白，便猝然离开了人世。现在我只能借助本篇文学作品首次披露给广大读者。其实它本应在某部庄重的科学史书里十分严肃地得到阐述。

1949年10月1日，中国人民在中国共产党领导下，历经长期的斗争，终于摆脱了帝国主义、封建主义和官僚资本主义的压迫与剥削，获得了自由解放，并诞生了新中国。然而自鸦片战争以来的一百年间，中国这位“东方帝国”的巨人到此时已变得一穷二白。毛泽东与中国共产党在收拾这个烂摊子后，最紧迫与最困难的问题便是如何使国家从贫穷中走出来，工业革命无疑是唯一的根本出路，而石油工业则是整个工业革命的重中之重。

毛泽东对这一问题极为看重。他在刚刚宣布中华人民共和国成立后的第18天，便以中央人民政府主席的名义，签发了成立燃料工业部的命令，并亲自提名由资深工业革命家陈郁为部长。新成立的燃料工业部在第二年就设立了石油管理局这一专门机构。著名地质学家、我国第一个石油工业基地——玉门油田的开拓者与发现者孙健初先生被聘为石油管理局勘探处处长。当时的中国石油工业处于“茫茫大地，何处找油”的状况，其战略方向十分迷茫，唯一可依靠的是孙健初在40年代初发现的一个玉门油田和日本人侵略东北时留下的几个人造石油厂。中央据此确定了加强西北石油勘探工作和发动力量恢复东北人造石油的两大目标。西北石油勘探工作的重担交给了孙健初，并于1950年8月6日，成立了西北石油管理局和玉门矿务局。一代石油先驱孙健初在党的厚爱下，奋然全身心投入工作，可是就在他为新中国石油工业做出贡献的时刻，1952年11月10日深夜，他不幸煤气中毒，与世长辞，终年56岁。孙健初的猝然长逝，使中国石油勘探业曾一度陷入空白。最高决策层把眼睛不得不放在了成本极高、产出极低的东北人造石油上，并在短时间内恢复了抚顺东制油厂（后为石油二厂）、锦西石油五厂、抚顺西制油厂（后为石油一厂）、桦甸页岩油厂（后为石油九厂）和锦州煤气合成厂（后为石油六厂）等几个人造石油厂的生产。所谓的人造石油是以一种叫页岩的岩石，通过大量复杂的干熘等工序，从中提炼出与天然石油成分相近的人造石油来，其成本为天然石油的十几倍。无奈，许多工业建设需要石油，不这样做就会使得诸多产业无法进行。毛泽东等决策者是咬着牙关，勒紧裤腰带从石头中挤这“生命油”的。到1952年人造石油产量达24万吨，占当时全国原油总产量的55%，中国人就是靠了这么一点点人造石油在支撑着新中国建设，特别是朝鲜战场上的大部分急用之油。

太可怜了，又显然不是长久之计。毛泽东为此忧心忡忡。一个庞大的国家，而且还处在一边建设一边需要满足战争的供给的状态，仅靠40多万吨石油，简直是杯水车薪。而更为严重的是中国石油资源尚处在被国际科学权威们判定为“贫油国”的“无期徒刑”状态。

“找，得把960万平方公里的地底下摸个清楚。”1952年8月，毛泽东又宣布成立“中央人民政府地质部”。这块牌子刚挂起来，毛泽东就把派去当部党组书记兼副部长的何长工叫到身边。

“长工啊，你在地质部听听技术人员说了没有，中国到底有没有石油啊？”毛泽东开门见山的第一句话就这么问道。

“这……”何长工急得后背一身冷汗，他瞅瞅一旁坐着的彭真，不知如何回答。要说有吧，这牛皮吹出来可就不得了啦！要说没有吧，毛主席肯定不爱听。

何长工“支吾”了半天没说出几个字。

“唉！油啊油，真是油（忧）人啊！”毛泽东懊丧地朝何长工、彭真挥挥手，示意他们走吧，他需要独自对此想一想。俩人走后不多日，毛泽东通知秘书：让地质部部长李四光来一下，还有总理。

老人家愁的还是石油。

离开中南海，李四光回到办公室，脑子里一直在思忖毛泽东和周恩来的话，他感到开展全国性石油地质普查与勘探工作已迫在眉睫。然而作为一个新组建的政府职能部门，国家建设所需的矿产资源太多了，有造飞机、大炮的钢铁，有试验核武器的铀矿，有供给人民生活的铜锡矿，还有准备建长江大桥的工程勘察任务，当然，石油是这些矿产资源等任务中的重中之重。地质部是一个行政部门，矿产普查工作千头万绪，单靠一个行政部门难以进行有效工作，必须建立一个专业部门全力投入才是。

李四光把自己的想法告诉了何长工等几位副部长，并且迅速形成集体意见。于是，1954年初，一个专门担负计划与指导全国性的各种矿产普查勘探任务的特别机构——地质部矿产普查委员会宣布成立。李四光和何长工商量，这个实质机构必须由国内地学界最有威望和最有实际工作能力的人士“唱主角”。经过再三选择，部党组调来三位大员，他们是西南地质局局长黄汲清、地质部地质矿产司总工程师谢家荣和地质部办公厅负责人刘毅。三人分别被任命为“普委”常委，主持日常工作。地质部把如此重任交给黄、谢、刘三人，是有一番苦心的。刘是位资深老革命，9 级干部，他到“普委”另有一个职务是党委书记兼办公室主任，是实际上的行政最高长官。谢是著名的矿床学家，在矿产勘探方面是独一无二的权威。另一位黄汲清是从大西南调来的，完全是出于对他的两方面优势考虑，一方面他是著名的地质学家，另一方面他还是中国数一数二的从事石油地质科学的专家。他和谢家荣实际上是“普委”的技术总负责，加上刘毅这位行政领导，如此“三人班子”应该说是最佳搭配。

“普委”除上面几个大员外，还有一位重要人物，他就是李奔。这位“少壮派”到“普委”之前已是东北地质局副局长了。在“普委”他被任命为办公室副主任，是实际上的“大管家”。李奔在新中国石油工业建设史上是位重要而又传奇的人物。他是位“小八路”出身的共产党人。1945 年，他所在部队越过陇海铁路时，日本人投降了，年轻的他被派到家乡任化县当了县委书记。解放后，当时任东北人民政府工业部办公厅主任的袁宝华将他召到地质行业。这位年轻、干练的党员干部深得黄汲清、谢家荣的看重与赏识。中国大庆油田的发现，如果没有李奔从中奔波、周旋，或许还要晚几年。然而就是这样一位当年与康世恩在大庆会战中并肩战斗的“老石油”，从解放初期任局级之后的几十年间从未升迁过，当他辛苦、劳累做出了卓越贡献在数十年后退休时，他依然还是位“局长”。拿黄汲清的话说，“像他（李奔）这样能干的人，在石油部早就是部级领导了。”可叹的是，也许是地质部的人才太多，像李奔这样的功臣在官场上“无出头之日”的远不只他一个人。

除李奔的行政办公室外，“普委”下设一个地质科，这是主要的业务部门。著名地质学家王曰伦、朱夏、关士聪等也在其中。而更多的是像张瑞祥、邓克刚、苏云山、丁正言、余飞、朱景善、敖玉、冯福闽、胡定恒、刘政琨、孙人一、陈继贤、宁宗善、周志武、任纪舜、王光等一批刚走出大学校门的年轻人（如今这些人大多成了我国地质业的栋梁支柱）。

1954 年 12 月，国务院为了加速石油工业事业，决定将地质部、中国科学院和燃料工业部石油管理总局的力量集中起来作战，并分工地质部与中科院担任油气普查和科学研究任务。康世恩任局长的燃料工业部石油管理总局担任油气资源的勘探和开发（第二年该局撤销，并改为独立的石油工业部）。黄汲清他们的“普委”任务也由综合矿产普查任务改为全国性的石油、天然气普查勘探。这一消息，对毕生致力于中国油气业建设的黄汲清来说，无疑是一个天大的喜讯。

或许是近几十年来李四光的名字太响和太光耀的原因，绝大多数中国人对中国地质科学界的其他人物知晓得甚少。其实，20 世纪的中国地质科学较之其他科学界更值得我们中国人自豪。而中国的地质学界所涌现的一大批跻身于国际地学界之林的世界级大师，又何止李四光一个人！

黄汲清便是可以与李四光并驾齐驱的其中一位，而且是中国地学界难得几位科学大师可以冠名“中国石油之父”的一位。

由于历史的原因，至今人们对黄汲清这位大庆油田的主要发现者和“中国石油之父”了解甚微，特别是当代青少年中没有几人知道黄汲清这个名字。这不能不说是一种悲剧。其实，在中国现代和当代科学史上他是一位不可磨灭的闪耀巨星。只是人们需要补上对他的认识而已。

虽然人们对黄汲清这个名字不甚了解，但在中国近代史上有位杰出人物却是人们熟知的，他叫章鸿钊，中国地质学界称他为中国地学的“开山之父”。黄汲清叫他“先生”的时候，章已是中国地质事业的开创元勋了。

1911 年 6 月，章鸿钊怀着一腔赤子之心回到祖国。此时，正直孙中山领导的辛亥革命爆发。武昌起义成功后，章鸿钊即应邀赴南京，参加“中华民国临时政府”筹备事宜。

1912 年 1 月，南京临时政府宣告成立，大总统孙中山亲自批文在政府实业部下面成立矿务司地质科，并任命章鸿钊为科长。

“地质”两字，至此在中国有官府政权的几千年历史以来首次正式出现。

章鸿钊科长作为中国第一位“地质长官”，他对国人如此大声疾呼道：“谋国者宜尽地利以民财。欲尽地利，则舍调查地质盖未由已！”并说：“亡羊补牢，或犹未晚，失此不图，而尚谈富强也，则吾未之知也！”

先师的切肤之言，对年轻的黄汲清影响极大，对他后来毕生献身于地质事业起到了重要的影响。

1928 年，黄汲清以优异的成绩从北大地质本科毕业。同班毕业生还有李春昱、朱森和杨曾威，前两位后来都成为中科院学部委员（院士）、著名地质学家。只有杨曾威因家境困难而从商去了（其实黄汲清的那届地质系毕业生全部加起来也就他们四人）。

20 世纪前，中国的地质科学是零。到黄汲清毕业时的 20 世纪 20 年代末，仍然只有少数的几个人在打天下，然而这“少数的几个人”却都是了不起的人物，回过头来看一看，中华民族在 20 世纪的迅速崛起，我们不能不承认他们功不可没。这里所说的“几个人”，除了章鸿钊外，便是丁文江与翁文灏。

章、丁、翁三人都是留洋回国的中国第一代地质大师。他们共同创造了我国第一个专门培养地质人才的高等学府——地质研究班（即后来闻名于世的中央地质调查所）。这个所成立于1913年，第一批招收的学员仅为30名。地质研究所的教学十分严格，并且对学员实行淘汰制。三年后这批学员毕业时，只有18人拿到了文凭，这就是后来的“中国地质十八罗汉”。他们中有已介绍过的谢家荣，有成为著名教育家的叶良辅和发现首钢供料矿山井陉铁矿的朱庭佑、山西大同煤矿发现者王竹泉、北京周口店猿人发掘人裴文中等一批科学大师。地质调查所后来没有招过学员，成了国民政府农商部下属的一个工作实体，第一批学员都被收编为该所地质调查员。由于它是二三十年代中国唯一的地质工作部门，故之后全国各大学包括从外国留学回来的优秀学生都被吸收到该所从事地质科学专业。这种状况一直延至1949年新中国成立。

由于章、丁、翁这三位大师自身的学术水平与实际工作能力，加之不断吸收各路精英，地质调查所发展到40年代时，已是人才济济，并成为名副其实的世界级著名科学研究机构，它的总体学术水平与研究人员都是一流的。在国内也有中国地质科学“黄埔军校”之称。后来新中国在非常短的时间里发现了那么多大矿、大油田、以及氢弹、原子弹所用的铀质矿物，是与这个调查所的基本原班人马在解放前全部保留了下来有着密不可分的关系。本文主述的关于在大庆油田发现问题上后来所出现的一连串事件，追其源渊，也与这个所的历史不无关系——因为李四光不曾属于过地质调查所，而除他之外的新中国地质事业（包括石油工业）开拓者，几乎都出自这个所。

世上所有的恩恩怨怨总是与历史的诸多因素搅和在一起，在大庆油田的问题上也不例外。

黄汲清不属于章、丁、翁、李（李四光）等第一代中国大师，他也不是“十八罗汉”之一，但他以其自身的天才和勤奋，迅速在地质科学界成为大家。

跨出校门，黄汲清像当时所有优秀青年地质学家一样，被聘到中央地质调查所当调查员。那时的所长由翁文灏担任，丁文江是技术总负责。翁、丁俩人是好友，调查所第一任所长由丁担任，后丁一度驰骋政坛当了上海市督办（相当于市长），之后又出任北票煤矿总经理，其间让位于翁。今天 50 岁以下的人很少有人知道丁文江这个名字，可在 20 世纪初的中国，丁文江可谓大名鼎鼎。我看过湖南科技出版社 1974 年翻译出版的一本由一位名叫费侠莉的美国学者撰写的《丁文江——科学与中国新文化》一书，令我对丁文江这位中国新文化运动的旗手和科学大师肃然起敬，费侠莉在哈佛大学出版社出版的原著中这样评价丁文江：“……他是中国的赫胥黎，是二三十年代中国提倡科学、促进新文化发展的代表人物……作为一位杰出的科学家，他是第一位这样的中国人，既从技术观点又从哲学观点研究西方的科学，感到根据科学的思想原则教育同胞是自己的责任。丁文江所发挥的这种作用——科学家作为文化的和政治的领袖——在中国的历史经验中是前无古人的……”这位杰出的科学家与政治领袖，对黄汲清的事业与人生都有过重大影响。或许是一种巧合，或许是一种机遇，就在年轻的黄汲清刚刚踏入社会，立志用教室里学到的知识来为拯救苦难的民族做贡献的时刻，正处于精力与事业巅峰期的丁文江大师，在地质调查所策划了中国现代地质科学史上的一次壮举——中国西南边疆地质大调查。他选择了两条线路，一条由重庆入贵州境内，另一条由四川叙州至云南方向。丁文江除自己亲率一支队伍外，还派了两名得力助手组成另一支队伍，他们便是黄汲清和在当时地学界享有盛誉的青年地质学家赵亚曾。

我是从照片上认识赵亚曾的。他身材高大，一副学者相，相比之下，矮小的黄汲清则显得一副憨相——那张照片摄于 1929 年赵亚曾与黄汲清在翻越秦岭途中的褒城鸡头关。这次远征野外考察调查，给黄汲清留下了一生都刻骨铭心的印象。

为了获得尽可能多一些的野外资料，黄汲清和赵亚曾时而并肩同路，时而各辟路线，孤身进入荒蛮的原始森林与少数民族山区。在我们今天看来，到一个陌生的地方去旅行考察似乎很浪漫。可是在那个年代，野外考察就是一种随时都有生命危险的探险。11 月，当黄汲清正在四川叙永的途中，云南昭通方面传来一个他怎么也无法接受的噩耗——他的好友、同伴赵亚曾惨遭土匪残害而死。赵亚曾死得突然，也死得惨烈。这位出生于北方的青年科学家，他不懂得如何对付南方土匪的恶行。这天，在他下榻的一家竹楼小客栈，突然来了一群持枪的土匪。本地人都有经验，只要遇到这种时候，就主动敞门掀柜，任其自然。赵亚曾哪知道，当他一听土匪来了，拼命地使劲将门死死顶住。土匪越是嚎着让他开门，他越是顶住不放，甚至把身体一起贴在门上。土匪急了，掏枪“砰砰”就是一梭子……一位杰出的科学家就这样惨倒在血泊之中。噩耗传出，举国震惊，黄汲清更是悲痛欲绝，然而这并未能阻止他继续奋勇前进。他擦干泪痕，埋葬完好友的尸体后，又只身翻山越岭进入荒无人烟的贵州原始山川，直至 1930 年 6 月与丁文江等人汇合。此次野外考察历时一年零三个月，黄汲清孤身行程达一万余里，创造了中国地质史上一次单程考察的最长线路纪录。当丁文江为痛失爱徒赵亚曾悲伤之时，黄汲清的勤业精神使这位大师得到了莫大宽慰。“明日之中国地质希望，非德淦莫属！”丁文江在翁文灏和当时的新文化旗手胡适面前如此赞扬黄汲清。事实证明，丁大师的预言没有错。在大量获得第一手资料的基础上，1930 年至 1932 年间，黄汲清埋头耕耘在科学研究之中，连续发表了《秦岭山及四川地质之研究》《中国南部二叠纪珊瑚化石》等六部专著。其中《中国南部二叠纪地层》是我国第一部断代地层总结，奠定了为地质找矿有直接指导意义的中国二叠纪地层划分的基础。他的专著一发表，立即轰动中外地学界。黄汲清从此在科技界也有了“黄二叠”的美名。

1932年夏，黄汲清受中华教育文化基金会的选派，赴瑞士留学。先入伯尔尼大学，后转入浓霞台大学攻读博士学位。他的导师是著名的大地构造学家E.Argand。这位才华横溢的中国青年科学家此时得以在欧洲大地熔炼深造。1935年，他的那篇用法文写的博士论文对阿尔卑斯地区的地质研究，在40多年后国际地科主席Rudolf Trumpy教授访华时仍称其“至今依然有重要价值”。

或许是当年在北洋大学的那份从政之心尚未泯灭，或许是在从事地质科学工作十年后黄汲清更理智并从科学的高度认识到了一个国家的兴衰与能源工业革命之间的密切关系。1935年秋，他在以东方人特有的聪明才智获得理学博士后，毅然把自己的科研目标转向了石油地质领域。为此，黄汲清不惜冒贫困潦倒流落异乡之险，带着在瑞士省吃俭用留下的几个钱，远涉重洋，抵达美利坚合众国，进行了为期三个月的石油工业与石油地质考察。这是中国科学界第一个也是唯一一个由自己掏钱选择当时已在西方工业资本主义国家蓬勃崛起的以石油为主导的工业革命浪潮为研究对象的东方科学家。

美国先进的石油科学革命，使黄汲清大开眼界，他像海绵似的汲取着这里的石油地质知识。值得一提的是，由于美国地质学界老前辈舒各特教授的推荐与介绍，黄汲清得以在海湾石油公司、联邦地质调查所和俄克拉荷马城油田等一大批知名石油公司、油田及石油研究机构作全面、详尽的考察、取经与交流。这段经历，使黄汲清领略到了西方石油业的先进水平，同时也深深感到“科学无国境”在美国这样的先进国度里的真实体现。几十年后，每每谈及此事，大师总对舒各特等美国科学家的无私与坦诚深表敬意。

1936 年 1 月，当黄汲清回到祖国，他供职的那个地质调查所已在日本侵略军的枪炮声下，从北京搬到了南京珠江路 942 号，并改称中央地质调查所，所长仍由翁文灏兼任。而黄汲清的另一位恩师、中国地学界第一代开元宗师丁文江大师却在查勘湘潭煤矿途中，不幸煤气中毒猝然长逝，年仅 49 岁。

丁文江之死，使中国科学界和政界痛失一颗光芒耀眼的巨星。当时的地学界领袖人物翁文灏痛不欲生之余，更担忧自己与丁文江一手创办起来的地质调查所及中国地质业的前程。在这之前，翁虽名义上仍挂地质调查所所长之职，实际已基本不管事，翁此时已升迁为蒋介石的行政院秘书长，所以平时地质调查所的事都由总地质师丁文江负责。丁文江死于 1 月 5 日，死前他对地质调查所由谁来接任的问题曾对好友翁文灏和胡适有交代，丁推荐黄汲清，翁对此也十分赞成。因此黄汲清一回国，已是中央政府高官的翁文灏便找他谈话。

“德淦，丁先生突然去了，我在政府里又腾不出身，地质调查所的担子就交给你了！”

年仅 32 岁的黄汲清一听，忙惊恐地连声推辞：“不可不可，所里有谢家荣、王恒升一批大才大智者，德淦年轻才浅，实不敢担此重任。先生还是请别人吧！”

翁文灏语气深重地说：“如今日本人已经侵占我东三省和华北地区，中华民族处于危急之中，而要重振我山河，离不开矿业发展，而在这个当口，丁先生走了，你我自当勇挑重任。再说，这也不仅是我的意见，也是丁先生生前的遗愿。”他流着泪拿出丁文江给胡适与他的信件。

黄汲清听到此处，早已泣不成声。

“我……我一定竭尽全力，将先生的未竟事业进行到底！”黄汲清如此发誓。

黄汲清断然没有想到，他的这一“发誓”，30年后的一场“革命风暴”差点把他打入地狱。道理很简单：“造反派”认为，这是黄汲清“效忠”国民党政府的“铁证”。而地质调查所“实际上就是国民党蒋介石的情报部门”。黄被看中当这个“情报部门”的头目，不言而喻，肯定对中国人民犯下了“滔天罪行”。如此不打倒你黄汲清还打倒谁？你黄汲清还有什么资格沾发现大庆油田的光？这是后话。

轮到黄汲清出任总地质师和所长时（1937年，翁文灏辞去所长之职，黄正式任所长），中央地质调查所已完成北京周口店猿人和焦作、山西大同等一大批矿山资源与考古的重大发现，成为跻身于国际科学界的知名地学研究机构。当时根据日寇侵华、我国民族工业遭受毁灭性打击，外来援助被全面封锁的情况，黄汲清把在本土寻找矿产资源作为地质调查所的工作重点。

石油无疑是他梦寐以求的奋斗目标。

他回国的第一件事就是检查浙江长兴县的油苗发现。长兴油苗是在1934年一个煤山矿井中发现的。当时有位叫陆贯一的工程师对此进行粗略研究后，便在报纸上大吹特吹，说是“中国发现了大油田”。翁文灏闻讯后，高兴得不得了，调来车辆前去考察，结果差点把命都送了——中途他的轿车撞在树上，造成头部重伤。惊得好友丁文江忙不迭地在《独立评论》上写了篇“悼念文章”——《我所知道的翁泳霓》（翁的字号为泳霓）。长兴是否真有油，黄汲清对此极为关心。翁文灏与他谈话过后没几日，他便约了盛莘夫、崔克信两位地质学家专程前往。经过几天调查研究，黄汲清他们得出的结论是，这是一个虚假的“喜讯”。因为像长兴这样的煤炭地层，不可能有大的或较多的石油储藏可能。

长兴“石油”虽然扫了国人的兴，但黄汲清对西方人断定的“中国贫油”之说则更加置疑，他认为中国的许多地质构造，特别是盆地构造，与美国的几个油田十分接近。难道真是“西方的月亮也比中国的圆吗”？黄汲清不信。

1937 年，在 34 岁的黄汲清正式成为中国地质工作领导人的这一年，中国石油史上出现了一桩了不起的大事，那就是中国历史上第一个重要油田——玉门油田的发现。这个曾在抗日战争时期和共和国诞生初期为中华民族立过大功的油田，今天在油田驻地有一座高高矗立的纪念碑。这个纪念碑上刻着人们熟悉的名字，他就是油田的发现者、地质学家孙健初先生。然而，我们大多数人还不知道，除了孙健初先生外，实现玉门油田的发现，还有一位起关键作用的功臣，他就是黄汲清大师。他当时是玉门油田发现与开发的组织者和领导者。

1937 年，日本侵华战争已全面展开，中华民族到了生死存亡的紧急关头。日本天皇的“关东军”占领我东北地区，造成中国能源供应的极度紧缺。为了缓解这一大难题，曾任国民政府外交部长的顾维钧先生以“顾少川”的名义，串联财界巨头周作民，组织起一个“中国煤油勘探公司”，以求得一线希望。顾维钧的公司虽然不乏财力，但缺少技术，于是就求助于中央地质调查所。所长黄汲清接到指令后，深感在中国大后方大规模开发石油资源，此事非同小可，即与政府实业部国煤救济委员会委员、勘探队长史悠明商议。

“先生是专家，你以为我们的国土上是否真的找不着像样的油田？”史悠明问。

黄汲清摇摇头，随手铺开一张地图，说：“据大地构造学理论，我认为中国的东北、华北、西北和西南地带都有可能储油。而目前东北、华北两地已被日寇占领，无法开展工作。西南地区虽发现油气苗头，但地理偏僻，交通运输不便。因此开展以陕、甘、青三省为重点的西北部的石油、天然气普查勘探为当务之急。"

"那就干吧！"史悠明迫不及待地，"过去你和我想干也干不成，现在财神爷把钱拨了，时不再来呀！"

黄、史商定，组织一个以"中国煤油勘探公司"为一方、地质调查所为另一方的混合普查勘探队，立即着手西北油气普查勘探工作。

这是中国石油史上第一次由中国人自己策划并具规模的石油普查勘探，身为组织者与领导者的黄汲清倾注了巨大精力和热忱。派谁去担当技术负责呢？对，应当让孙健初去！黄汲清扳着手指将所里的几位大员轮番排了下队，决定由在甘肃河西走廊及祁连山一带作过地质工作的"孙胖子"孙健初担此重任。为了慎重起见，黄汲清要求孙健初等先组成一个西北地质矿产试探队，免得把"中国石油之希望"这锤子扎在大戈壁上拔不出来让世人笑话。他的这一战术得到了翁文灏等人的赞同。

就这样，孙健初带着西北地质矿产试探队一行数人从兰州南行，顺洮河西进，过黄河而至青海。归途中经玉门老君庙，在这里发现了干油泉露头。由于当时包括孙健初在内的试探队员对石油地质科学均缺乏一定实战经验，以为此类"干油泉"无多少价值，便草草作了"希望不大"的结论后匆匆东返。

当孙健初带着远征队伍，垂头丧气地回来将以上情况向所里汇报时，富有石油专业地质理论与经验的黄汲清听后，高兴地抡起拳头，打在了孙健初的肩上："孙胖子，老君庙油田有望啊！"

"怎么个有望？"孙健初很不明白。

"你不是说那儿是背斜构造吗？"

"那又怎么着？"

“嘿，那可是不一样哟！”黄汲清来情绪了。“胖子你不知道，美国的 Grand canyond(大峡谷)油田也是在背斜构造地带。论构造、论油苗相差无异，我们的老君庙肯定也能打出工业油！”

“中，只要有希望，我们再远征一次也不亏！”这位河南汉子孙健初，此刻也兴奋了起来。

次年 11 月，孙健初再次带上队伍来到老君庙。此次他们吸取上次的教训，放下铺盖，搭起帐篷，在此安营扎寨。经过六个月在冰天雪地里的艰苦踏勘普查，全面彻底地摸清了这一带的生油层地质情况。剩下的就是打钻见油了！当孙健初写完《甘肃玉门油田地质报告》时，猛然发现自己仍是在纸上谈兵，说找油找油，可连台钻机都没有呀！

这事也难住了黄汲清。地质调查所的家底他最清楚，论人才、论技术可称世界一流，可论装备却是一介“叫花子”，穷得连最起码的一台千米钻机都没有呀！他把玉门的踏勘结果和缺钻机的情况一并报告了老上司、行政院秘书长兼经济部长、资源委员会主任翁文灏，以求得帮助。

“老蒋的家底你不是不知道，时下又临全面抗战，哪来钻机可调？”

翁的话使黄汲清大失所望。对了，有一个地方有钻机！黄汲清突然拍着脑袋，说道：“听说延安那边也在打油井，他们那里有钻机，不妨借来用一下！”

翁文灏点点头，说：“是听说过。不过共产党肯不肯借又是一回事！”

黄汲清来了急脾气：“试试总无妨嘛！再说，眼下不是国共合作吗？玉门要是打出了油，对整个抗日是大贡献呀！”

“那我去试一试。”翁文灏说。

这件事后来真办成了。翁文灏通过关系，找到了正在南京梅园村住的中共代表周恩来。周恩来将此事电告了延安方面。经毛泽东同意，由林伯渠亲自出面从延长油矿调来两台钻机和几名钻井工人，连人带钻机一起长途跋涉到了老君庙。当时具体负责延长油矿钻井的队长就是后来成为共和国石油工业部部长、国务院副总理的康世恩。那时他还是个连级干部，可也是共产党历史上的第一位石油干部。中国石油业从无到有，经过了几代人的不懈努力，已成为中国现代史的组成部分。

黄汲清作为一名旧时代过来的知识分子、科学家，他本人对党派之间的事无多大兴趣，但玉门调钻机的这件事，使他对共产党有了第一次深刻认识。当时他对部下同僚这么说："共产党人胸怀坦荡，以全局为重，很讲义气，我佩服！"

45 年后的 1982 年，当黄汲清在自己成为这个党的一名成员时，他又谈起了这件令他终生难忘的事。

有了钻机，玉门油田的钻井工作马上开始。第一口井在钻到 130 米深时便见油层，日产石油 20 余桶。孙健初将这一喜讯报到南京。黄汲清高兴得立即复电："继续布井，直至'黑龙，升天！"

于是，第二口、第三口……直至第七口井，井井见油。更可喜的是在 1941 年 4 月 21 日打第 8 号井时，"黑龙"在巨大的地压下，果真猛烈地窜出地面，挟着惊天动地的呼啸，长虹一般向天际升腾而起……

中国的第一个油田——玉门油田，就是这样诞生的。它在抗战中为中国人民的解放事业做出了巨大贡献。今天，它仍在为社会主义建设服务着。

玉门找油的成功，给黄汲清以极大的鼓舞。此时，他不仅是政府的地质工作实业部门领导人，而且也是当时中国地学界的最高领导者（1938 年，他当选为第十五届中国地质学会会长。时年 34 岁）。如果论年龄、论才干、论实绩、论在学术界的地位，黄汲清此时已在很大程度上超过了他的前辈翁文灏和李四光（翁此时已从政，无暇顾及专业；而李四光则因不得志带着他的中央研究院地质研究所远在偏僻的桂林小城，闭门研究他的“第四系冰川”）。特别是在几年后黄汲清发表的《中国主要地质构造单位》专著和首次提出的“多旋回构造运动”理论，使他跻身于国际科学大师之列。他的这部专著至今仍被世界地学界视为“经典”。否则，在1946年中央研究院（国民政府）第一届院士选举中，他不可能成为最年轻的院士。

在科学的长河里，任何一种正确的预见和伟大发现，常常需要经历漫长而又复杂的过程才能得以证实。关于中国是否有石油的问题，早在我们尚无自己的地质学家时西方的诸多权威就不止一次咬定“中国贫油”。1915年至1917年，享有盛名的美孚石油公司为了探个究竟，出资300万美元，在当时认为中国唯一可能有油田的陕北一连打了7口井，结果才沾了一点油腥儿。美孚石油公司总裁得知后，大发雷霆，发誓“决不再踏进太平洋东岸一步。”300万美元在当时可不算是个小数，洋老板付出如此高昂的代价换回一肚子气，他自然不愿再做这等赔本买卖。

玉门虽然打出了油，但中国到底是否真有大油田，是否真需要将极为有限的资金投入到“大海捞针”般的石油地质普查中去，当时地学界和社会上对此分歧严重，有人甚至称在中国找油是“玩儿戏”，说什么“大敌当前，玩此等儿戏，误国殃民”。作为大地构造学理论的创始人和奠基者，黄汲清则以高瞻远瞩的战略目光和坚不可破的科学理论为依据，指出：“世界上重要油田的地理分布可以分为两大区域：一是东半球的古地中海区域，大体是东西方向延展；二是西半球的太平洋山地区域，大体是南北方向延展。两者油田的生成都在白垩纪和第三纪时期，而以第三纪为主……则吾国石油前途，虽不及美、苏，但亦可达到自给自足之境地！”这一番话在今天看来，似乎很平平，然而读者应当特别注意：黄汲清说此番话的时间是半个世纪以前的1942年（见国民政府国防研究院《煤与石油》），其意义就非同小可了！它的意义在于不仅否定了西方“权威”们的悲观论调，而且从战略上为中国在20世纪的崛起指出了影响社会国民发展的石油工业革命方向。我将它引于本文，其目的是想说明，把“中国石油之父”的桂冠安在黄汲清头上是当之无愧的，以及它与后来发生的大庆油田发现问题的名利之争有一定程度的内在联系。

一个伟大的科学发现，谁在起主导和权威的作用，绝不是长官意志所能决定的。它需要坚不可摧的理论依据和十次、百次的成功或失败的实践。在可以把几十年不能说的真话说出来的科学春天里，在政治的以及包括科学在内的神坛可以被推倒的实事求是的开放年代，黄汲清勇敢而坦荡地站出来说大庆油田是他和谢家荣等一批科学家用大地构造理论发现的。我之所以对此坚信不移，其原因也在于此。

20世纪30年代末、40年代初的中国，正值日本法西斯残酷奴役中国人民的最艰苦岁月。黄汲清出于崇高的爱国主义和对石油地质科学的至诚至爱，克服重重困难，致力研究与实践。1937年10月，抗日的战火已燃烧到华东地区，黄汲清不得不丢下手中的罗盘与锤子，组织地质调查所的员工，将图书、仪器、设备全部迁往长沙。刚落脚不久，日寇逼近武汉，地质调查所又一次大搬迁，先是在“陪都”重庆，最后落脚北碚小镇。当前方战火纷飞时，后方的黄汲清则在他那块熟悉的故土上大举组织了一系列重要的地质调查和矿产普查工作。其中突出的重大发现有闻名于世的陆丰（自贡）恐龙动物群的发现，威西大盐矿和渡口宝鼎山大铁矿（即现在的攀钢）的发现。除此之外，还有一项令黄汲清一直引以为豪的重大发现，那就是威远大油气田。

黄汲清在威远这一中国第一个大型天然气田的发现上有着无可争辩的功绩。为了实现天然气在中国的首次重大突破，早在1938年，他就曾带队在威远勘探，获得了气田的详尽地质资料。60年代，石油工业部四川石油勘探局从黄汲清处借得这份宝贵地质资料，并大举进行了钻探和开发工作，后建成了我国第一个也是迄今为止最大的天然气工业基地。目前以该气田为中心的四川盆地天然气田已发展到70多个，年产量达60多亿立方米。国家配合这些天然气田，铺设了5000多公里的输气管道和集输气管线。如今不仅四川省的大部分城镇和工业企业受益于天然气，邻近的云南、贵州省也因此获得巨大经济效益和人民生活的改善。1995年3月31日，我参加了黄汲清的遗体告别仪式，我看到在林海一般的花圈丛中，有相当一部分是川、滇、贵地区的官员和百姓送来的。我特意记下了一个落款为“成都市民”的挽联，那上面写着这样的一句话：“大师当年一指定气田　百姓今日万家用明电。”

威远气田发现之后，黄汲清对中国的石油地质科学研究与实践已趋成熟。1940年至1943年，他的目光转向了西域新疆。并且在这之后的半个世纪里，黄汲清始终如一地把自己相当一部分热情倾注到了天山南北那块美丽而又神秘的地方。

1942年临近冬季，黄汲清带着五名大员开始了新疆油田地质调查这一在中国科学史上具有划时代意义的远征考察。他自任队长，队员是：杨钟键（著名古脊椎动物学家）、程裕淇（著名矿床学家）、周宗浚（地形学家）、卞美年（地质学家）和翁文波（著名地球物理学家）。这是一个强大的阵营，他们中除个别早逝外，其余后来都成了中科院院士和国际知名科学大师。在此次为期197天的野外考察调查中，黄汲清一行不仅完成了对天山独子山油田的地质调查与油田规模圈定这一重大贡献，而且通过大量详尽细致的实地考察，黄汲清独具慧眼，第一个在世界上提出了“陆相生油论”和“多期生油论”两大科学理论观点。他在1943年英文版《新疆石油地质调查报告》专著中，针对国际地学界起统治地位的海相地层才有大油田生存的理论，明确指出：陆相沉积地层同样具备生存大油田的可能。中国的新疆独子山、塔里木盆地等地方，以及其他中国的陆相沉积地层下，完全有可能找到可与美国的加利福尼亚油田、苏联的巴库油田相媲美的大油田。

这是何等的气魄！这是何等的远见！它仿佛在国际地学界权威们的头上打了一个惊天动地的响雷，而且给中华民族的石油工业乃至整个社会发展带来了振奋人心的喜讯。在之后的几十年间，黄汲清的这一理论，无一例外地得到证实。我们今天所知的大港油田、胜利油田、任丘油田……以至80年代发现的塔里木油田等一大批知名油田，无一例外地都在陆相地层上。其中，最突出的自然是大庆油田。

黄汲清的陆相生油理论是实现大庆油田发现的重大突破的最基本和唯一可信的理论依据。我们今天这样庄严地认为，绝不是受了某种情感的支配而胡说八道。这好比当年大庆的第一口喷油井打了3600多米才见滚滚奔涌的“黑色金子”一样，一个伟大并被实践证明是正确的科学理论，如果不是建立在漫长深厚与艰苦的研究基础上，它是绝对不可能产生的，而且永远不可能产生！

我之所以让读者跟着我一起跨越了几十年的历史时空，目的依旧是为了关于发现大庆油田的那场争执。

1954年12月的一天，鹅毛大雪在北京城上空纷纷扬扬地飘舞着。

百万庄大街，中国地质科学院宿舍楼。共和国第一个石油作战指挥部——“普委”的办公地址就设在这里。

“老黄、老谢你们来一下。”党委书记刘毅招呼隔壁的黄汲清、谢家荣到自己的办公室开会。

“根据中央的指示，部党组决定在 1955 年 1 月 20 日召开第一次石油普查工作会议。”刘毅不等黄、谢坐稳，便开始传达上面的指示，“何长工同志要求我们‘普委’，就明年全国的石油普查方向与任务拟出个计划。这任务很重，它不仅是我们‘普委’向上级和全国人民交的第一份答卷，而且直接关系到我国今后石油工业的方向性问题。从现在开始，我们恐怕得少睡几个安稳觉了！我想听听你们二位的意见。”

黄汲清生性心直口快，他瞥了一眼谢家荣，便说 :“一个如此大的战略计划，我们少睡几觉倒没什么关系，问题是国家目前财力还有限，而另一方面各项建设对石油的需求又十分紧迫，这就需要我们在制定计划和布置任务时尽可能地做到方向上和技术上的准确性。你说呢？老谢？”

年长六岁的谢家荣，其性格与好友黄汲清差异很大，平时他很少说话，或者像有人说的不善言语。但生活与工作中他绝对是个“好老头”——黄汲清的小儿子、现为美国某公司高级工程技术员的黄渝生这样对我说。“德淦说的对，我们需要对每一个具体项目作详尽的讨论和研究。”谢家荣说。

“我同意你们的意见。不过，技术问题又很复杂，我们需要有一致的意见。”刘毅顿了顿，提出了一个问题 :“今后在科学技术问题上如出现大的意见分歧时，由老黄作最后决定，你们看怎样？”他把目光投向谢家荣。

“我没意见，德淦对石油比我熟悉。我们又是几十年的老朋友了，不会闹翻的。”谢家荣笑笑。

这个情节是从黄汲清的一篇回忆文章中摘下的。据黄自己讲 :“这是三人君子协定，没有向群众公布。”我以为可信，原因是 : 正如前面所言，当时“普委”这三巨头，刘毅是行政干部出身，技术上无疑靠黄汲清、谢家荣做主张。而谢家荣虽然以前也从事过石油地质工作，但他毕竟是位矿床学家，专长主要在探矿上。黄汲清则不一样，他一方面是位研究大地构造的基础地质学家，同时又亲自组织与领导了几个油、气田的普查勘探工作，是名副其实的石油地质行家。

黄、谢接受指令后，便开始了紧张而又繁忙的决策工作。

苍茫大地，何处是油田？

要回答这个问题实在是太难了，谁也不敢“口出狂言”。

一年前，地质部长李四光在被毛泽东主席召见时，也曾对中国的石油资源远景作过描绘，但这毕竟是泛泛而论。黄汲清他们现在要做的是十分具体而带有决定性的战略部署，即必须指出：哪个地方已经显示了生存油田的条件，可以把勘探队伍拉上去；哪个地方可能是个大油田，应当列入普查勘探项目；而哪个地方虽然目前还无任何迹象表明有油田的生存可能，但一旦突破就是个伟大发现因此也该下定决心投入力量。

现在，黄汲清和谢家荣要做的就是这些。

“四川盆地和鄂尔多斯（陕甘宁）盆地两块布置普查任务应当不成问题吧？”黄汲清征求谢家荣的意见。

“没问题。”谢家荣点头赞同。

“新疆的一块和青海的柴达木盆地，也应当列入吧？”

“应当。过去我们在这些地方已经做过一些工作，现在再加把劲是极有可能找出大油田的！”谢家荣补充说。

黄汲清铺开墙面一样大的地图，用红笔在上面圈上几个红圈：“加上你我一致肯定的华北这一块，还有一块是我最想做的！”他将红笔往桌上一扔，一边在屋里踱步一边说道，情绪十分激动。

“哪一块？”

“这里！”黄汲清转身俯在地图上，将手指向“雄鸡”的头部。

“你是说松辽平原？”

“对。”黄汲清的胳膊有力地在地图上勾出一个弧形，然后充满激情地说：“从地形图上看，我们的东部有个非常突出的特点：大兴安岭、太行山脉和河南西部包括伏牛山在内的地区，形成一片北北东—南南西走向的高原山区。在它们的东西则出现松辽平原和华北平原。而这两个平原又几乎可以通过渤海湾和下辽河平原连接起来，组成一片连续不断的平原和浅海沉积带。早先德国地质学家李希霍芬曾给这一大型地貌特征起了个名词，叫兴安构造线。你还记得否，我们的葛利普教授（美国著名地质学家，北大早期教授——笔者注）对此也十分注意，他认为上述沉积带是地壳上正在开始形成的地槽沉积带……”

“李四光将它说成是‘新华夏地槽’。”谢家荣插话道。

“是的，过去我也同意他们的观点，可自从我提出大型陆相沉积盆地可以生油而且可以形成有经济价值的油气田观点后，对大型盆地我可是异常感兴趣了，特别是中、新生代的陆相盆地。”

“你是说松辽平原有可能也是陆相含油盆地？”

“没错。”黄汲清问谢家荣，“你还记得40年代末我一直在研究中国东部地质资料吗？有一次还上你府上要了一大捆呢！”

谢家荣笑了：“有那么回事。你嫂子当时还非让你留下一麻袋钞票。”

黄汲清哈哈大笑起来：“那时候老蒋的一麻袋钞票能买几斤小米呀？！嫂子亏大了！”

“言归正传。”黄汲清继续阐述，“有一天，在看地质资料时，我突然冒出一个想法：为什么不把中国东部的大型沉降带作为石油、天然气生存的研究对象呀！这一点你与我一样清楚，松辽盆地的南缘零星分布着白垩系砂页岩地层。这里的陆相地层是很有可能存在于盆地中间，虽然我们至今仍无明显的发现，但我想它只是被第四系掩盖罢了。还有一点可以证明，华北平原两侧曾出现了下第三系磨拉斯型构造，即河北的长辛店系和山东的官庄系，它们延伸到平原中部就相变为砂泥质湖积层。从这些事实推断，我们有理由相信，松辽盆地与华北盆地一样，都可能是陆相含油盆地！”

“说完了？”

“说完了。”

一番滔滔不绝之后，黄汲清为自己倒了一杯茶水，然后静坐在一边等待谢家荣发表见解。

谢、黄两人年岁不一，但却是同出自章、丁、翁、葛（利普）四位大师门下，并且都是三四十年代中国地质的顶梁柱。两人都先后担任过中国地质学会理事长，又同服务于中央地质调查所数十年。新中国石油地质业又使两位大师并肩走在一条战壕中。谢家荣性格偏于内向，显得老练稳重。黄汲清则心直口快，给人印象是位充满激情与活力的人。无论是生活和工作中，黄汲清均视谢家荣为自己的兄长。此刻，当他将心中孕育了很长时间的一个宏大设想吐露出来后，是多么想听听这位兄长的意见。在黄汲清看来，谢家荣的态度太重要了，因为他了解谢家荣对科学从来不会说半句违心的话，另一方面谢是“普委”中唯一一位与他黄汲清一样可以影响技术决策的人物。

“你……不赞成？”黄汲清看着谢家荣半天不说话，心里很是着急。

“我？问我？嘿，我举双手赞成！”谢家荣难得有笑，这回他笑了，“松辽这一块我们不仅要列入计划，而且一定得派队伍去做！这个观点，我是在去年就提出过，与你不谋而合。”

“太好了！”黄汲清想听的就是这句话。他迅速拿起红笔，在雄鸡状地图的“鸡头”处画了一个十分醒目的红圈。

1955年1月20日，地质部召开的全国第一次石油普查工作会议在京召开。出席会议的正式代表有200人，列席代表有116人，除地质部直属单位的负责人外，国家石油管理总局、中科院和国务院、国家计委也派了代表参加。准备参加石油普查队工作的主要干部及技术人员也应邀出席。此次会议，可谓是新中国石油事业的第一次战前总动员、总部署，因此引起了各方面关注。李四光部长致开幕词。会议的主要议程是副部长许杰做的《关于1955年石油天然气普查工作的方针与任务》的报告。这个报告中的计划与任务部分实际上是黄汲清、谢家荣一手制定出的。可是，当报告人念完最后一个字时，黄汲清疑惑不已：怎么没有松辽盆地呀！再看看会议代表，西北、西南、华北、新疆几个大局的负责人都来了，唯独东北地质局没来人！真是奇事！

黄汲清急了，他赶紧找到会议的具体负责人李奔追问此事。

“因为没有他们的项目，所以没通知他们来人。到底为什么我也不太清楚。”被会务拖得团团转的李奔这么说。

作为“普委”的技术总负责人，黄汲清对此不仅感到愤怒，而且十分不理解。按常理，他谢家荣制定的这份计划（后由刘毅执笔改成了副部长的那份报告），作为会议的主报告基本内容，如果属于项目与技术上的问题，即使送上去后有重大变动的话，也应当征求他和谢家荣的意见嘛。可现在倒好，他俩都蒙在鼓里。要知道，黄汲清在自己列出的所有项目中，松辽盆地是他最倾注激情的一个梦。相比之下，其他盆地能否发现油田已是稳操胜券的事，而松辽却不一样，它和华北盆地一样，是中国人能否实现陆相地区找出大油田的突破性工作，其意义非同一般。

还没等黄汲清将撤掉“松辽盆地”普查项目一事追根刨底，部务会通知他去汇报。

这是个机会，一定要抓住！于是，黄汲清以“普委”技术总负责人的身份，在部务会上再次明确和强调了要把松辽盆地开展石油“普查”列入计划的意见和建议。

于是又出现一个令黄汲清感到奇怪的结果：部务会上，包括部长李四光，还有那个作撤掉松辽盆地普查计划的报告的许杰副部长，均对他的建议没有提出任何反对意见。松辽盆地石油普查项目就这样重新列入年度任务之列。

黄汲清可算松了一口气。全国石油普查工作会议结束时，东北局的代表、地矿处处长胡科也赶到了北京。“你局准备派哪一位技术负责人带队呀？松辽平原的石油普查很重要啦！”一见面黄汲清就迫不及待地问胡科处长。

对方说，还没有来得及跟局里汇报，回去商定后再告知。

“一定要抓紧。让局里挑一名强一点的技术干部。”

“是。”

黄汲清叮嘱完最后一句话后，心头暂且安顿一些。

松辽普查，一波三折。大师力挽狂澜，高唱“石油歌”。

1955年，对黄汲清来说是个重要的年份。

1955年，对中国石油工业来说，同样是个重要的年份。这一年中央人民政府决定正式成立石油工业部。大将军李聚奎出任部长，康世恩任部长助理。

这一年，新中国的第一个油田——克拉玛依油田被发现。

这一年，作为发现大庆油田最重要的前期工作——松辽盆地石油地质普查全面开始。

虽然不能与当年毛泽东主席在东北、华北等地摆开同蒋介石反动军队进行“大决战”的架势相比，但作为关系到新中国大工业革命能否顺利向前推进的全国性石油普查勘探工作，其规模、其意义，在身为这一艰巨任务的总工程师的黄汲清看来，或许差不了多少。

第一次全国石油普查工作会议结束，新疆、柴达木、鄂尔多斯、四川和华北、松辽地区的普查任务，已被批准确定和实施。这之后，黄汲清他们的“普委”开始进入具体操作阶段，队伍的布置，技术力量的分配，一份又一份项目“设计任务书”，都需要细致的过问和敲定。黄汲清忙得连几百米近的家有时都一连几天无暇回去。那时，他身边除了刘毅和年近花甲的谢家荣外，便是清一色年轻人。他们可以几天几夜连轴转，谁都不会发一句牢骚。每逢此时，唯一得到奖赏的是敲一次“黄总”的竹杠。那时黄汲清拿的是一级教授的工资，300 多块，可以抵十个大学生的钱。年轻人觉得不敲他亏得很。黄汲清乐了，说请客可以，不过有个条件！什么条件？必须上“四川馆子”，吃水煮牛肉！开始，几位东北籍的年轻人还真被黄汲清的这一招给“治”了。那四川菜，尤其是水煮牛肉又麻又辣，好几个人败下阵来。哈哈哈……看你们还敲不敲我的竹杠了，黄汲清瞧着弟子们的狼狈相，开怀大笑。若干年后，他的弟子全都练就一口“辣劲”：一两碗水煮牛肉根本不在话下。弟子齐呼：这样下去，先生可要吃不消了！黄汲清摆摆手，笑道：没得事，没得事，你们能沾上“辣瘾”，我高兴。搞地质的人，终年跋山涉水，风餐露宿，辣椒是既可食又防寒的好东西，你们能常吃它，证明就可以多上野外，多为国家找矿找油嘛！弟子们听后大悟：好你个先生，原来请客是为了操练我们哪！

那是一段充满欢快和热情的时光。

黄汲清去世时，距他 91 周岁生日差 8 天。人生七十古来稀，像大师这样高龄的人，尽管在生活条件十分优越的现代社会，也是不多见的。不少对寿星健康原因的调查证明，心胸开朗和舒畅与人的寿命有着密不可分的关系。黄汲清活着的时候，自言一生中有三段时间活得最惬意。第一段是他从大学校门走出后在丁文江、翁文灏手下当地质调查所调查员，到1935年他留洋回国前的七八年。这一阶段，是他学业成就后在事业上、学术上迅速崛起的青春闪光期。第二段是打重庆解放到他亲自组织领导大庆油田等一批国家重要油田和矿产地发现与开采的六七年，这是黄汲清一生中最有成就的黄金时期。第三段起至粉碎“四人帮”后邓小平开创的“科学的春天”，一直到黄汲清去世前的十四五年间。三个阶段加起来大约30年时间，如此好时光，对一般人来说或许不算少了，但对大师这样高寿的人来说，似乎并不算多。他的一生中，压抑与痛苦的时光远多于他舒畅与活泛的日子。

美好的时光总是难忘的，黄汲清感慨最多的正是他组织与领导大庆油田发现前后的那段时光。论时间，正好是他一生的中间部位。那是他作为一个旧知识分子脱胎换骨获得新生的重要转折时期。

在20世纪的中叶，中国发生了一场震惊人类的大事。以毛泽东为首的共产党人和以蒋介石为代表的国民党政府正在展开中华民族历史上最大的一次决战。广大中国人特别是中国的知识分子都面临着一次选择。此时此刻的黄汲清正在西方国家进行石油科学考察与学术交流的途中。他是1948年夏作为中国代表团主要成员，应英国文化委员会之邀，出席第十八届国际地质大会。继后，为了发展中国石油工业，他赴瑞典、丹麦、瑞士，最后到达美国，进行学术访问和地质旅行。在美国的近半年时间内，他几乎走遍了德克萨斯、科罗拉多、加利福尼亚等州的几个重要含油区，并与麻省理工学院、耶鲁大学、哥伦比亚大学、芝加哥大学、加州大学等十几所著名大学和美国联邦及州的地质调查机构进行了学术交流，由于在本土的几年实践，加之吸收西方的先进技术与理论，此时的黄汲清已经由著名地质大师变为“石油通”了。他渴望自己也能在960万平方公里的祖国大地上找到像苏联巴库和美国加利福尼亚那样的大油田！

1949年6月，黄汲清满怀壮志地由旧金山飞抵香港，准备回国。可是，就在他下榻香港的一家饭店时，一位在台湾工作的旧友匆匆找上门来，当面向他转交了一封台湾大学校长傅斯年的电函。傅斯年是黄汲清非常熟悉而且可以说曾是一度崇拜的人物之一，傅与丁文江、胡适都是好友，黄汲清作为丁文江的得意门生，自然也被傅格外看重。此次，傅斯年是作为蒋介石的代表，出面邀请黄汲清到台湾大学主持地质系工作的。傅的电文中语气之恳切动情，真让黄汲清激动了一番。可黄汲清有些不明白，为什么要到那弹丸之地台湾呢！包括傅先生他自己在内？往内地一打电话，黄汲清才恍然大悟：原来，蒋介石国民党政府正在大撤退，把大陆各界名流拉到台湾是蒋介石大撤退计划中的一个重要内容。“我不去！搞地质的，就得爬大山、跑大川，台湾那么一块小地方有啥地质可搞呀！”黄汲清把傅的电函一扔，毫不含糊地对旧友这样说。那时的香港乱得一团糟，而蒋介石的特务到处都是。黄汲清怕出意外，决定立即抽身回国。

回哪儿去呢？南京的中央地质调查所？这是他出国前的供职单位，理当回那儿，可听说南京已被共产党解放，地质调查所也被收管。作为曾在旧政府中任过职的知名人士，当时黄汲清心里顾虑很大。毕竟他对共产党并不了解。尤其令他担忧的是他那位任国民党行政院长的恩师翁文灏，听说还被共产党列入“重要战犯”之一而逃之夭夭了。外界的传闻当时也很多，尤其是蒋介石派特务在高级知识分子中放的谣言就更多。有人说共产党来了，凡在国民党政府中当过官、委过“号”的，不是杀头就得坐牢。黄汲清心想，自己官也当过（地质调查所所长）、“号”也有（中央研究院院士），这可怎么办？最后，他心一横：管他那个，老子搞地质、搞科学是一生变不了的事，任杀任砍听天由命吧。当时他最挂念的还是妻子和三个孩子。有人告诉他，在南京混乱时，他的家人搬到了重庆北碚住。黄汲清再也没有犹豫了，在很多人们潮水般向南奔命时，他一手挎一个皮包，顶着硝烟与尘埃，回到了山城。北碚是个距重庆十几里外的小镇，抗战时黄汲清曾作为所长带着中央地质调查所全班人马在此安营扎寨过几年。此时的小镇已是一片凄凉萧条，大势已去的蒋介石坐镇山城还想在此作最后的挣扎。黄汲清记得，那天他正担心在人慌马乱一片狼藉之中的家人会不会走失时，一个八九岁的小男孩站在他面前傻笑着。“儿子？儿子——！”黄汲清喜出望外，他放下皮包，张开双臂上前抱住大儿子浩生。

全家团聚在战乱的硝烟之中。那时的黄汲清什么都不想，只要一家五口人平安无事就阿弥陀佛。可偏偏有人要找他麻烦，一天，有两位持枪的宪兵上门了。“黄先生，我们奉命请你与我们一起走。”宪兵显然知道站在他们面前的是位大科学家，说话还算客气。“上哪儿？”黄汲清问。“南边，或者台湾。”“我不去。回去告诉你们的上司，我还是那句话：搞地质的，就得有自己的地盘，台湾那么一块小地方，没法干。”宪兵冷冷地看了黄汲清片刻，没有说话就走了。

没过几天，又来了几个当兵的，而且还开了一辆吉普车，唯一不同的是军装变了样。

“这回你得跟我们走一趟。”一位当官模样的人说。

黄汲清看了一眼妻子和孩子，只好跟着上了车。

吉普车一溜烟走了，家人的心却吊到了嗓子眼。夜色朦胧时，吉普车又回来了。黄汲清跳下车，拉着妻子和孩子就往屋里走，情不自禁地连声说道：“我放心了！我放心了！”

“怎么回事？”妻子问。

“我见到了共产党！”黄汲清滔滔不绝道，“他们都是好人，完全不像国民党说的那样。有几个当官的叫——对，一个叫刘岱峰，还有段君毅、万里、李文彩什么的，他们对我特别客气，对我以前当过中央地质调查所所长和中央研究院院士都知道。说让我把散处在西南几省的地质人员找来一起为新中国服务，后天还要让我见一位重要人物……噢，我穿什么衣服去见合适呀？好像共产党干部都没有穿西服的，对，你想法给我买一套中山装。”

妻子乐了：“行，看你高兴的。”

“怎么不高兴？谁让我搞科学、搞地质，我就高兴！”黄汲清一本正经地说。他的那双充满智慧的眼里，流露出固有的天真。

后来会见他的那位“重要人物”便是当时任第二野战军政委和西南军政委员会副主席的邓小平同志。两位同龄的四川老乡，一见如故。“我们人民解放军在毛泽东的领导下，用枪杆子赶跑了蒋介石国民党，可是要收拾这个烂摊子再靠枪杆子是不行喽，得靠工人、农民和黄先生这样的科学家了！”邓小平带着浓重的四川乡音，亲切地说道。“中央令我和刘伯承同志一方面率领部队解放蒋匪残留的地方，另一方面更重要的工作，那就是尽快恢复和建设好大西南。搞建设特别是工业生产建设就离不开地质工作。咱们四川老家和云贵康（旧省份西康——笔者注），可是块宝地，有很多矿产资源吧？所以我今天代表西南军政委员会请黄先生出山配合政府领导和组织好西南地区的地质工作。你看这工作应该怎么做？”

聆听了邓小平的一番话，黄汲清很受鼓舞，说：“应该先把机构搭起来。川、滇、黔、康原来都有地质调查所，是否可以考虑在这基础上组成西南地质调查所。”

“可以。”邓小平当即拍板，并说：“黄先生可马上着手与这些省份的地质人员联系。需要政府出面的随时找我无妨。”

1950年7月，西南军政委员会召开第一次全体会议，黄汲清被选为委员。事隔不到两个月，西南地质调查所又宣布成立。黄汲清任所长，另两位地质学家乐森璕、常隆庆任副所长。成立那日，邓小平亲自设宴招待黄汲清等三人。席后，邓小平单独留下黄汲清。那时重庆市刚刚成立，这个昔日的“战时首都”，是大西南最重要的工业城市，邓小平对该市的工业发展十分关注。当他听黄汲清介绍说重庆附近有不少煤、铁矿和天然气资源缺乏钻探设备而一时影响开发时，便立即下令调来6台金刚机。

“国家大规模建设需要人才，黄先生是知名人士，在国外一定有不少地质界专家朋友，是否有人愿意回国呀？”邓小平道。

黄汲清想了一想，说：“有。”他告诉邓小平，有个名叫赵景德的青年专家，是地质学博士，学识丰富，愿回国参加建设。

“那你就去请他回来，一切旅费我们负责。你写个报告，我批！”邓小平非常干脆。

遵照邓小平的意见，黄汲清即刻向西南军政委员会写了一份报告。不几日，邓小平当即批准3000美元拨款作为黄汲清寄给赵景德回国的旅费。遗憾的是，赵收到旅费正准备回国时，美国当局下令禁止中国专家学者离境，因此赵不得成行。然而，通过这件事，邓小平等共产党领导人那种平易近人、尊重知识、尊重人才和雷厉风行的办事作风，给黄汲清留下了深刻印象。无疑，这一切都给了黄汲清以极大的精神力量。在这之后的三四年里，黄汲清以前所未有的工作干劲，带领西南地质调查所的科技人员，踏遍了西南云、贵、川及西康一些地区的山山水水，出色地完成了中梁山煤田、綦江铁矿、彭县铜矿、遵义锰矿、水城观音山铁矿、东川铜矿和江油海棠铺、简阳石经寺气油田等重要矿产地的发现与勘探工作，为西南各省的大工业建设做出了卓著贡献。如中梁山煤田，几十年来一直是重庆市的主要能源供给地。

1954 年，黄汲清奉命北调，赴中央人民政府地质部工作，从而开始了他为新中国石油事业建树卓越功勋的光辉篇章。

黄汲清不曾想到，自然凭他的性格与为人他肯定不会想到，松辽普查这样一个已经大会补充研究、部委会集体同意的重要项目，竟然被人不当那么回事地搁在一边晾起来。

第一次石油普查工作会议是 1955 年 2 月 11 日闭幕的，形成文件式的会议报告是 3 月份才印制出来。可至今仍是个谜的是，在这份正式报告中所开列的普查项目中依然没有松辽平原。黄汲清当时不知道这些，他是在这年 4 月底 5 月初与谢家荣、刘毅等“普委”成员准备去所下达布置任务的地方检查时，才发觉东北地质局的胡科处长一直不见回音，不由着急起来。电话一问，东北局根本没有行动。黄汲清火了，他找到“普委”地质科技术员苏云山，说立即以“普委”的名义，草拟一份松辽平原石油普查设计任务书，然后直接给东北局送去。后来苏云山在黄的授意下，很快将任务书拟出，再经黄汲清修改后正式打印出来。黄在此份任务书上特别指出：“普查队应沿松花江进行路线调查，以便发现基岩露头……”5 月 13 日，“普委”办公室负责人李奔将“任务书”呈刘毅阅示。5 月 22 日，黄汲清等“普委”人马离开北京，到西北检查工作。6 月 11 日，在家处理日常事务的李奔正式向东北局签发了这份具有历史性意义的“松辽平原石油普查设计任务书”。

几十年后，我们回头再看这一历史事件时，有些细节确实令人费解。当时黄汲清向东北局发火、生气，其实是冤枉了东北局，原因是东北局在接到部里发的那份《关于第一次石油普查工作会议的报告》文件里根本没有提到他们的石油普查任务。上级没有下达松辽找油的任务，东北局怎么可以随便拉上队伍出去呢！50

年代时期，地质队实行的是半军事化，不接到上面命令，擅自行动是要受纪律处分的。再说，计划经济时，上面不给项目，下面也没有钱去干呀！

黄汲清是在大庆油田已经发现了20多年后才在档案室查到当年的那份《报告》。这份报告是谁起草的？为什么又把松辽平原的石油普查项目给抹掉了？其目的是什么？《报告》在正式形成之前是否向部长们报告了？或者是向更高一层的领导人报告了？据档案室的当事人说，黄汲清在翻阅这份沉睡了几十年的《报告》时，连说了几个“怎么搞的”，因为上面的一连串疑问，他始终弄不明白。我想，倘若李四光、何长工、许杰还有刘毅这些领导还在世的话，黄汲清肯定要拄着拐杖去问个究竟。可惜，这些人都已一一先逝了。虽然大庆油田后来还是被发现了，但作为科学家，黄汲清对这份《报告》以及在《报告》上决定删去“松辽平原石油普查项目”的那一位领导（哪怕是国家主席），他也绝不原谅！

“要是大庆晚发现五年、十年，国家建设会放慢多少？！”黄汲清在临终时，仍愤愤不平地对前来探望的弟子这样念叨。

我和我们今天的共和国应感到庆幸的是，经黄汲清大师亲自授意并制定的那份向东北地质局发起的“关于松辽平原石油普查设计任务书”，给了历史一个弥补几乎铸成的大错的机会。

1955年8月底，东北地质局在接到“任务书”后的两个月，终于开始向松辽平原行动了，并且成立了一个由5名年轻人组成的踏勘小分队。小分队的队长叫韩景行，28岁，他的队友比他还小一截。对东北局迟迟不动和让一个二十几岁的小青年带队，黄汲清当初听说后很是生气。大师对工作从来不含糊，这是他一生的作风。自然他不会原谅东北局的这种拖拉和“不慎重”行为。不过关于后一点，大师倒是错了。因为那个资历浅显的技术负责人韩景行虽年轻，但后来却干出了惊天动地的事。

1955年9月8日。吉林市第二松花江哈达湾码头。

“你们——谁搞过石油？”一位身材高大（足有1.83米）、满脸胡茬的青年汉子，在临上船时，向前来报到的四位下巴上还“没长毛”的小伙子问道。

小伙子们你瞅我，我瞅你，然后一起笑道：“嘿嘿，可能只有你队长老人家喽！”

“扯淡！”被叫作队长的青年汉子脸一虎，像是对人说又似在对自己说，“谁都没干过，还找个什么油！”

“呀，队长你老也没搞过石油呀？”小伙子们顿觉惊慌，继而又哄笑起来，“这倒好，咱们都是大姑娘上轿——头一回喽！哈哈哈……”

“住口！”队长真火了。只见他从地质包里取出一捆书，一本一本地分给了大家，然后纵身跃上了船：“带上书，上船！”他回头向自己的“属下”，下达了第一道命令。

小伙子们捧书一看，嗬，尽是《石油地质学》《沉积岩石学》什么的。“太棒了——！”在一片欢呼声中，木船载着五位年轻人一起一伏地顺着松花江水游向远方……

这就是发现大庆油田的第一队先行者：地质部东北地质局石油踏勘小分队。他们的名字是：韩景行（队长）、束庆成、王胜、陈本善、赵福洪。

那是一个风和日丽的日子。当时，这几位新中国最大油田的普查勘探先行者们，并没有意识到历史将有一天会把他们的名字永恒地记载下来。他们只是根据黄汲清的“设计任务书”和上级的要求，沿松花江河床进行地质观测，以推断松辽平原地下是否有成油储油的条件。“啥叫有油，啥叫没有油，当时我们根本不懂。”当回忆起往日那段不平凡的野外战斗经历时，如今都已银丝满头的这几位老地质队员自我解嘲道。

小分队在水上整整走了半个来月，后来到了吉林北部的陶赖昭，便弃船登岸，继续沿沈—哈铁路向辽西方向挺进，最后于当年 12 月底在阜新盆地结束了此次长达三个月的踏勘。我在这里仅用了几十个字便把韩景行他们迈向松辽大地的伟大壮举草草了结了，其实这三个月中小分队所经历的一幕幕艰辛险阻，倘若全部记录下来恐得花上好几万字才成。还是为读者省点时间吧。

韩景行一行回到长春驻地时，一个个已经疲惫不堪。

“你们都别先回家！”小赵突然伸开双手拦住同伙们，然后有气无力地说道，“在陶赖昭时，队长许过愿等完成任务后，他请我们吃红烧肉、大肥肠，你们还记得吗？”

“记得记得！”同伴们顿时活跃起来，拉住韩景行就往大街边上的一家饭店走。

“大伙慢、慢点吃！”饭店内，韩景行看着自己的兵恨不得一口就把大碗红烧肉、大肥肠吞下肚子的情景，泪水禁不住在眼眶里打转：整整三个多月了，五个人没尝过一口油腥味儿的东西。想到这，他掏钱又让饭店掌柜上了两碗肉。随后，韩景行招呼同伙一声慢点吃，便独自站起身，走进了附近的一家邮局，向邮局工作人员递上一个发往北京“普委”黄汲清、李奔收的大信封……

像是通好了气，正值韩景行的踏勘小分队在长春再一次进饭店大啖红烧肉和肥肠时，北京以湘味著称的曲园饭店中也在进行着一次石油地质工作者的聚餐。做东的是黄汲清、谢家荣、刘毅和吕华等四位“普委”头儿。这几人也是刚从大西北检查石油普查工作归来，在野外奔波了整一个夏天。那时地质队出野外的津贴很高，所以黄汲清等一回北京，“普委”一帮年轻人便串通一气要敲善请客的黄汲清竹杠。刘毅主动出面挡驾，说这次我们几个出野外的人口袋里都余下一些钱，别让黄先生一人请。年轻人一听更高兴了，哗啦一大帮人，还把当时任中科院地质所所长的侯德封和尹赞勋两位著名老地质学家一起请了来。

正当新老地质学家们觥筹交错之际，李奔兴冲冲地挟着一个大信封走了进来。“诸位，喜讯喜讯！韩景行他们在松辽一带大有收获！”

“真的！”黄汲清一听，抢过信封便看起来。“太好了，太好了！我早说松辽有希望嘛！”

谢家荣、刘毅等人也坐不住了，纷纷埋首传阅起韩景行寄来的松辽踏勘报告。

“韩景行的报告中说，他们采集的泥页岩中的荧光反应和泥页岩中浓重的油味，这说明松辽盆地的含油性是无疑了！”谢家荣说道。

“我建议让他们送些含油泥页岩样品到京作进一步研究。真像韩景行所说的，那整个松辽平原就是一个有巨厚沉积且具有含油大构造的盆地！”黄汲清神采飞扬地接过话。

“李奔，你立即向东北局发报！”刘毅也来了情绪。

“刚才大家议论，说西北地区人烟稀少，却投入大量人力物力；而东部地区工业稠密，却没有相应的石油工业与之配套。老夫认为，如果松辽能断定有大油田，那么国家的石油战略应当东移。”侯德封不甘示弱地站起来争先说道。

“我赞同侯先生的意见！”高嗓门的尹赞勋大步跑到刘毅面前，说：“书记同志，应当把今天的意见向部里、向中央反映。”

“对对，应该向中央、向毛主席反映！”

曲园饭店的师傅们见这边一浪高过一浪的说话声，以为有人喝酒过了量，慌忙来人劝阻，于是又引来一片欢笑声。

“今天是个高兴的日子，我们确实应该多喝一杯。”黄汲清举起酒杯，对在座的人说，“我提议：为我们‘普委’制定的松辽普查计划没有落空，为韩景行他们的踏勘成功，为中国未来的‘巴库’，干杯！”

“干杯——！”地质学家们具有天生的诗人气质，他们一杯又一杯地痛饮起来。那流进心田的是甜滋滋、清爽爽的又夹着几分香浓浓的甘露……

“喂，你是地质部‘普委’吗？请问黄汲清总工程师在吗？”

1956年元旦刚过，正在办公室忙事的黄汲清突然接到“国办”的电话，要他到中南海一趟，并告知陈云副总理有要事找他。

第二天上午，黄汲清如期赴约。

“呵，你就是20年前组织发现玉门油田的黄汲清同志？好好，我们的石油专家！”陈云一见面，就像老朋友似的给黄倒茶让坐。

黄汲清当时有些诚惶诚恐，因为他跟这位主管工业的副总理还是第一次单独见面，为什么对方对自己的过去这么了解，他有些不明白。

陈云见黄汲清一脸狐疑，笑了：“我不仅知道你在解放前当过赫赫有名的中央地质调查所所长，还知道新中国成立后你在西南地区找到了好几个对我们非常有用的大矿哩！这一点，小平同志可是常夸你哟！”

原来如此，黄汲清的心头豁然明朗。

“毛主席在讨论新中国第一部宪法时，要求我们用三个五年计划，打好基础，争取在十个五年计划之内，把我们伟大的社会主义国家，建设成一个工业化的现代化强国。”主人开始了正题。他的目光盯着黄汲清，却又像在问自己：“可人们都说‘中国贫油’，但石油又是工业的血液，没有石油，现代化的工业国家怎么个建设法呀？我这个管工业、管经济的副总理又怎么个向毛主席、向全国人民交代呢？”

上中南海前，黄汲清并不知道陈云找他要谈些什么。当他听到这位国家领导人如此焦虑的话后，作为一名地质和石油战线的技术负责人，黄汲清的内心受到强烈震动。“副总理同志，我向你检讨，主要是我们的工作没有做好。”

“不不，我今天找你来谈不是这个意思。应该说，在中国石油发展方面，你和地质部的同志做了大量工作，不仅不应检讨，而且应当表扬，尤其听说你对圈划出的几个大盆地生油前景很有信心，这是值得鼓励的。”陈云又亲切地说。片刻，他向黄汲清凑近了一下身子，说：“你是搞科学的，我是搞经济的，我们都不可能像有些人那样说些不负责任的话，所以今天请你来我想听听你对中国石油的前景到底抱什么态度。你是专家，我相信你的话。”

黄汲清本来就是急性子，当他正要开口时，却被陈云的最后一句话给噎住了。他心想：不错，论中国石油的状况，应该说我是有发言权的，可正因为我的话会对国家领导人决策产生影响，所以更要慎重。如果我是个投机政客，此时此刻的机会多好！何妨拍拍胸膛这样说：“副总理同志，中国的石油资源丰富得很，只要你给我足够的人力、物力、财力，我保证在十年八年之内找到一批大油田。”可我是名科学工作者，绝对不能这样说些不负责任的话，那样会祸国殃民呀！

陈云见黄汲清沉默不言，以为对方不愿将不乐观的石油前景直言相告，便说：“其实我和中央眼下最关心的不是别的，而是希望我们在作出某个重大战略布局前，对中国石油的未来前景心中有数。因为石油太重要，没有它其他事办不成。还是一句老话：一种是有丰富的石油，那当然很好；一种是真的贫油，那我们不得不走人造石油的道路。”

透过陈云副总理的这番话，黄汲清心里清楚，国家领导人对中国石油的前景是何等的关注。其实，就在黄汲清来到副总理的办公室时，何长工此时正在“菊花书屋”，为同一问题被毛泽东主席考得冷汗一身。

“陈副总理，我是否可以这样回答你。”黄汲清站了起来。

“坐下，坐下说。”陈云忙招招手。

黄汲清坐下。“据我对中国石油的20多年的研究与实践，特别是对甘肃玉门、新疆克拉玛依油田及四川威远气田的勘探开发，我认为我们对中国石油的自给自足前景应当充满信心。尤其是去年一年来从对几个大盆地的普查勘探情况来看，石油远景是很大的，我和同事对这一点比较乐观。顺便提前告诉副总理一个可能是吉兆的好消息。”

“快说，我听听。”

“不久前，我们向东北松辽平原派去了一个小分队，发现有一片……”黄汲清见副总理如此认真，于是从头到尾将松辽盆地的普查与踏勘情况做了详细汇报。

“好，你们抓得对，松辽这块一定要牢牢抓住不放，直到弄个彻底明白为止。”难得有笑脸的陈云此时此刻也满脸灿然。

受到鼓励的黄汲清也像一个打开了的话匣，说：“我还有个建议。目前国家向西北投入的石油工业力量很大，而国家真正作为工业资源消耗的98%以上的石油却在经济较发达的东部。如果我们加大对东部石油勘探的投入，并争取在较短时间内找到几个大油田，那时，东部就可以形成工业基地与资源基地比翼双飞的局面。”

陈云高兴地抓住黄汲清的手：“你的建议非常重要，我一定向中央报告。”

不久，党中央就石油工业做出了具有伟大历史意义的“战略东移”部署。我们今天在许多有关新中国石油工业的史书和文件中，都可以看到“战略东移”这四个有着特定含义的字眼。其实，作为促成石油工业“战略东移”的当事人，黄汲清本人并不完全同意这种说法，他的理由是，这样容易使人产生为了大庆油田的发现与开发，我们放弃了西北等其他地方的工作的看法；或者让人产生在发现大庆油田之前，国家对其他地方的石油普查勘探工作有所忽视或放松等误会。实际上，所谓的“战略东移”，是因为根据黄汲清他们认为的松辽盆地有可能发现一个特大型油田的判断，国家有意识地加强了对东部石油普查勘探在人力物力上的倾斜而已。即便在数十万人参与大庆油田大会战的时刻，西北、西南、华北、江汉等地方的石油与天然气普查勘探工作一直没有停止或削弱过。

然而，自 1958 年起，以松辽平原为主要战场的我国石油工业确实开始轰轰烈烈起来。这是一个值得大书特书的宏大战役。其投入、其规模，较之玉门、克拉玛依油田以及五六十年代所有国家重点建设项目要大得多！

最先开进松辽平原的两支“正规部队”依然是地质部的。

此刻的韩景行已不再是只有几个兵的小分队长了。他的小分队不久便被命名为中央地质部东北局 157 地质队，后来又因为各路人马集结而来，一下扩大到 1200 多人，再度改名为地质部松辽石油普查大队。

第二支队伍却是根据黄汲清、谢家荣的主张而成立的。“石油普查离不开物探。”所谓物探其全称即是地球物理勘探。它属高科技领域，跨多学科。它的手段有重力、磁力、电法和人工地震，如今又多了航磁、航测和卫星遥感等。加强物探工作，可以避免打许多冤枉井。我们都知道，在沙漠、在海上等复杂地区打一口石油井，少则花费几十万几百万，多则花费几千万几个亿。因此，物探在石油勘探工作中是一支不可缺少的重要力量。为此，根据黄汲清等人的建议，地质部从西北调来两支当时最好的物探骨干队伍，它们是中匈技术合作队和 206 物探队，加上由四川东征到松辽的 403 物探队和原已在松辽的 112 物探队，合并组成了地质部长春物探队。

1958 年，石油部松辽石油勘探局宣告成立。此外，中科院的研究人员也成群结队地北上松辽，将科学的触角伸向这片荒蛮之地。

至此，中国石油地质的各路将士们开始了在这块 26 万平方公里冻土上的全面决战。

有人戏称这一阵势是"三国"（地质部、石油部、中科院）"四方"（普查、物探、勘探、科研）时代。

然而无论是哪一方，他们的口号都是共同的："三年攻下松辽！"

"你们说，地质勘探工作是个什么工作啊？"

中南海，1957 年 5 月 17 日晚。国家副主席刘少奇以难得一见的激昂，这样高声问着一屋子围聚在他身边的地质学院毕业生。这些毕业生中有不少人行将奔赴松辽石油勘探战场。

"我打个比喻吧！"少奇主席重重地吸了一口烟，习惯地踱起步来，"就像我们过去打游击，扛着枪，钻山洞，穿森林，长年在野外，吃饭、穿衣……都有很大困难。今天的地质勘探工作和这差不多，也要跋山涉水，吃不好饭，睡不上觉，吃很多很多的苦……可是我们为什么要吃苦呢？"

没有回音，只有一双双聚精会神的目光和沙沙作响的笔记声。

"过去，我们那一代人是革命战争时期的游击队。吃苦，为的是打出一个中华人民共和国。今天，你们去吃苦，是为了建设美好的中华人民共和国。"少奇同志拍了拍坐在一边的何长工，把声音提高了一倍。"打游击是需要付出代价的，你们副部长的跛腿就是打游击留下的残疾。现在轮到你们打游击了，你们怕吗？怕吃苦吗？怕献出生命吗？"

"不怕——！"同学们齐声回答。

“对，不要怕嘛，因为你们是建设时期的游击队、侦察兵、先锋队！”

“哗——！”那雷鸣般的掌声，持久不息。在场的年轻大学生们以这特殊方式回报领袖对自己的崇高褒奖与希望。

“过几天，同学们要奔赴四面八方，为祖国找宝，打游击去。我很想送给你们一件礼物。”少奇主席的话使肃穆、庄严的气氛顿时活跃了起来。

“刘伯伯，您给我们讲了三个小时，就是最好的礼物了！”有同学站了起来。

“不！礼物一定是要送的，否则有人会哭鼻子的！”少奇主席诙谐的话，引来一阵哈哈欢笑。“对，我把伏罗希洛夫同志给我的猎枪送给你们。当年我在打游击时很想得到一支枪，但没有。现在你们打游击了，应该有支枪，有枪就不怕危险了！”

“可以赶跑野外的老虎和狼嘛！”何长工的插话又让同学们捧腹大笑。

是那山谷的风，吹动了我们的红旗，
是那狂暴的雨，洗刷了我们的帐篷；
我们有火焰般的热情，战胜了一切疲劳和寒冷；
背起了我们的行装，攀上了层层的山峰，
我们满怀无限的希望，为祖国寻找出丰富的矿藏！

……当松辽平原的石油会战刚刚拉开帷幕，许多大学生和军队的青年官兵是唱着这首歌，或者是被这首充满浪漫色彩的歌所感染而来到北国大地，成为一名新中国的石油地质战士。但是他们很快发现，现实的工作环境与条件，远没有歌词中形容的那样浪漫。一切都是实实在在的乏味与枯燥。干普查的每天刨冰蹚水，爬坡走丘；打钻的，每天一身水一身泥，不论冬天与夏天；搞物探的，就像纤夫一样从不离开长长的线圈……

北京地质学院女毕业生王晓君是拖着身孕来到松辽的，她没想到自己的食欲异常大增，而这里的副食品却奇缺。饿哟！无奈，她几次趁夜晚摸进老乡的马棚，从马嘴边抢得几块豆饼就往自己的嘴里塞……女大学生双手贴在微微隆起的肚子上，自嘲不已：未来的“小地质”，你可是偷吃豆饼长大的啊！

这个“小地质”出世的那天，正是松辽石油勘探迎来第一个曙光之日：1958 年 4 月 17 日，在吉林前郭旗大力巴村施工的地质部松辽石油普查大队 501 号钻机打出油砂！

油砂被送到大队部时，技术负责人韩景行高兴得落下了喜泪。他立刻向北京和当地的前郭旗报告了消息。前郭旗旗委书记得到喜讯，其欢欣之情并不亚于地质队员，当场派人向韩景行他们送去两头肥猪，以示慰劳。“宰！”肥猪运回大队，马上开宰。当晚，松辽石油普查大队整个队部喝得人仰马翻，醉成一团。

懂行的人都知道，油砂的发现是油田发现的前奏曲。这一曲要是一响，后来的戏就热闹了。

果不其然。进入第二季度的地质部松辽石油普查大队又有几口浅井见了油砂，其中最著名的是南 14 孔。此井位于吉林怀德县境内的王家窝棚，从井深 300 米处开始见油砂，一直到井深 1000 多米的变质岩裂缝中还见着稠油，全井共见含油砂岩二十余层达 60 米之厚！

“好兆头！”正在北京的黄汲清得知后，兴奋不已，立即写信告知长春物探大队技术负责人：“南 17 孔、南 14 孔等均见油砂，预示松辽有望出现大面积生油层。务请抓紧物探工作，以迅速探明生存层分布状况……”

石油勘探是个庞大的系统工程。这一系统工程可以概括为：

普查先行，物探定论，钻井出油。

在韩景行他们的英雄普查大队正组织一支支小分队向松辽盆地周边进行大规模的“摸边”普查时，地质部长春物探大队的科技人员开始走向前台，并很快为松辽平原的石油分布与储存情况做出了准确的科学定论：松辽盆地是一个面积约26万平方公里的新生代沉积盆地。盆地基底的最深部位在中西部，可深达5000米以上，所划范围之内均有较好的生油层和储油层。

至此，松辽有油已成定论。下一步就是如何打出油了！

这是决定松辽命运的关键一步。是科学向生产力转化的关键一步！也是验证黄汲清、韩景行等一大批地质科学工作者的理论与几年来普查结果的关键一步！

茫茫松辽大地，何处一钻出油？这是一个十分复杂的科学问题。布孔打钻是解决这个问题的根本途径。但孔布在何处，钻怎么个打法，学问却大着呢！它首先需要来自地质普查的野外资料，包括钻探所取得的解释地质情况的岩心实物，以及电法、地震、化探等一系列第一手资料。在此基础上，再经过研究分析，得出最终的布孔打钻方案，这就是地质科学在找矿工作中所具有的先期的和不可替代的重要作用。没有这一步，就不可能有矿山、有油田的发现，谁否定了这一步谁就否定了科学的存在。遗憾的是，在现实社会里，这种不该忘却与否定的事太多太多了。要不然眼下我国百万地质大军的生存环境就不至于恶化到连工资都发不出的地步！辛勤的地质队员在荒山野地里发现了矿山和油田后，便把采摘丰收果实的机会让给了别人，当别人通过挖矿、采油，换来了富裕，建起了家园时，我们的地质队员却又从旧日的荒凉迈向新的荒凉。几十年过去了，地质大军们猛然发现，在祖国大地几乎没有荒凉可供他们再去奋斗之时，他们那带着斑斑伤痕的躯体连同终身的职业信念，一起被时代所淡忘，成了一群无人关注的“历史老人院”。

然而在那时，在大庆油田发现的前前后后之时，他们丝毫不会有今天这样难言的感叹。那时他们的心中只有革命的激情与干劲——为了石油，可以去拼，可以去死；可以去悲，可以去歌；可以几天不吃一口饭，可以一夜喝掉十瓶老白干！

这就是当年，这就是“王铁人”的年代，这就是毛泽东十分赞赏的“大庆精神”。

当松辽石油勘探又一次处在关键时刻，历史的担子也又一次落在了黄汲清等一批科学工作者身上。

在这节骨眼上，黄汲清再一次显示了大师的远见卓识和宽阔胸怀。

“物探，还是物探！”前线派人向他索求灵丹妙方时，大师毫不含糊地指出：“要把最过硬的物探队伍调上去，重力、磁力、电法、人工地震等都得用上。”

就学科而言，黄汲清的专长是大地构造学。所谓大地构造学用通俗的话说，就像今天我们使用 X 射线把人体的各个部位、脉络弄得一清二楚似的。大地构造理论的作用，目的在于把我们无法触视的几万年、几亿年、几十亿年的地层构造情况摸个明白，回过头来再确定哪个地方生油，哪个地方生金，哪个地方生铜……大地构造学是地质学中最基础也是最深奥的理论。而黄汲清是中国的大地构造理论创始人与奠基人，他运用大地构造学这道“X 射线”，不仅为中国找到和指出了诸多地下宝藏，同时为生物、考古、自然、环境、农业等领域，征服和改造我们赖以生存的地球，都做出了不可磨灭的贡献。从 30 年代以来，为了开拓和发展中国的石油事业，黄汲清将自己的“X 射线”武器运用到石油勘探中，取得了神话般的奇效。

1995 年 3 月 20 日（大师去世前两天），香港《文汇报》用整版发表了一篇题为《中国石油功臣——黄汲清》的文章。该文开头的一段话这样说：

> 洋人曾断中国贫油。然而 1959 年，冒出了个大庆油田。接着，大港油田、胜利油田、任丘油田、长庆油田、四川盆地的天然气田等等竞相问世，全面开花。在中国 960 万平方公里土地上，钻井平台座座耸立，“黑色金子”滚滚涌流。“贫油论”不攻自破。在这场石油工业翻身仗中，中国著名的地质学家、今年 91 岁高龄的中国地质科学院名誉院长黄汲清院士，是位特等功臣……人们一定还记得，1957 年，黄汲清展示出一幅《中国含油气远景分区图》，他分别在图上的松辽平原、华北平原、鄂尔多斯、四川盆地、江汉盆地、塔里木盆地等处画了几个圈，论断：“应该在这些地方找油。”话音刚落，从第二年起，便捷报频传……

该文的作者称黄汲清有一对“火眼金睛”，能看穿几千米地底下的情况，能辨别几十亿年的地层变化。当助手把这份报道拿到病榻前捧给他看时，大师淡淡一笑，说：“我这个人哪，第一不迷信，第二不固守，第三靠实践。”

黄汲清在生命的最后时刻，用“不迷信、不固守、靠实践”九个字，精辟地概括了自己一生的学术作风。我以为，他之所以在 70 年来漫长的科学生涯中能不断进取，成为一代科学宗师，是与这种学风分不开的。

这是一个秋高气爽的星期天。

黄汲清吃完饭，想起了一个技术问题，便请来了地球物理专家顾功叙。

顾功叙比黄汲清小四岁，这位见人便一脸笑眯眯的浙江人，是中国地球物理事业的开拓者，也是把地球物理科学引入中国勘探业的主要奠基者。1936年，顾功叙毕业于美国科罗拉多矿业学院地球物理勘探专业，同年，转入加利福尼亚州工学院，从事专业研究。抗日战争爆发，怀着报效祖国的心愿，他中断了在美的研究，毅然回国。从此成为在我国地质找矿业中运用和推广物探技术的先驱者，也开始了他与地质大师黄汲清一生的交情。这种交情，使得两位大师在探索地球科学奥秘的工作中取得了卓越成就。

“我是机枪手，你是重机枪。”黄汲清总喜欢这样比喻他的地质科学技术与顾功叙的地球物理技术。“打胜仗得靠枪手，枪手没好枪就啥子没得用。有了你这重机枪，我们打胜仗就容易多了！”

顾功叙笑眯眯地默认这种比喻。因为他们曾一起在鞍山、包头、大冶铁矿等黑色矿山和白银厂、铜官山等有色矿山的发现与开发中互相配合，屡次打过胜仗，还有玉门、鄂尔多斯等油田。

现在是松辽——未来的大庆油田。

“松辽盆地的面积和地层情况比我们过去工作过的几个盆地要大得多和复杂得多，第一阶段的普查与勘探工作现已基本完成，下一步就是确定基准井了。关系可大呀！所以想听听你的意见。”黄汲清说。

顾功叙自然明白，所谓的“基准井”，就是以获取整个油田有代表意义的数据为目的的探油井。基准井井位的确定必须慎之又慎，一钻下去，能否出油，不仅影响到整个松辽战役千军万马的士气，而且和油田未来的命运有着直接关系。还有一个重要因素是，一口基准井只要一开钻就是数百万人民币（还是50年代的货币价值）。打出油还好，打不出油一口井下去，就等于让数万人饿一年肚子。1957年开始，新中国每年已经有几百万人吃不饱饭了。

这一切，顾功叙和黄汲清一样清楚。五六十年代的中国科学家们的肩上，大多承担着两副担子：一副是要搞出赶超世界先进水平的科学成就，一副是要用最少的钱干出最大的事业。中国的科学家比起世界上任何一个国家的科学家都可敬。

“还是老话一句：事不出三！”顾功叙依然笑眯眯地回答黄汲清。

“行！在松辽这个‘大蛋糕’上能三口咬出金娃娃，你可真是又给全中国人民立大功了！”黄汲清十分高兴，他知道顾功叙说的“事不出三”，是只打三口基准井来完成出油这一壮举。这种胆识如果没有高超的科学技术是绝对不可能做到的：在几万甚至几十万平方公里的面积上，捅那么几个水桶口大的井并保证让其见油，这与大海捞针的难度不相上下，顾功叙的能耐大就大在这个地方。

不过这一次他补充了一句话：“听说石油部也在松辽上马了，能同他们配合起来一起干，效果可以更好些，至少可以为国家省一大笔钱。”

“这个工作我来做。明天我把翁文波叫来商量商量。”黄汲清蛮有把握。

“那么，过几天我去趟松辽，长春石油物探大队的朱大绶、王茂基他们干得很出色。如果他们在基准井布孔时，再把握好两个原则：第一，打在沉积岩厚度最大，预测生油条件较好，含油气远景最好的区域；第二，争取打在局部构造上，因为邻近油源区的构造可起到近水楼台先得月的作用，这样的构造很可能储集油气。我想这两点注意了，‘事不出三’的牛皮不会吹破！”顾功叙说着呵呵呵地自笑起来。

“老弟，祝你再次成功！”黄汲清朝顾功叙的肩膀重重拍了一掌。自松辽盆地石油普查的战幕拉开以来，黄汲清的心无时无刻不在关注着前方的每一个战略部署的走向和具体的战术运用。虽然这段时间他个人的职务一直在不停地变动——有些变动连他自己都感到突然和无奈，但松辽盆地就像一个未出生的胎儿一样一直装在他肚里，他不管别人怎么来回地摆布他、捉弄他，甚至是摧残他（1957 年的“反右”就是一例），可黄汲清从来没有放弃对松辽石油寄予的厚望和倾注的全身心的热情。

因为关系到中国石油和黄汲清自身命运，有必要向读者介绍这样的一些历史背景：1956 年秋，根据中央的指示，地质部的机构作了重大调整。原来的各大区地质局等被撤销，而改为几个总局如东北地质总局、南方地质总局等，原“普委”被撤销，改组成石油地质局，黄汲清任该局总工程师。“普委”的其他几位领导，刘毅升任地质部办公厅主任，谢家荣任地质研究所第二副所长（第一副所长由黄汲清兼任），之后，谢家荣再也不管石油工作了。李奔留在石油局，当副局长。身为总工的黄汲清实际上是当时全国石油地质工作唯一的技术总负责人。因为那时石油工业部还没有成立，康世恩领导的石油管理总局的主要技术顾问也是黄汲清。此间，黄汲清经历了几件大事。一件是他亲自主持和领导制作了新中国的第一张《中国含油气远景分区图》。这份图对之后的中国石油工业起到了重大的指导作用，今天我国的许多石油勘探设计仍出自该图。第二件事是他利用总工的身份，建立起了国家第一支最具实力的石油技术骨干队伍，如朱夏、关士聪等技术专家调进了石油局，后来这些人都在大庆等油田的发现中做出了杰出贡献。他经历的第三件事是“反右”斗争，这次运动差点使这颗“巨星”坠落，何长工在此立了一功。此事前面有述，在此不再赘述。政治冲击尚未结束，1957 年冬至 1958 年 1 月，黄汲清又一次受到冲击，不过这次是岗位的选择。一天，还在医院治病的黄汲清向前来探望的副部长宋应说，我现在兼任两个职务

（石油局总工和中国地质科学院的前身地质矿产研究所第一副所长。宋应是所长，副所长还有谢家荣、孙云铸等几位著名地质学家——笔者注），部长您认为石油地质局重要还是地质矿产研究所重要？黄汲清当时一心希望能够集中精力搞石油，说这句话的意思是希望领导能帮他摆脱一下研究所副所长的事务。谁知宋应副部长脱口而出，说当然是研究所重要了，而且根本没有向黄汲清询问一句：你自己是怎么想的呢？事后，黄汲清十分懊悔自己嘴快。这样一来，反把自己搁在骑虎难下的位置上。黄汲清当时面临两种选择：如果想继续专心搞石油，那么只有离开地质部到康世恩那里去，要不就去当那个地质矿产研究所常务副所长了。黄汲清心里清楚，在地质部领导的眼里，石油仅仅是一个方面，而中央赋予地质部的职能是全国各种矿产的地质工作，谁重谁轻自然不用说。黄汲清骂自己自作聪明，结果反倒误了事。不过后来他躺在病榻上又一想：建立石油工业虽然首先要普查勘探打头，但最重要的部分还是系统勘探和开发。作为一名石油地质专家，除了地质知识外，还应当对深井钻探、泥浆选择、各种测井和试油方法等技术熟悉，而领导一个地质矿产研究机构是可以很快获得以上这些技术的。这么一想，黄汲清反倒平静地接受了现实的选择。不久，他辞去了石油地质局总工的职务并得到批准。没几日黄汲清才大悟：部党组已经决定连石油地质局也要撤掉了。这是怎么回事呀？后来他才打听到，中央考虑即将正式成立石油工业部，地质部如果再有个石油局会造成技术力量等问题上的分散与重复。这个决策有一定道理，但又不尽如人意。后来地质部和石油部两个行业部门的实际工作证明，作为石油地质与石油勘探开发，它们在诸多方面是交叉的和难以分割的科学技术工作。石油工业部要勘探开发油田，没有地质工作等于摸瞎子。而地质部门要进行石油地质调查，没有自己的勘探与开发队伍，又不可能完全准确地判断摸清地下石油情况。因此，自有石油工业开始或者说自有地质部和石油部之后，这两个部门又是亲兄弟又是“老冤家”。石油勘探的系统科学技术，使这两个部门注定要成为需要互相配合的亲密兄弟，而在一个油田成功后，在论谁是功臣谁该在功劳簿上坐第一把交椅时，地质部和石油部总难不成为“冤家对头”。扯不断，割不清，爱不够，恨不尽……地质部和石油部风风雨雨并肩战斗几十年，总是处在这种状态之中。好了，把这些问题留给专门研究产业分工和机构改革的政治管理家吧！

黄汲清后来很快找来石油部的翁文波先生。这俩人是啥关系？用现在的时髦话，叫作铁，绝对的“铁哥们”。翁文波晚年搞预测学出了大名，其实在这之前他一直是中国地球物理学界的权威人士，是与顾功叙一样的石油物探宗师。翁文波与黄汲清的交情可以溯至翁文波的堂兄翁文灏。浙江宁波翁氏家族在20世纪出了这两位杰出的地质科学家。翁文波比他堂兄小23岁，但俩人很亲近，1991年，我曾当面问过翁文波大师，他说他从小就由翁文灏的母亲抚养长大，后来，他搞上了地球物理，也是受了当时已是中国地质学界领袖人物的堂兄影响。1936年，翁文波从清华大学物理系毕业，在面临下一步学什么、做什么时，已任中央地质调查所代所长的黄汲清曾向翁文灏建议道：“中国地质事业要在找矿方面赶上和领先于世界水平，就得培养具有世界水平的地球物理学家。”翁文灏听后点点头，并说：“我有个堂弟是学物理的，我给他出出主意，送他到国外专修地球物理学业！”后来翁文波真的考了英国伦敦帝国学院地球物理探矿专业，并且从此走上了报效于祖国的物探找矿事业。黄汲清对这位“老弟”一向看重的原因，还在于两人在玉门油田的发现与开发中，就有了亲密无间且卓有成效的合作。

当时，翁文波是新成立的石油工业部勘探司总工程师，是实际上的石油部地质工作主要带头人。

黄、翁二位大师本出于同一师门（均为翁文灏弟子），加上黄汲清又一直担任石油部的技术顾问，平日里你来我往，更是不在话下。如今，松辽盆地的石油勘探处在节骨眼上，翁文波一听，便向黄汲清保证："我马上报告余部长和康世恩同志，让我们的松辽石油勘探局，尽快与你们的长春物探队取得联系，共同研究确定好基准井位孔的布局。"

虽然后来地质部与石油部在一些具体成果上出现名利争执的起因始于大庆油田，但两个部在大庆油田勘探开发中的合作与配合，堪称典范。

1959年农历大年初四，北京市民仍沉浸在春节的欢乐中，来往拜年的人川流不息，喜庆的鞭炮接连不断。

这天早晨，一行人叩开何长工的家门。邻居们注意到，几天来，一群又一群的人给老将军拜年，总是待了几分钟，就得让给新一批拜年者。而今天拜年的人却很蹊跷，一阵兴高采烈的贺年声过后就再也没有人来，且老将军家的门也给紧紧关闭……

多年后，这一秘密被揭开：此次的拜年者均是地质石油两部的部长、副部长、局长和总工们。他们是余秋里、康世恩、旷伏兆、孟继声、顾功叙、沈晨、张文昭……

这是事先招呼好的"拜年会"。拿老将军的话说是关于松辽找油的又一次重要的"国家会议"（国家的事情在家里谈，何长工称其为"国家会议"）。此次"国家会议"是何长工提议召开的，当时鉴于松辽的地质情况已清楚，故地质、石油两部有必要携手为"出油"的突破作部署。

"余部长，你们在毛主席面前的牛已经吹出去了，今年再不打出油老人家可是要打你屁股了！"何长工上来就将了余秋里一军。

余秋里大腿一横，回敬说："我说老将军，你的牛可吹得不比我们小啊。你当着毛主席和全体中央委员的面说‘我们可以找到中国的巴库’！”

两位部长的开场白逗得大伙哈哈大笑。

“老将军，想啥子事啦？快看这个‘总体设计’行不？”余秋里用胳膊轻轻地捅捅何长工。

“噢噢，还是开我们的‘国家会议’。”老将军自感有些失态，便忙接过方才地质、石油两部领导共同研究制定的《1959年松辽盆地勘探总体设计》，认真看了起来。“很好。设计中把两个部的协调与分工写得比较明确。下一步就看我们能不能早日获得工业性油流了！”末后，何长工肯定道。

“那春节一过，我就让人以我们两个部的名义把这份《总体报告》向松辽方面发了！”余秋里说。

“可以。”

“我还有个问题要请示，老将军！”这时，康世恩装腔作势地凑到何长工的耳边。

何长工开始一愣，继而抬起左手，朝康世恩的后脑勺用力拍一巴掌，“你的‘请示’不用说，我明白。”

旁边人不知怎么回事。

“老伴，上饺子噢——！”只见老将军朝厨房一挥手，大声吆喝道。

“啊哈——，知我者何老将军也！”康世恩乐坏了，他从何长工的老伴尹清平大姐手中抢过一大碗白面饺子就神速“战斗”起来。

“好兄弟，慢点儿。瞧，饺子里的油都流到外面喽！”

何长工一把拉过老伴说：“你甭管他，今天他爱流多少流多少。明儿要是他不给我在松辽弄出油来，我罚他这饿狼！”

“报告老将军，我接受您的挑战。”康世恩顽皮地拿起筷子向何长工敬了礼，末后又可怜巴巴地抬起手中的空碗，“谢谢您老再给来一碗！”

“哈哈哈……”余秋里等人乐得前仰后合，老将军夫妇俩更是一脸开心。

黄汲清是带着此次“国家会议”精神，于正月初六离开北京到了长春的松辽石油普查大队。一到这儿，他便听取了李奔、韩景行、吕华等人的汇报。第二天，他向所在大队的技术人员和全体干部作了《松辽平原找油方向》的报告。黄汲清针对当时松辽找油的进展情况，指出松辽盆地的生油层系是多层形的，因此应当使用深钻，注意研究深部石油地质情况。其间他与韩景行等技术负责人重点讨论了基准井的布孔问题。

之后，地质部松辽石油普查大队和石油部松辽石油勘探局的技术人员经过研究，首先确定了两口基准井（即松基一井，松基二井），由于地质部的深钻设备不够，因此决定由石油部负责施工。结果这两口井虽然获得了一定地质资料，但未能达到“喷油”的预期目的。于是第三口井——“松基三井”的设计与施工列入了议事日程。

这是一次万人瞩目的钻井。成功与否，对当时整个松辽平原的找油队伍的士气影响实在太大了。其实北京方面也在焦急地等待着前方的消息，尤其是曾在黄汲清面前说过“事不出三”的地球物理学家顾功叙。

“必须找出两个条件比较好的构造，才能保证万无一失！”顾功叙又一次电示地质部长春物探大队。

关键时刻，能征善战的长春物探大队广大技术人员显示了自己的神威。他们通过沿区域大剖面上的地震电法工作，准确和快速地完成了两条西北—东南向的短剖面和两条东北—西南向的剖面并组成测线网，从而为确定“松基三井”圈定了一个名垂千秋的背斜构造。这个构造位于附近一个名叫高台子的小村庄，因而被技术人员命名为“高台子构造”。1959年4月11日，经地质、石油两部共同确定的“松基三井”，正式开钻。石油部调来了一台最新式的进口深钻——乌德3200米型大钻机。为了作好两手准备，地质部长春物探大队又在大同镇长恒构造的一处隆起，布下基准井。地质部没有深钻装备，韩景行的松辽石油普查大队技术人员便用自制的土设备上马战斗……

主战场“松基三井”，此时此刻集中了地质、石油两个部门的精兵强将。为保证石油部的“乌德”大钻机快速下伸，地质部调来一台千米钻，在“松基三井”孔旁打了一口1000米深的辅助井，专门代替“乌德”取出1000米之前的岩心。如此布置后，不用取岩心的“乌德”果然进度神速。可就在此时，井下的严重问题发生了：“松基三井”钻至900米深度时，由于施工技术原因，孔偏达6度，最后勉强钻至1461.76米时，再也无法继续下钻了！

这可咋办？机台上，有的钻工一边用拳头敲打着不争气的大钻机“乌德”一边大哭起来：“乌德乌德，你真缺德啊……”

因为前面两口基准井的失败，“松基三井”在整个松辽找油人心头的分量太重了！重得它不能有丝毫的闪失，可偏偏它又如此不争气！

怎么办？下步到底该怎么办？

北京，深夜12点，石油部余秋里部长被叫醒。

北京，凌晨2点，地质部何长工家的电话铃响了。

“老黄，碰到了这种情况该如何办？”

“黄总，能不能死马当做活马医？”

这一天从凌晨4点一直到第二天下午，黄汲清的家里和办公室就没有断过电话。

“我要了解现场的情况才能做出决定。”黄汲清让总机话务员挂长春长途。“喂，小韩工程师吗？你把岩心的情况给我说说，越详细越好……”

“老黄，怎么样？”何长工又来电话了。

“我看可以提前试油！”黄汲清回答。

“那好，我跟余秋里同志联系一下。”

就在何长工与余秋里联系时，康世恩副部长已经抵达“松基三井”现场。

“部长，井反正打不下去了。我们试油吧！”垂头丧气了好几天的钻工们一见自己的领导来了，纷纷请求道。

“不不！现在试油万万不能！”陪同康世恩一起前来的苏联石油部总地质师米尔钦柯又是摇头又是摆手，“按照规范，基准井必须按照设计要求打到底，直到终孔后才能自下而上地开始试油。”

“现在孔偏很大，无法再钻怎么办呢？”康世恩问米尔钦柯。

“那就在旁边再打个孔。”

康世恩没有反驳苏联专家的意见，却一甩军大衣，跑到工人中间，悄悄说道：“我一会儿带专家离开这儿。如果你们认为自己的想法对，你们完全可以大胆地干！”

“行！”有部长这句话，工人们还有啥担心的！

9 月 13 日，工地上的钻工们就开始在“松基三井”完成钻探的地下 1357 米至 1382.4 米之间的三个油层进行射孔。此间，渗水的原油从孔内渐渐涌出……经过 20 天如此来回地提捞，孔内涌出的水越来越少，油却越来越多。

至 9 月 26 日，终于人们期待的黑色原油如巨龙一般从千米地下滚滚地喷涌而出，在大平原上蔚为奇观！

松辽大地沸腾了！

北京的地质部机关、石油部机关沸腾了！

还有中南海……

“传俊，油油！出油啦！”这天，黄汲清下班回家，脚刚跨进门槛就冲着厨房里正在忙碌的老伴嚷嚷起来。

老伴吓了一跳，围着灶台左右前后瞅来瞅去，很是奇怪地问："哪儿出油呀？"

"松辽！松辽出油啦！"黄汲清一边乐一边将老伴一把从厨房里拉出来，然后从包里取出一张地图铺在饭桌上："喏，这儿出油啦！"

老伴这才恍然大悟："就是前些年你说有油的东北那块盘地？"

"没错没错。可过去我一直是预测，现在油真的从地底下冒出来了！听说那油冒得老高老高喔！"黄汲清手舞足蹈，嘴里不停地嚷着，"有油了！这下我们不缺油啦！噢，油浪滚滚哟……"

本是同根生，相煎何太急？只因"阶级斗争为纲"，一夜间，友人反目成敌人……

历史自有公论：中国地学的丰碑本不属一个人。

1964年4月20日，《人民日报》发表了一篇题为《大庆精神大庆人》的长篇文章。这是中国第一次向外界公开大庆油田，在这之前，大庆油田一直属于保密范围。

我们的党中央选择了在这样一个年份向世人透露一个伟大的发现，无疑是有着巨大的政治意义的。这个意义正如毛泽东主席当时接见一位阿尔及利亚客人时说的："帝国主义分子前不久还叫嚣中国政府要垮台，现在不作声了，因为还没有垮，而且更硬气了。"（见〔美〕R．特里尔《毛泽东传》364页）在毛泽东眼里，当时最危险的"帝国主义分子"是邻国的苏联。

在50年代末期至60年代初的六七年间，中国这个诞生不久的共和国，在人为和自然因素的交叉袭击下，面临了前所未有的压力。在身后，是6万人民的饥荒与贫困；在前面，是东南西北全方位的“反华”包围圈。大庆油田的发现，是毛泽东主席一生中最为兴奋的事件之一。1964年的这一年中，中国还发生了另一件令毛泽东主席欢欣鼓舞的事，即第一颗原子弹的成功爆炸。

大庆油田和原子弹，为毛泽东主席和中国共产党解除了来自前后的沉重压力，共和国由此在国际舞台上开始以新的形象出现。

如果说原子弹是毛泽东主席和中国共产党与以帝国主义为代表的一切反华反共势力进行较量的砝码，那么，大庆油田则可以比作社会主义共和国奔向现代化强国的列车轨道。

毛泽东看重大庆油田是站在政治家的政治角度。他对大庆油田发现与开发的有功之臣的褒奖，绝不亚于与他一起打天下的共和国开国元勋们。

大庆油田发现与开发的开始几年里，正如前面所言，石油部和地质部其实从未因谁功劳大谁功劳小出现过公开或者背地里的摩擦。这种名利之争，在科技工作者里面，也不曾出现，至少黄汲清等一批大师从没想过什么个人的名与利。为社会主义建设贡献力量，是五六十年代广大中国知识分子共同的心愿和崇高的情操。只是后来的政治势态发展，迫使我们的科技工作者必须起来捍卫自己应有的尊严而已。

人来到这个世上，谁都有维护和捍卫自己尊严的权利。然而，中国的广大知识分子为了维护和捍卫自己的尊严，却付出了不堪回首的代价。

“文化大革命”是他们经历的最漫长、最黑暗的作为人的最基本的尊严得不到保证的岁月。那岁月，大多数知识分子被当作发臭的垃圾推进垃圾筒，或者干脆挖个政治的坑给埋起来。

“反动”的知识分子是相对于“革命”的知识分子而被归类出来的。在地学界，不用说，黄汲清是“反对毛泽东思想和执行刘少奇、邓小平资产阶级路线”的“反动”知识分子。

1964年，黄汲清60岁。“文革”开始，黄汲清62岁。黄汲清压根儿就没想到，在他年过花甲的年岁，历史竟会将他与他所一直尊敬的人物对立起来。

历史在捉弄黄汲清，这一切在客观上可以归功于“文化大革命”。

1964年，毛泽东向全国工业战线发出了“工业学大庆”的号召。大庆从此成为一面自力更生、艰苦奋斗的红旗。这面红旗高高飘扬了几十年。

关于发现大庆油田的宣传问题上，“文革”期间，由于受阶级斗争的影响和某种政治需要，已经很大程度上出现了片面。在地学界，以黄汲清、谢家荣为代表的一大批正直的科学家，当然对此不服，原因只有一个：在他们看来科学必须尊重客观事实，科学不能是一家之言。

黄、谢两位科学大师（在他们身后还有成千上万的追随者）太天真了，他们以为在暴风骤雨的政治斗争面前，也可以采取像搞科学一样的诚实态度去对待。大师们彻底地想错了。当他们还来不及发现自己的想法错在何处时，革命风暴已经把他们从万众敬仰的科学大师座椅上拉到了地下狱室。当时，黄汲清不是没有过像谢家荣、孟宪民两位好友一样了结此生而万事大吉的念头，但他没有这种机会。“造反派”们不允许地学界失去批判和打击的一个最大的对象。

黄汲清被关进了一间特设的地下狱室，从此开始了长达180多天的长时间逼供审讯……

一次又一次的提审，一次又一次的批斗，使黄汲清反倒越来越清醒：干吗要死？我没有错！我的学术有什么问题？没有呀！大庆油田是个例证！毛主席不是提倡要学大庆吗？相信党和人民不会把功臣当罪人的！

一位每天接受几小时逼供、见不着太阳见不到光线，只能吃一个馒头或两个窝头的老人，在半年后竟然还活着从几十级台阶下走出来，真是一个奇迹！

黄汲清从地下狱室出来的时候，家里给他称了一次体重：38千克。在这之前的40多年里，黄汲清说自己的体重从没有少于65千克。

“莫哭莫哭，出来就好了嘛！”黄汲清回到家，妻子陈传骏抚摸着瘦得像个孩子似的丈夫，整宿地痛哭不停。连抬眼的力气都没有的黄汲清反倒安慰起妻子来。他哪里知道这半年中妻子是怎么过来的。

我到中国地质科学院采访，当向有关人士问起那一段往事时，他们的面部表情一下冷峻起来：“啊哟，那个时候，我们在楼上办公，每天从早到晚只要往窗外的楼底下看，就会看到陈老太太（黄夫人——笔者注）的身影。她老在楼底下来回地走动，想有机会看一眼关在地下室的黄先生，我们告诉她说是不会见到的，可她不信，照常还是每天来，不管刮风下雨。那样子实在太可怜了，后来我们都不敢朝窗外张望，怕看到她……”

陈传骏就是这样一位至诚至爱的妻子。

黄汲清在生前不止这样一次对子女说过，他的一生如果没有爱妻的关心体贴，就可能没有事业上的如此成就，也不可能活到91岁高龄。我采访黄汲清的子女，他们跟我说的一样：没有母亲，就没有父亲的辉煌一生！

大师一生中若有最庆幸的事，应当数找了陈传骏这位贤妻。

他们相识于1936年，也就是黄汲清从瑞士获博士学位回国时。黄汲清那时刚过而立之年，正值大展雄才的年华。由于卓越的才华和恩师丁文江、翁文灏的厚爱，他回国不久便升任了国民政府实业部中央地质调查所地质主任（相当于总工程师）和代所长之职。如此一位璀璨的科学新星，他的婚姻大事自然引起诸多人士的关注。那时候在普通家庭里十分讲究门当户对，而在高级知识分子界，郎才女貌则更为流行。大才子黄汲清理所当然地成了京城女知识界引人注目的对象。旧北京时，才女们最为集中的当数闻名全国的北京女师大，这里可以说集中了当时中国最有才貌的富贵人家的小姐。说来很有趣，女师大当时有两位人称“校花”的学生，她们一位叫吴镜侬，一位叫陈传骏。前者比后者大几岁，两人都出身于名门旺族，都是人见人爱的娇花淑女。1922年，吴镜侬嫁给了黄汲清的终生好友谢家荣，十几年后，陈传骏嫁给了谢家荣的终生好友黄汲清。谢家荣和吴镜侬是一对恩爱夫妻，可惜没能白发到老。黄汲清和陈传骏则更是一对如影随形天下难寻的恩爱夫妻。谢、吴夫妇俩人的性格都属内向，而黄、陈俩人则都是爱说、爱笑，性情活泼的外向型性格。他们的恋爱，充满了罗曼蒂克。当他们的子女也有五六十岁时，子女们向我谈起了他们的父母在年轻时第一次约会的情形：黄提出到郊外的香山玩，“好啊，明天就去！”陈传骏欢呼起来。第二天，一对恋人搭车前往香山。一路上，陈传骏欢快得像只小鸟，“唧唧喳喳”个不停。“到了到了。”车至目的地，陈小姐一溜烟跳了下去，回头一看，情人不见了。左盼右顾，还是没人影。回车上一看，你道怎么回事？嘿，这黄大才子正“呼呼”地酣睡着呢！“哎哎，你在做什么美梦呢？”陈传骏推醒黄汲清，气不打一处来。“嘿嘿，对不起，我刚才正好梦见了在德国黑森林与好友约会的事。”黄汲清不好意思地推推鼻梁上的眼镜。“好你个黄汲清，你老实交代，你在外国留学期间跟哪个洋妞约会过？说！”陈传骏一把将黄汲清拖下车，非要他说个清楚。黄汲清一见此情，也急了：“不是的，不是的，哪个去约会嘛！”“那你刚才不是说在德国什么黑森林白森林约会的，一定很浪漫吧？”黄汲清笑了：“嗨，那倒是约会，可是我们几个地质学友约会呀！”陈传骏这下才把沉下的脸浮了上来，将一只纤柔的手伸进黄汲清的胳膊弯，撒娇地说：“那……你给我说说那次约会的事。”一提起这，黄汲清就来劲了。那次约会是在1934年冬，正在瑞士浓霞台大学主攻阿尔卑斯山脉区域地质与大地构造研究的黄汲清，接到了正在德国留学的老同学李春昱的来信，约他寒假去德国南部的黑森林地相聚。一生爱旅行的黄汲清见信后欣喜若狂，在异国能与久别的好友相会本身就是件值得庆幸的事。1935年2月，正值中国传统的新春佳节之际，黄汲清践约赴会。到那儿后，又见到了另两位北大地质系的学生，同在德国、瑞士留学的王恒升、乐森璕。四位青年学者相会在异域的冰天雪地，童心油然勃发，竟情不自禁地抓起雪块互相对掷起来，“雪仗”越打越激烈，乐、王俩人竟然抱成一团，翻滚在厚厚的雪地之中。那场面有太多的童趣，爱摄影的黄汲清忙不迭地举起相机，连连几声“咔嚓”，记录下了这难忘的“黑林雪仗图”。“那照片还有吗？”陈传骏被这充满情趣的“故事”深深吸引了。黄汲清很得意：“有啊，你回去就到我宿舍去，保证给你看！”“去你的，谁跟你到宿舍呀！”陈传骏的脸一红，羞涩道。后来这对才子佳人好上了，当时北京知识界还纳闷：怎么女师大的美人都给穷酸的地质调查所的小子们拐跑了！

黄汲清与陈传骏是在患难中结的婚。1937年6月，黄汲清赴莫斯科出席第十七届国际地质会议，之后在苏联进行了为期三个多月的地质考察与学术交流。当年10月回到南京，日本侵略者已经打到了上海，黄汲清作为中央地质调查所所长，他率全所员工辗转到长沙。在长沙他与陈传骏正式结为夫妻。嫁给“地质郎”的陈传骏，从此也跟着过上了到处颠沛流离的地质之家的特殊生活。从结婚到1949年解放前的几年里，黄汲清不是出国就是天南海北出野外工作。陈传骏除了那无时无刻挂念外，就是携带三个幼小的孩子，再者便是随丈夫的单位与工作的变动而无休止地搬家。在结婚的头十年里，陈传骏带着孩子，绕着南京—重庆—北京来回搬家不下十次。常言道，一次搬家就短半截命，带着孩子的陈传骏已经记不得自己的青葱岁月是怎么过的。这位出身名门的大家闺秀，在那次从南京逃回老家四川的一路上，为了孩子能有一口饭吃，有一个不被天上飞机轰炸的栖身之处，她竟屡次拉下脸皮，像乞丐似的流着泪向别人苦苦哀求。

解放后，调到北京中央地质部工作的黄汲清当时身兼数职，一天忙到晚。陈传骏为了能让丈夫一心扑在为国家找矿的事业上，她毅然放弃了自己心爱的教书职业，当起了一名家庭主妇，专门服侍夫君和三个年幼的孩子。平日里，她为夫君的喜而喜，为夫君的愁而愁。更神奇的是，每当黄汲清心宽体胖时，她跟着也心宽体胖。只要丈夫日日消瘦，她也即刻骨瘦如柴。三个儿女无不称他们的母亲是一个“伟大的女性”。

“文革”开始，黄汲清作为地质系统头号“反动学术权威”外加“特字号国民党大特务”被揪出来后，一向很注意营养的黄汲清“黄胖子”的全家断了高薪。他从300多元的一级教授待遇，变成了只有每月15元生活费的“牛鬼蛇神”。他和老伴俩人的30元生活费要养活一家几口人咋个活法？经济的窘境和精神上的打击，使陈传骏遭受了并不比大师轻松多少的严重摧残。丈夫在地下室关押的日子里，已近花甲之年的她每天支撑着弱不禁风的身子焦虑地到地下室附近的地方一小时、两小时，甚至半天、一天地等着，那时的她，多么期待能瞅一眼几十年相依为命的老头子，然而她始终未能如愿……

陈传骏还没来得及用她那微温的身子为瘦得肋骨根根凸起的丈夫偎暖，1969年“九大”后，“国民党大特务”黄汲清又没有逃过这场台风。名曰“疏散”，可对那些被疏散对象与他们的家人来说，都知道这是一次生离死别。黄汲清的一女两儿得知后，挽着那瘦得皮包骨的父亲，哭得好生凄惨。一向爱流泪的妻子此次一反常态，她不掉泪，也不说话，只是睁着那双充满哀伤的眼睛久久地发呆着。儿女们吓坏了，商量着如何瞒着她悄悄送走父亲。谁知，临上火车前，陈传骏卷起行李，对儿女们说："家交给你们了，我跟你们爸一起到江西干校去！"就这样，她用那颗伟大的仁爱之心，伴随丈夫度过了1000多天喂猪生涯。1972年，黄汲清被落实政策回京，时年68岁。那时，他变成了一个真正的老人了。黄汲清摇摇晃晃回到家的第一句话是这样对儿女们说的："没有你们的妈，今天你们接回的该是我的骨灰盒了。"

陈传骏今年88岁，比黄汲清小三岁。我第一次到她家采访，黄汲清大师已经去世半个多月了。家人都不敢告诉她这不幸的噩耗，他们知道告诉她这噩耗就等于终结她的生命。我望着这已是耳聋、眼花的耄耋寿星，心里好难过。不过，我从心底与她全家人一样，希望永远给她带去欢笑和"老头子还在医院，挺好"的消息。

女性的伟大常常使自认为了不起的男子们感到无地自容。我为大师这样的妻子而感叹！

在中国的学术界和科技界，或许大家还没有听过哪个学科与门派之间的斗争超过地学界的。

地学界的学科与门派之间的斗争，不仅仅是具体在围绕大庆油田发现问题上的名利之争，而更多的是已经上升到了激烈的政治斗争。

其实，科学问题上的争论本来并没有什么奇怪的。学科与学科之间的以及学科本身的正常争鸣，是推动科学进步的基本动力。然而由于从事各种学科的人的胸怀、动机、品行等等诸多因素，致使一些正常范围的学术争鸣，变成了人与人之间的狭隘之争，甚至发展到你荣我耻，你死我活的门户之争、政治之争。

1949 年，中华人民共和国成立。毛泽东向全世界庄严宣告"中国人民从此站起来了"。的确，新中国的成立，给我们这个民族带来了前所未有的曙光。但是从客观的历史分析，我们应当承认，中国人民之所以能站起来，应该说是经历了从 1840 年鸦片战争开始的"虎门销烟"、太平天国、义和团运动和孙中山的辛亥革命，以及第一第二次国内革命斗争（北伐战争）、全民族的抗日战争等几乎是没有停顿过的各种斗争后才站起来的。中国共产党领导的摧毁帝国主义、封建主义、官僚资本主义"三座大山"的斗争是最波澜壮阔的和彻底的一次革命斗争。新中国政府的成立，特别是新政府能在短时间内就可以运转，也不是共产党人坐在半空中靠几个口号发发文令就能成得了的。新政府如果没有几千年来民族祖先遗留下的巨大物质与自然财富，我们的共和国也不可能发展到今天这样一个强大的地步。

地质科学事业便是一个突出例子。

从 20 世纪初鲁迅先生所著的第一本地质学术著作，到 1912 年章鸿钊在孙中山的国民临时政府下主持第一个政府地质部门，到 1913 年丁文江、翁文灏开设第一个地质调查科研机构开始，直至 1949 年新中国成立前的 40 多年里，章鸿钊、丁文江、翁文灏也包括李四光在内，还有黄汲清、谢家荣、李春昱等一大批地质事业的先驱者和大师们，已经在中国建立起了具有世界一流水平的地质科学。尽管在旧政府统治时，他们找到的真正可以用来支撑民族工业发展的矿山与矿产地并不算多，但在学术上、在科学的找矿理论与方向上，他们不仅成熟，而且已经走在了国际同行的领先地位。解放后，我们开发的鞍山、大同、淮北、包头、攀枝花、玉门、大庆等等一大批著名的钢铁与能源基地，有几个不是在解放前就已被地质学家们发现或者指出了的！包括80年代后期才进入开发的塔里木油田，黄汲清在1942年就这样明确指出过：这里的“油田的未来远景是令人鼓舞的。这里有圈闭很好的构造，以及足够大规模生产的油田，此外，在深处还可望有更好的油层。”

几乎可以这样认为：中国地质科学事业在20世纪的形成与发展，在前半个世纪已经基本完成了它的研究与探索阶段的艰巨使命，而在后半个世纪则是我们的共和国很好地体现了团结和发挥这些知识分子的作用，并在他们成熟的科学思想指导下，完成一个又一个矿产资源基地的开发与实践过程。

不计前人的功劳，就不是历史唯物主义者。

忘却历史的作用，就不是一个真正的马列主义者。

在地学人才与地质学科研机构方面，新中国政府几乎是将旧政府的那班人马全盘接收过来的。在共和国成立之前，中国从事地质科学工作的总人数不足200人。研究机构主要是一个中央地质调查所和下属十几个省级地质调查所，加上李四光领导的中央研究院地质研究所。这200来人和几个科研机构，在国民党反动派逃往台湾的历史转折关头，几乎全部留在了大陆，后来新中国中央人民政府成立的第一个全国地质工作计划指导委员会及再后来成立的地质部，其主要技术骨干与主要领导人都是这一批人。

这200来位地质科学工作者，为了完好地保存机构，迎接新中国成立，当时与蒋介石的国民党反动政府曾展开了可歌可泣的战斗。其中最值得一提的是，黄汲清的好友、当时任所长的李春昱教授等人为保护中央地质调查所的斗争史诗。

1948年底，辽沈、淮海、平津三大战役，人民解放军兵临南京城下。国民党南京政府惊恐万状，勒令各机关迅速撤离。所长李春昱因为经常秘密收听共产党的电台广播，所以有心不想随蒋介石的旧政府撤离。但是在国民党总统府鼻子底下，要把一个享有国际声誉的完整的科研机构全套人马留下来可不是件简单的事。这需要勇气，更需要胆略。李春昱找到了尹赞勋、侯德封、谢家荣等几位调查所元老秘密商量。大家的意见一致：坚决留下，不跟蒋介石走。黄汲清当时在国外考察，李春昱无法与其联系。时间一天比一天紧，国民党政府一次又一次地打电话来催促，到后来中统、军统的特务也渗到了调查所驻地作耳目。面对如此形势，李春昱等人机智地与敌人周旋。当时要把机构留下来，除职工家属几百号人不透露任何蛛丝马迹外，另一个很现实的问题是，必须保证在混乱与经费断绝的情况下，维持员工及家属生活，困难实在不小。后来，李春昱向担任政府资源委员会主任会员的老友孙越琦借了两卡车（8000 斤）大米，又发动大家储备了油、盐、咸菜等物，首先安定了人心。可在国民政府机构大批撤离之中，唯独地质调查所不撤显然太扎眼了。怎么办？此时，孙科任院长的国民政府行政院已迁往广州，主管地质调查所的经济部部长三天两头打电话派人来催李春昱搬迁。再要想瞒天过海赖着不走是不可能的，而且李春昱清楚，他的上司还有两位政府大员对地质调查所内情是太熟悉了，如果他们不支持或到蒋介石面前说一句不三不四的话，那么整个计划就会成泡影。这两个人就是孙越琦和翁文灏。孙不久前就任经济部长，直接主管地质调查所。翁文灏则是孙科的前任国民政府行政院院长，又是与丁文江把地质调查所一手创建起来的“太师爷”，对所里的控制力远在李春昱之上。李春昱知道，要把地质调查所留下来，先得越过这两位神仙。李找到孙，孙先是一笑，然后将他拉进里屋，说：“不瞒老弟，我也在作留大陆的准备。”（孙越琦后来确实留了下来，并一直服务于新中国。1996 年这位老人仍健在，据说已有 103 岁。）李春昱从孙家出来，已见半天明媚。后来他又到行将离开南京的翁文灏府上。当时，翁文灏十分感慨道："我被共产党列入战犯，名列第五位。不暂时避一避是不行了。"李问："难道先生要随蒋到台湾？"翁摇摇头，很灰心地："我在蒋手下干了那么多年，要说有点成就的话，也只有地质开矿，其他的事就不值得一谈，做官我也不是那块料。到那边一块小地方又没啥地质开矿的事干，其他的我已不感兴趣了。顺其自然吧！""先生，假若我们把调查所留下你有什么看法？"李与黄汲清一样，是翁文灏的得意门生和老部下，他认为在决定地质调查所前途与命运的此时此刻，征求这位导师和创始人是非常有必要的。不过李春昱心里也一直打鼓，万一老先生不同意咋办？翁文灏似乎看出了学生的心思，便十分明确地告诉他："你们不走是对的，做科学工作的，共产党来了不会有事的！"李春昱是含着热泪离开翁府的。

在人民解放军开进南京城的前夜，李春昱一面组织几位心腹到长沙租了几间房子并挂起了"中央地质调查所临时办公处"的牌子以掩人耳目，一面组织本所职工在南京昼夜巡逻，以防不测。1949年4月23日，南京解放，旧政府的中央地质调查所这个当时全国最大的地质机构完好地回到了人民手中。

1949年8月19日，尚未正式成立的中华人民共和国中央人民政府政务院财政委员会发出财经工字第一号令，将这个地质调查所划归财经委计划局领导。

1950年8月25日，中央人民政府成立新中国第一个地质工作机构——中国地质工作计划指导委员会。黄汲清、李春昱等原中央地质调查所的绝大多数工作人员都被任命为这个委员会的委员。1948年就出国，后一直留在英国，于1950年上半年回国不久的李四光坐上了该委员会的第一把交椅。副主任是尹赞勋和谢家荣。73岁的中国地质界元老章鸿钊被聘为顾问。

被列入"战犯"名单的翁文灏此刻流亡隐居在法国。半年后他在周恩来的关怀下回到祖国。因为翁在国民党政府的特殊地位，故在他回国之后没有再重新回到他心爱的地质事业。黄汲清曾向中央建议让翁当地质图书馆馆长之职，但没有得到同意。后翁一直从事统战工作，1954年12月，当选第二届全国政协委员。1956年任民革中央常务委员。1971年1月27日，病故北京，终年81岁。

1952年，地质部宣告成立。翁文灏的一大批弟子及他与章鸿钊、丁文江创建的地质调查所，都成了地质部的重要领导人和主要科研机构。不知是出于历史原因，还是后来的政治斗争因素，后来的中国地学界从此常常出现格格不入，甚至几度分道扬镳的局面。

据说某人让在保护中国地质力量的斗争中建立卓越功勋的李春昱去东北当地质矿产调查队队长时，这位一生容不得别人在他眼里掺沙子的著名科学家，当着领导的面把聘书扔在地上。这样的人在政治运动到来时，自然没有什么好果子吃。在“反右”时，李春昱也戴了顶右派帽子。“文革”中，他被发配到陕西白水县人民公社劳动改造。老先生很天真，以为要终老田畴了，便把夫妇俩补发的6300元钱一分不剩地捐给了公家。有人问起他何以出此义举时，他据实相告：“到地里干活，要那么多钱有啥用。放在身上也不安全嘛！”瞧，一个书卷气十足的老头儿。

书卷气十足的不仅仅是李春昱一个人。黄汲清是，“老夫子”章鸿钊是，被迫害至死的谢家荣、孟宪民是，还有我在本文中提到的或没有提到的其他诸多科学大师，他们几乎没有一个不是充满了旧时代的那种书卷气。其集中表现在，他们为人处世上的坦诚，追求事业上的执着，对待自我的严律，以及生活上的简朴廉洁。如果我们有机会走进这些大师中间，你就不难发现他们在这些方面所体现的道德风尚和人格力量，有太多催人泪下的故事和太多让你肃然起敬的地方。

我第一次踏进黄汲清大师的家采访，他的儿子将我领到里面的一间十多平方米的房子。屋子里有一张高低床，床的左边是一个 70 年代流行的那种黄里发红的三门柜，右边是一张普通的三屉写字桌。除此，还有放在床的下端贴墙处一个 50 年代流行的旧五屉柜和斜支在旮旯的一个放着不少书籍与资料的书架。开始我以为这是大师家一间闲置着的佣人小卧室，后来主人告诉我这就是大师的起居室。当时我很惊诧，怎么也不相信这是一位部长级待遇的大科学家、院士、全国政协常委住的地方。平日里我所看到的一般普通工人、干部的房间都绝不会是这种蹩脚的家具呀！

后来大师的小儿子说的另一些家常事更使我吃惊。他说，他父亲 90 岁生日（1994 年）时，来了一些亲朋好友，老头子很要面子，想找家烤鸭店请一顿饭。可老伴半天不吱声。黄汲清急了，问怎么回事？老伴告诉他手头就剩 200 多块钱，上一次馆子还不得千把块！黄汲清再也没有吭声。后来还是女儿和大儿子回来解了围：自己动手，在家里弄了一桌饭。大师的小儿子告诉我，他在美国工作还算可以，姐姐和哥哥家的生活并不算宽裕。父亲身边除了老伴，还有一个孙儿和保姆，平时家里来来往往的人也不少，而所有的开支全得靠当院士的父亲那份 1200 来元的工资。在 80 年代初，父亲的工资 600 来元，后来是 800 来元，那时还能对付。到 90 年代后，他的工资加院士补贴涨到 1200 元，可抠着花还是月月空。黄汲清有不少弟子，过去几十年里，只要到他家，就不客气，逢吃饭就坐下吃，吃了就抹抹嘴走人。可越到后来特别是到了近几年，他的弟子心里不好受：留下吃一顿就等于添恩师一份愁呀！在大师去世前两个多月的今年 1 月 12 日，他要出席在中南海隆重举行的“何梁何利奖”颁奖会。这是中国科技界的最高荣誉奖，颁奖者是李鹏总理。临出家门时，大师有些发愁，因为他找不到一件像样的衣服。后来，全中国和全世界人在电视新闻中看到的第一位走向颁奖台的黄汲清，穿的是一件黄里发白的旧羽绒大衣。这是儿媳在好几年前给他买的。100 万港币的奖金拿到手时，“何梁何利奖”出资人中的一位女士悄悄走过来对黄汲清说：“这钱不算多，老先生您拿着它享享福吧！”大师当时一笑，没有说话。转头回到单位，就把这 100 万元奖金拿了出来，设了一个“黄汲清地质学奖励基金”。

怀着对新社会和对共产党的那种渴望与敬佩的心情，投入到社会主义崭新时代的黄汲清等一批科学知识分子，他们对一些过去未曾经历的新事物，表现出了从未有过的陌生、不安和恐惧，那就是政治和阶级斗争。

李春昱、谢家荣（还可以列出一批知名人物），他们因为自己的性格敢说敢做，最后必然导致了不堪回首的命运。在我看来是他们都太不懂得政治。

在这场“反右”斗争中，地学界的大师们第一次真正领教了以阶级斗争为纲的政治斗争的残酷性。

黄汲清、谢家荣，还有李春昱等一大批著名科学家被划入“右”的一类，纷纷从政坛和科坛上落马。

之后，围绕谁是大庆油田真正发现者的名利之争开始。紧接着，便是“资产阶级反动阵营”和无产阶级革命阵营你死我活交锋的“文革”运动开始了。

作为“革命”学术权威的对立面的“反动的资产阶级学术权威”，此时已老的老，死的死，“溃不成兵”。黄汲清在此时此刻便被“光荣”地推举为这一阵营的统帅人物。他的地位、他的名望，尤其是他的大地构造理论，正好是从苏联引进的修正主义加资产阶级的洋货。他当这个角色在革命派看来，是再合适不过了。黄汲清的“运气”从此来了，他还没有来得及从大庆油田是谁发现的这团疑云中抬起头来，那轰头砸脑的天庭巨雷，如鼓点般地向他袭来……

他被打倒了，批臭了，扔进了地下狱室。后来又一脚踢出北京，遣送到江西峡江的一个农场。他不仅被剥夺了工作与科研的权利，而且连做人的基本尊严都没有。

那时大师已经65岁，精神和肉体的严重摧残，使他瘦得不像人样。

以黄汲清为代表的“资产阶级反动学术权威”和“资产阶级技术人员”，不是被打倒，就是被清理出地质队伍。

黄汲清所在的中国地质科学研究院的科研人员几乎全部被下放劳动。他的大地构造研究室等一批机构被撤销。

更严重的是，几代人苦心经营起来的中国地质教育单位由于设立和培养的都是“黄汲清资产阶级”式的专业课程而被停课、下放、撤销。现在的中国地质大学有两个校址，一个在北京，一个在武汉，就是在“文革”时，上面一声令下，把学校的教师、器材、研究机构统统赶出北京，先迁至湖南石门，后又移至湖北江陵，最后才迁到武汉市。一个拥有上万人的名牌大学，经得如此折腾，真可谓“文革”一大奇观。

地质队的状况更荒谬了。不管你过去和现在是干什么的，你都必须学习和反复学习地质力学。江西有个物探队的技术干部说我从事电测工作学地质力学干吗用？上面的人回答他：“地质力学是毛泽东哲学思想在地质领域的具体化，你不想用毛泽东思想指导工作，还想用黄汲清那一套资产阶级学术思想啊！”更为可笑的，有人竟将什么“地质工程师布钻孔，孔孔落空；老贫农布孔，孔孔见煤”一类话编成“经验”，在报刊上大吹特吹……

日月经天，江河行地。时光已经移至1971年。

1971年4月29日，北京医院急救手术室，一位虚弱的老人在被胸部剧烈的疼痛折磨中，缓缓抬起眼皮，想说什么，又没有说什么就闭上了双眼……一代名流李四光，他生命的最后一刻是在痛苦的手术台上度过的。

正本清源，两度上书邓小平；黄汲清一石掷海，激起千层漪澜。科学大会上，群英座序，一纸定终音……

黄汲清并没有想到自己能活着从江西“五七”干校的喂猪场回来。

1972 年春，当了四年“猪倌”的著名科学大师黄汲清回到北京。他与老伴在子女们搀扶下，摇摇晃晃地走出车站时，大师眯着双眼，嘴里不住地说着含糊不清的话语。

黄汲清回到北京的第一个窘境是，他连最起码的一个栖身地都几乎没有。1969 年离京时，他家尚有四间房子。可此次回京，只给安排在一间十几平方米的小屋。看来虽然“猪倌”不当了，但还是属于“牛鬼蛇神”一类。更使他不能容忍的是，他苦心经营并为中国地质事业做出了重要贡献的“大地构造研究室”也被无情地撤销了。

那段时间里，黄汲清一直处在极度的悲痛与忧郁之中。他觉得自己真正的老了，快死了。当年的恩师们都死了，当年一起跋山涉水周游世界的地质调查所的好友们也死的死，老的老，没几个中用了。自己是研究地球科学的，而现在虽然“猪倌”不当了，可依然要职务没职务，要工作没工作，要助手没助手……唉，人活到这个份上还有什么意义呢？有道是，人生七十古来稀。是啊，我也七十了，该去天堂见章、丁、翁还有李先生了。不算少了，比起谢家荣几位好友，自己不是还白捡了这七八年嘛！

大师愤然折回身，步子变得异常有力。他要活下去，直到可以痛痛快快彻彻底底把大庆油田的事说个明白为止！

他活了下来，活到了一声春雷平地起的粉碎“四人帮”的十月。

他活了下来，活到了拨乱反正，科学和知识得到尊重的春天。

“爸爸，告诉你一个好消息：小平同志终于出来了！”

“是吗？拿来我看看！快！”

黄汲清从儿子手中抢过报纸，他看着看着，热泪顿时像断了线的珠子一泄而不止……多少年的委屈，多少年的积忧，此刻一起涌上心头。

这一夜，大师翻来覆去睡不着。凌晨两点，他干脆爬了起来。他推开窗户，遥望明月当空的天际，心潮澎湃。他想了很多很多，是啊，国家遭受了那么多年的浩劫，百业待兴。可是中华要振兴，科技和知识最重要，而十多年来，在“四人帮”淫威下，科技界、知识界的一家独言，假大空现象太严重了；党的“双百”方针得不到恢复，广大科技人员和知识分子的积极性受到严重挫伤……所有这一切的一切，都应拨乱反正。

黄汲清想着想着，忍不住铺开一沓稿纸，向他尊敬和熟悉的老上级邓小平敞开了一位爱国科学家的心扉……

小儿子黄渝生告诉我，他父亲的这封信发出后，邓小平很快做了重要批示，特别强调了科技界（包括文化艺术界）一定要执行“双百”方针。这个批示尽管没有给黄本人传达，但后来在科技、文化、教育等知识界出现的万千新景象，特别是之后不久邓小平主持召开的全国科学大会，是多少与黄汲清的这封信有着关系的。

值得一提的是，黄汲清本人的问题，也在当时的副总理兼国家科委主任方毅和国家地质总局局长孙大光（总局后改为地质部、孙任部长）的亲自过问下，得到了彻底平反，并恢复了他在十几年前的中国地质科学院副院长之职，他的大地构造研究室也重新组建了起来。大师的一家老小终于结束鸡笼式的拥挤生活，搬进了三里河“部长楼”。

当时在邓小平、叶剑英等老一辈无产阶级革命家的直接领导和亲自关心、过问下，全国性的拨乱反正，使得“文革”和历史上遗留的许多重大问题得以正本清源。黄汲清是个急性子，他想到那么多年来关于大庆油田发现问题上的冤冤屈屈，是是非非，该到了向党和全国人民说个明白的时候了。于是就在1978年1月11日，再度向邓小平（因此信请方毅转交邓，故方也是收信之一）发出一信。这封信是我在行将完成此文时才得到的，又是大师生前的一个极其重要的珍贵文献，它里面不仅阐述了大庆油田发现的问题，而且牵涉对李四光及其地质力学理论的看法。在地学界至今仍盛传李四光和黄汲清是“老对头”一类的说法，为防讹传，故我在这里将黄给邓小平、方毅的信全文抄录下来，以供读者了解得更清楚些。特此说明一点：由于可以理解的历史原因，信中有四处写到“英明领袖 ×××”的字样，我把它略去了，其余的全文如下：

邓副主席：

方毅同志：

我在去年6月14日曾写信给邓副主席反映了地质系统长期以来不能贯彻落实毛主席的“双百”方针的实际情况，党的“十一大”之后不久就听说邓副主席对我的信做了重要批示，强调总而言之一定要执行“双百”方针。尽管邓副主席的批示至今没有向我传达，但是当我听到这一消息后，心情异常激动和兴奋。因为这不仅仅是对我个人信件的批示，而是代表了党对我国地质科学事业的巨大关怀和支持。此后不久，我的生活条件和工作条件有了改善，大地构造研究室正在着手恢复。我衷心感谢党、感谢邓副主席，只有打倒“四人帮”才能出现这种大好局面，我国地质科学事业才大有希望。我决不辜负党中央的殷切期望，我要为繁荣和发展我国地质科学事业，赶超世界先进水平贡献我晚年的全部精力。

但是，在给邓副主席的信中，我当时没有反映存在于地质界的一个重大问题，即我国东部的大油田（包括大庆、胜利、大港、长庆等油田）到底是怎么发现的。这主要是考虑到这个问题直接牵涉我个人的历史作用，而我不想为个人争荣誉，只希望在打倒“四人帮”之后，地质界能够贯彻执行党的“双百”方针，出现一个生气勃勃的局面，各地质学派能在平等的自由讨论中取长补短，共同提高，以利于地质科学的迅速发展。然而现在看来，不把这个问题反映出来，不说清楚，在地质界真正落实党的“双百”方针，充分调动地质战线广大人员的社会主义积极性是有很大困难的。叶副主席、邓副主席在党的“十一大”报告中一再号召我们恢复和发扬党的优良作风，反对弄虚作假、见风使舵、投机取巧；反对华而不实和任何虚夸；提倡实事求是，做老实人、说老实话、办老实事，作为一名科学工作者，我深感有责任响应党中央的号召，有责任把地质界的这个重大问题反映给您们。

我国东部几大油田普查工作是 1955 年初在当时地质部矿产普查委员会（简称“普委会”）的直接主持下开始进行的，当时我作为“普委会”的主要负责人之一，提出了把华北平原、松辽平原、鄂尔多斯盆地（即陕甘宁盆地）、四川盆地作为“普委会”找油的四大重点地区。

"普委会"采纳了我的建议，并很快做了部署，开展了工作。我的建议是根据"陆相生油"理论（这一理论是我国地质学家潘钟祥教授和我在40年代初期分别提出和发展起来的）和我的大地构造观点并结合我国多年来的地质工作实践而提出的。这一历史事实是"普委会"广大干部、技术人员都知道的。在此之后，我又编制了《中国含油气远景分区图》，把上述四大地区用橙红色明确圈出，并于1957年3月8日在全国石油普查会议上，配合这张大型挂图，做了题为《对我国含油气远景分区的初步意见》的学术报告。"普委会"及下属松辽普查大队经过1955、1956、1957年三年的工作，初步证实松辽平原存在有利于含油的地质构造。1958年4月17日在松辽平原达里巴村的南17井钻出油砂。之后在三十余口井见到油气显示，从而完全证实了松辽平原的含油远景（华北平原和其他地区在以后几年也相继被证实有含油远景）。不久前我查阅了1955年至1960年期间所有有关松辽平原石油普查工作报告和资料，确知它们都采用了我的地质构造理论和学派术语，而并无地质力学的理论和术语。这是无可争辩的事实。我谈这些并不是宣扬我个人，而是因为这一科学历史事实被篡改了。如果要谈功劳和贡献的话，那应该完全归功于党的正确领导，归功于"普委会"广大干部、职工的辛勤劳动。我个人只是完成了我应尽的责任。

"文化大革命"以来，就有讹传，说什么我国东部油田是根据李四光同志的地质力学理论而发现的。1974年10月17日《人民日报》等报纸刊登了新华社记者的《独立自主，高歌猛进》一文，首次错误地报道了这一讹传

（以后几年这种错误报道就多次出现）。考虑到这是作为我国一项重大科研成果加以报道的，为坚持科学的严肃性和正确性，我当时曾向有关科学部门负责同志反映了我的意见，但那时正值“四人帮”横行，我的反映是不可能得到任何结果的。

打倒“四人帮”，人民大解放，科技大解放。去年9月18日党中央正式发布了召开全国科学大会的通知。为迎接全国科学大会，上级要求上报建国以来的重要科学成果。我考虑到我国石油工作的发展是我国坚持独立自主、自力更生办工业、办科学的一个典型，是建国以来我国最重大的科学成果之一，是为中国人民争光，为社会主义祖国争气的极好事例，因此我把我在1957年做的学术报告《对我国含油气远景分区的初步意见》等材料上报给地质总局的科学大会筹备小组。对于我国寻找石油的真实经过也向地质总局的负责同志及有关科技部门的负责同志作了当面汇报。

但是长期以来在地质系统就有少数领导同志不执行“百家争鸣”方针，压制不同学术观点，在我国东部油田的发现上甚至弄虚作假，不顾事实地胡乱吹嘘。如果说这在“四人帮”猖獗的日子里还算情有可原，那么在“四人帮”已被粉碎一年多的今天再继续这样做就是犯罪。这里，不能不提到的是最近在《人民日报》（1977年10月24日）和《红旗》杂志（1977年第十一期）上分别刊登的以国家地质总局理论组名义发表的两篇文章：《毛泽东思想指引我们向地球开战》和《一面又红又专的旗帜》，在这两篇文章中除了继续坚持所谓用李四光同志的地质力学理论找到大庆等油田的不符事实的说法之外，又进一步制造了“李四光同志亲自指导这项工作”的谎言。我不知道他们这样说、这样做，到底拿得出什么样的证据。

面对这样一种情况，我的心情自然是沉重的。我现在已是身患疾病年过七旬的人了，痛感精力有限，何况还有其他很多工作等待我去做。但是作为一个社会主义中国的科学工作者，我只有坚持科学真理的义务，而没有容忍谎言的权利。每当我重温叶副主席、邓副主席及其他中央领导同志的讲话，每当我看到我国地质科学要发展要前进，每当我想到战斗在高山深谷的广大地质战士对自己的期望时，这种责任感就更加强烈，这种义务就不容推辞。因此今天我决心给您们写这封信。

对于地质界的这一重大问题，我的态度是：

第一，已故李四光同志早年追随孙中山先生，参加辛亥革命，在蒋匪帮执政期间他采取不合作态度，拒绝蒋匪的利诱；建国以来，他拥护共产党，热爱伟大领袖毛主席，加入了中国共产党，受到了毛主席和周总理的关怀和爱护。在地质科研中他持续不断地进行了五十余年的努力，有不少发明和创造，形成一家之言。在他担任地质部长期间，我国地质事业有了很大发展，尤其是地质部进行了大量的石油普查，为我国东部几大油田的勘探和开发铺平了道路。把李四光同志作为科学技术界一面又红又专的旗帜来树立是理所当然的。

第二，尽管我对李四光同志倡导的地质力学在某些观点和方法上有不同看法，尽管他的地质力学理论至今也并未得到国际地质界的承认和采用，我仍然认为地质力学作为一个中国人独创的学派和其他学派一样都应当积极发展。这种发展应该是以伟大领袖和导师毛主席提倡的“双百”方针为指导，在自由讨论中辩明是非并在实践中加以检验，相互取长补短、共同提高。那种把一种学派说成是绝对正确的，是辩证唯物主义的，把其他学派说成是绝对错误的，是唯心主义形而上学的做法本身就是违反辩证法的，是非常错误的。

第三，我国大庆等东部油田的普查和发展与地质力学的理论无关，这是事实。在这个问题上弄虚作假，对党的事业不利，对李四光同志本人也不利。据我所知，李四光同志本人生前并没有说过大庆油田是根据地质力学理论布置普查而发现的。敬爱的周总理和李富春副总理在第三届全国人民代表大会期间的报告中并没有把大庆油田的发现和地质力学理论联系在一起。特别是余秋里副总理在去年 7 月 13 日国家地质总局学大庆会议上，代表国务院所做的报告中把大庆油田的发现和树立李四光同志作为一面又红又专的旗帜非常明确地加以区分，这才是科学的正确态度。

最后，我殷切地希望党中央派人对我反映的上述问题进行全面的和客观的调查，做出公正的结论。我坚信在党中央领导下，这一问题一定会真相大白的。

此致

革命的敬礼

黄汲清

1978 年 1 月 11 日

信很快转到了邓小平手中。从日期看，中途除了必要的程序外，几乎是“一步登天”。黄汲清于 1 月 11 日把信写好后，当日让小儿子渝生抄清后签上自己的名字，第二天又由儿子陪着亲自送到国家科委请有关人士呈送方毅。15日方毅圈阅后，转呈“邓办”。18日，邓小平就见到了信，并做了重要批示：

> 如有可能，最好把问题了解和澄清一下。

邓的这个“批示”是批给当时主管计委和石油工业的余秋里、康世恩二位副总理的。

余秋里又将“批示”转批给袁宝华、康世恩、孙大光。

因为是地质部门的事，所以最后还是落到了当时的国家地质总局头上。孙大光对此极为重视，并责成有关方面按照邓小平的“批示”组织力量迅速调查了解。

最后这件事落实到了地质总局的石油组（即石油局）。

三个月之后的1978年5月27日，由石油组完成的一份《关于黄汲清同志向中央领导同志所反映问题的调查报告》，以国家地质总局名义，呈送给邓小平及有关领导。

我从地矿部档案室查阅了这份文件，上面的签发人不是孙大光。

这份出自“石油组”的《调查报告》，用黄汲清自己的话说是“批判了我的信件的某些内容”，也就是说是有针对性地对黄给邓小平的信进行了反驳。

我看后的感觉是，不管是当时的地质总局领导还是石油组的人，对办这件事是非常认真的，但其指导思想至少在情绪上多少是与黄的信有一定程度的对立。譬如，黄给邓的信中，一开头就提及了“曾写信给邓副主席反映了地质系统长期以来不能贯彻落实毛主席的‘双百’方针的实际情况”，这顶大帽子戴在谁的头上都不是好受的，尤其是在地质总局的领导人看来。因此，《调查报告》对黄的这一类问题上的看法作了针锋相对的回应，说了“在地质部门的石油地质工作中，有一个好的传统，就是尊重各派学术观点，发扬技术民主，提倡百家争鸣，吸取各家之长，指导实际工作。基层的同志叫做多路探索，殊途同归”一类的话。其实，黄汲清向邓的信中指出的地质系统在学术上的那种不正常现象，是指的“文革”以来的状况，这是事实。

还有一个例子能说明一些问题。1969 年，周恩来总理接见地质部的代表时问北京地质学院的张振国，你们教的是哪一套东西？张回答说：是黄汲清那一套。周问，黄汲清是哪一套？张回答说：是苏联那一套。周就说，你们为什么不教李四光同志“那一套”？周恩来与毛泽东一样，对李四光是很看重和尊敬的，我理解他说这话的意思是“李四光同志是有创造性的”（周原话——笔者注），作为中国的地质教育机构，应该好好学习和继承。周在这里提倡教李四光的“那一套”，并没有说不能教黄汲清的“那一套”，但下面的人听了就不是这个意思了。之后，地学界便出现了全面否定黄汲清的“那一套”，而抬出李四光“那一套”的现象。这种风气一直延至 80 年代初期。由于受到“左”的影响，“文革”开始后，黄汲清的“那一套”便当作了“苏联那一套”。“文革”时批修正主义为核心，黄汲清是“苏联那一套”，这等于宣布了他的学术生涯及他政治生涯的死刑。显然这已不是所谓的学术民主和百家争鸣了。其实，黄汲清的“那一套”除了他继承传统的地质理论外，更多的是他把这种优秀的传统地质理论，运用到了中国的地学实际情况的科学产物。据我所知，他的那部被中国乃至国际地学界几十年来一直视为“经典”之作的《中国主要地质构造单位》，就是突出的例子。对此，另一名著名地质学家尹赞勋有过比较客观和公正的评价。尹在 80 多高龄时曾感慨地说：“每每想起 1945 年黄汲清‘拿来’当时西方构造地质的精神，处处融合国内材料的杰作，不禁感愧交加，感的是他拿来宝物用于中国，有发展，有创见；愧的是我未能步其后尘，缺乏结合中国实际的创见”(见尹回忆录《往事漫忆》第126页)。任何一门科学学说，总是在前人的基础上加以发展与发扬才创立的。

“文革”之后的相当长历史时期内，地学系统的非“百家争鸣”局面不是没有，而是非常严重，这是毋庸争辩的历史事实。

实事求是地讲，在1978年全国拨乱反正尚未结束，十几年来“左”的思潮在一些部门、一些领导人的头脑中还相当严重的年代，国家地质总局的这份《调查报告》已是比较进步的了。然而，它并没有完成邓小平要“澄清”的指示精神，大庆油田的发现仍然是一个尚未解开的谜。地学界的“左”和“神”的影响仍很严重。

75岁高龄的黄汲清于1978年再度当选第32届中国地质学会理事长，又一次成为中国地学界领袖人物。如果说40年前，年仅35岁的黄汲清被地学界推举为第15届中国地质学会理事长是因为他的卓越才华的话，那么40年后的今天，当他再度当选这个享有国际声誉的中国地质学会理事长，则是对他从“反右”到“文革”以来的20多年中所遭受的不公正待遇给予历史的反正。像黄汲清这样在相隔近半个世纪的两个时代，两度获得如此殊荣，在中国科学界绝无仅有。同年，他又当选第五届全国政协常委。10月份，他代表中国地学界赴纽约出席美国联邦地调局成立一百周年纪念会。在与国内外地学界同人的交流与接触中，他越来越感到中国科技界知识界受“左”的影响太深太深，如果一些因“文革”而树起来的科学事业上的“神话”与“旗帜”得不到公正的解决，中国的科技事业就不能向前很好地推进。于是，这年11月14日，他在“思想再解放一点，胆子再大一点”的激励下，在全国科协召开的第一届全国会员代表大会第二次（扩大）会议上，围绕“双百”方针和大庆油田发现问题，首次在公开场合放了一颗震动当时整个科技界的“原子弹”——

主席、各位委员、各位同志：

……

今天原想讲两个问题，第一个想讲四个现代化的问题，第二个是关于“双百”方针的问题，因为下面发言很多，不愿意多占同志们的宝贵时间，想集中时间讲第二个问题，那就是关于贯彻“双百”方针的问题，是百家争鸣的问题。我是学地质并搞地质工作的，我们地质部门从前叫做地质部，现在改为国家地质总局。在学术方面一向有两种不同的学派，一个是以前部长，已故的李四光同志为代表，他所创立的地质力学派；另一派是我们所提出的大地构造派。之所以称两个学派，主要是由于李四光同志著了一本《中国地质》的书，翻译成俄文。我写了一本《中国的大地构造》的书，也翻译成俄文，这在苏联专家中有相当的影响。我们大地构造学派，理论基础也不过是欧洲的、美国的地槽学说的基础，没有什么新的基础。不过，1945 年特别在解放以后，总结了中国的和国外的大地构造特点，提出来一个新的概念，叫做多旋回构造运动的概念。所以我们这个学派也叫做“多旋回”学派。去年《人民日报》上面有一篇小文章也谈到这个问题。

60 年代以来，中国科学院地质研究所张文佑同志吸收了地质力学中的新内容，增加了力学分析范围概况，提出了断块构造这个概念。中国矿业学院的陈国达教授，又把苏联早先提出的地台活化学说发展一步，提出了地洼说这个概念。在七十年代初，由于我们中科院的尹赞勋同志首先给我们介绍外国的所谓板块学说，于是乎板块学说在我们国家流行起来啦。所以，我们地质界出现了四个、五个，至少三个不同的学派，这是一件好事。不是毛主席提倡百花齐放百家争鸣吗？出现不同学派，正是毛主席百家争鸣的基础。

李四光同志生前自己也认为他的地质力学并不是十全十美的，还应该进一步得到发展，在他很多的讲话里也都谈到了。李四光同志在哲学上是进步的、在学术上成就是非常大的，这是大家所公认的，把他作为又红又专的旗帜来树立，我认为是正确的。但是，在他去世以后，特别是1974年《人民日报》发表了一篇文章，题目叫做《独立自主，高歌猛进》，这篇文章把地质力学吹捧得天花乱坠。从那以后，许多报纸杂志就不断地对地质力学大吹大捧，把它捧到吓人的高度，好像这个学派、这个学说可以解决地质矿藏上的重大问题，似乎很多问题都解决啦。就这样用行政命令在全国范围内推广地质力学。比方简单说一个例子：让各省、市、自治区的地质队写报告的时候，都必须用地质力学观点来写，否则，就不予验收。还让各大区地质研究所都成立一个地质力学研究室，并在各省开办了地质力学讲习班、训练班等等，每次都有好几百人参加。在另一方面，他们又利用行政命令压制不同学派。例如有一个地质学的老专家，他多年搞板块构造的研究，并且也列入了计划，所里领导支持他，派了六个年轻干部和他一起工作，这是个好事嘛。但不久，就被停止活动，这六个人就给送走啦、解散啦，就不搞板块构造啦，他本人的项目就给取消了。我自己在“文化大革命”运动以前主持一个大地构造的研究室有二十多个人员参加工作，但是，在1972年以后，研究室就取消啦，撤销啦。人员分到其他地方去，有一部分合并到地质力学所。我自己成了光杆司令啦！

会场上一片哄笑声。

我在1974年，提出一个研究题目，叫做“中国东部的构造岩浆情况的研究”，着眼在找铁矿、铜矿。题目1974年提出来，一直到现在还没有落实下来，最近才有一个人来参加这个工作，工作一直搞不上去。甚至有人把不同学派的争论，提高到哲学的高度看，说地质力学是土生土长的，是辩证唯物主义的，是最适合马克思主义的，其他学派是洋框框、洋教条，或者是唯心主义的。更有甚者，有的人在某些场合宣称，推行不推行地质力学，不是学术问题，是立场问题。这种把科学和哲学，把科学和政治交织在一起的做法，已经搞了相当的时间了。

据我了解，下面基层的地质干部、地质部门有好几万人，引起了很多的反响。但是，因为他们年轻，对地质力学从来不敢说一个“不”字，这样大胆地做这些事情，明目张胆地违背“双百”方针，原因是有的人认为地质力学解决了许多重大的矿产发现问题、找矿的实际问题，认为许多矿产是用地质力学的观点、方法找到的，就是说，地质力学这个学说已经完全在实践中证明了。实践是检验真理的标准嘛！地质力学已经检验过了，不成问题了，其中最突出的就是说，地质力学的理论对中国找石油起了作用，大庆油田、大港油田找到了，都是利用地质力学的观点方法找到的，这就是地质力学最突出的优点。现在让我们看一看事实。

黄汲清端起茶杯喝水，会场一片寂静，因而他放下茶杯时，声音从麦克风中传出后显得特别大。

我对这个问题从1974年《人民日报》发表文章以后，进行了四年的调查研究，这个研究是秘密进行的，不敢也不能公开进行。松辽平原就是大庆了，华北平原，就是后来的大港、胜利油田，它的石油普查工作是怎么来的呢？是过去的地质部普查委员会在1955年春天布置下来的，那时普查委员会的技术负责人是已故的谢家荣先生同我本人，如果松辽平原的大庆、华北平原的大港、胜利油田的普查布置是地质力学理论方法布置的，为什么我这个技术负责人却一点也不知道呢？所以发表的文章念了以后，我就很奇怪了，大吃一惊，所以就进行了调查。四年的调查内容很多，在这里不能一样一样地说了，要说一个钟头也说不完，只把主要的几点说一说。第一点，我曾经到地质部资料馆（全国的地质矿产资料集中在资料馆）查阅石油普查的报告、案卷。1955、1956、1957、1958、1959、1960年，这些年终报告、总结报告，我都把它详细地阅读了一遍，其中哪个报告也没有提到一句地质力学的问题。我们知道地质力学有它特殊的名词，华夏系啊、新华夏系啊、东西复杂结构带啊、全线构造啊、山字形等等，外国是没有的。如果他们采用了地质力学的理论，怎么一句话都没有提呢？再看，对松辽平原进行了很多的物探、地球物理探矿吧，像航空磁测、重力啊，还有地质剖面等等的报告，我也看了，也没有一句提到地质力学的方法和运用的问题，这是一点。第二点，华北平原、大港油田加上胜利油田，它的普查报告我也是一年一年的都看了都阅读了，1955、1956、1957、1958、1959、1960 年的报告，我同样详细阅读了，也找不到一句提到地质力学的理论或者方法，同样华北平原的物探资料、航空磁测、重力，我也大部分都阅读了，也没有一个报告提出地质力学是他们主持工作的基础，这是第二点。第三点，我们过去作石油普查以后，在松辽平原的石油普查大队的技术负责人（名字叫韩景行，工程师，这个人现在新乡工作），我曾经当面问他：你搞的那点普查，你曾经用地质力学的观点、方法没有啊？他说，没有。还有第四点，我也问过华北大队的石油普查的技术负责人（叫孙万全，此人现在南京），问他主持普查的时候是不是用了地质力学的观点、方法等等？他说，没有。从刚才举的人证物证来看，可以得出结论说，大庆、大港、胜利油田的发现与地质力学完全无关！这恐怕是铁的事实！

会场上，有人热烈鼓掌。

……“四人帮”横行期间啊，弄虚作假的作风，弄虚做假的歪风，是十分盛行的了。否定一切与肯定一切的作风啊也很盛行。我们地质部门看来受到这个歪风的影响，这个歪风的袭击，这不是个别人的问题。今后，我们一定要遵照党中央、邓副主席多次强调的实事求是的精神办事，真就是真，假就是假，把三老四严这样的精神贯彻下去，特别是在地质科学方面，更不用说了。科学就是求真理嘛！实事求是的精神在我们是一天也不可缺少的。一定要把弄虚作假这个歪风压下去。

又一次热烈鼓掌。主席台上科协代主席周培元的鼓掌尤为引人注目。黄汲清直了直身子，继续发言：

现在我在这儿提出我的希望，也就是两个意见吧。第一，今后是不是不要在报纸或杂志上面吹嘘地质力学的理论发现了中国东部的大油田，不要再这么吹嘘了。第二，今后，地质力学这是一个学派了，应该让它发展，这是不成问题的。但是其他的学派、理论是要和地质力学一样，同样有机会发展，这样提要求是合理的。

我刚才谈的问题，不光是地质界的问题，也不光是“双百”方针的问题，而是关系到中国的地质科学如何能够更好地成长和发展的问题，广大地质工作人员如何把自己的能力和潜力完全发挥出来，更好地为地质工作服务的问题，带动整个科技界的“双百”方针的问题。这件事情我觉得是个大问题，是个重大问题，不是一个小问题，绝不是一个两个人的斗争问题。

我诚恳地希望，全国科协能够组织一个调查小组，把我上面讲的问题，切实调查一下，认真地调查一番，搞个水落石出，是比较合适的，恐怕还是必要的。我今天的发言，自己认为胆子是相当大了，恐怕错误是很多的，请同志们批评。

……

黄汲清离开讲台时，全场的掌声持续了几十秒。不过，也确实有一部分人没有鼓掌。他们是谁，黄汲清清楚，代表们也清楚。

读者看到此处，一定会有些烦我引用大师的原文、原话太多了。不过我认为没有加进任何色素的“原汁原料”，比我用文学语言来叙述要好得多。因为这是历史的真实，而复杂的历史是不应该去着意雕琢和加工的。十五六年后的今天，我们再看黄汲清的这个发言，似乎并不觉得有“火药味”，然而在粉碎“四人帮”不久的1978年、1979年时，他的发言在科技界尤其是在地学界所产生的反响简直难以用语言来表述。因为黄汲清说了别人一直想说又一直没敢说的话。

1981年，新时期中国科学史上的重要里程碑——全国科学大会在北京隆重召开。此次会议既是对“文革”十几年来的拨乱反正，又是表明党的中心工作转移到社会主义现代化经济建设，科技作为第一生产力被提到振兴民族、实现四化的保证这一划时代的高度。会议之后，国家科委做出了向建国以来科技领域的重大发明、发现成果进行表彰的决定。这是新中国成立之后我国科技界的一件大事，也是广大科技人员接受党和人民对自己的成果进行一次意义深远的大检阅。

为了做好此次牵涉面大、非同凡响的表彰活动，组织者根据邓小平和中共中央的意见，坚持一定要使表彰有实质性，即谁搞的就是谁的，不能像以往那些都是“毛泽东思想的伟大胜利”之类与发明人、发现人不着边际的结果。

这是新中国历史上最大的一次评比。功名在此一举，必须尊重历史，尊重事实，活着的和死去的人都有份，谁都不要亏了谁，谁都别想压谁。中央最高领导层对此次“大评比”，一再这样强调。

说说容易，可具体操作起来就难多了。要不然科委也不会让大科学家、中国科学院副院长钱三强来具体主持这项工作！钱三强很快发现，这项工作并不比他与同事搞导弹、原子弹轻松多少。

大庆油田的发现就让他挠头。

根据科委发出的通知精神，凡是参与发现、发明成果的人都可以申报。这一申报就搅成了一锅粥。为啥？因为地球科学不像其他搞原子弹、氢弹等发明创造人，张三李四干的一清二楚。地球科学常常是一种理论，一种预见，一种从一块标本、一张图纸再转化为学术报告的“玄学”。谁是发现大庆油田的功臣，唯一可断定的无非是两种人，一种是提出找油的理论，一种是在实地工作的。第二种人好确定，像韩景行那样。而第一种人就太复杂了，过去几十年一直说的是李四光用他的地质力学找到了大庆油田，那么到底是怎么回事呢？

钱三强有些招架不住了，因为在关于谁是第一个或者谁在发现大庆油田的地质科学上起到关键与决定性作用的问题上，他收到的“申请”报告就有几十份。

黄汲清开始并没有申报，后来听说这种情况后，他觉得自己作为历史的见证人和发现大庆油田的早期地质普查勘探工作的主要组织者，非常有必要站出来把事情澄清。于是他在同事们的鼓励下，向科委呈上了自己的申请报告。

好在发现大庆油田时的许多当事人还健在，对某些人的抢功行为很快得出了结论。最后的焦点又一次集中在李四光及他的地质力学问题上。

地质力学与发现大庆油田到底有没有关系？钱三强亲自上门征求黄汲清的意见。

黄汲清还是坚持自己的意见：无关。他拿出几年来为调查清这件事而与李奔、吕华等几位重要当事人的谈话与书信材料，结论仍然是：大庆油田的发现与地质力学理论毫无关系。

为了慎重起见，科委相继召集各方有关人士，先后进行了四五次座谈会，本着知无不言、言无不尽的精神和摆事实讲道理的方法，到最后，支持黄汲清意见的占了多数。

紧接着就是一个根本问题了：李四光在发现大庆油田上到底有没有功劳？有人说：既然他的地质力学理论与发现油田无关，那么他就不该列名上榜！

大家的目光集中到了黄汲清身上。这是因为：其一黄汲清是坚持认为地质力学与发现大庆油田无关的代表者；其二黄汲清是唯一还健在的当时决策向松辽平原布置普查任务的领导者与组织者；其三他是地学界最高权威人士。他的意见无疑起决定性作用。

钱三强再次上门走访黄汲清，同时也请他到评审会上发表自己的意见。

黄汲清终于发言了，他的发言大出人们所料：过去我在不同场合，都不止一次说到李四光同志的地质力学理论与发现大庆油田无关，这是一个学术问题，也是历史事实。但今天我们评议的是哪一位科学家对某一项发明、发现成果做出的贡献。如果论贡献，李四光同志作为一名科学家，同时又作为当时主持地质部工作的领导者，他对发现和开发大庆油田的贡献，是卓著和巨大的，是我们谁都不能而且也是无法抹杀的！

“鼓掌，鼓掌啊！”钱三强激动地站起来对大家说，然后他走到黄汲清面前，紧紧地握住大师的手不放：“谢谢！谢谢您。”

这是一个激动人心的结局，这是一个让人心服口服的结局。

很快，国家科委对“大庆油田发现过程中的地球科学工作”这一项目中做出重大贡献的科学家们进行了排名。

这不是一个普通的名单排序，这是党、人民和历史给予那些在20世纪中国科技界最伟大的发现之一——大庆油田的发现中做出贡献的，让子孙万代永远铭记的科学家的表彰，他们是：

李四光、黄汲清、谢家荣、韩景行、朱大绶、吕华、王懋基、朱夏、关士聪（地质矿产部）、张文昭、杨继良、钟其权、翁文波、余伯良、邱中键、田在艺、胡朝元、赵声振、李德生（石油工业部）、张文佑、侯德封、顾功叙、顾知微（中国科学院）

1982年7月，国家科委举行隆重的颁奖仪式，黄汲清大师作为这个项目的“一等奖”获得者代表走上主席台，从党和国家领导人手中接过金光闪耀的证书还有每人50元奖金。

许多人从大师的眼里看到那久溢欲出的晶莹的泪珠……

是啊，这场中国科技史上最大、最旷日持久的争议总算有了一个较为圆满的结果。过去的一切恩恩怨怨都该结束了！

是的，过去的该结束了！明天，还有新的油田、新的伟大事业在等待着！

结束语　关于高山与大海

跟读者感觉一样，当我写到此处，已是几分疲倦。尽管我已把有关大庆油田发现的问题所要说的话差不离都说了，然而我似乎感觉还有些什么留在心头没全倒出来。

这时女儿拿着作业本，突然跑到我桌前问道："爸爸，你说高山和大海哪个好？你更喜欢哪一个？"

我一愣，想了想，告诉她："高山和大海都好，我都喜欢。"

"不行不行，只能说一个。"女儿娇嗔地要我"站定立场"，否则她不依。

这把我难住了，并且一连几天，我始终没能为女儿的问题琢磨出满意的答案。后来我才发现，高山和大海本来就各有其壮美，各具其雄浑，如果排除个人之钟爱、感情之偏好，对它们是难以断然论之的，他们都是自然界的阴阳大造化。

高山和大海媾和时，诞生了大自然的和谐之美。

高山和大海分离时，展示出大自然的独尊之美。

其实，即使高山和大海在撞击时，也还是那巨浪滔天、惊涛裂岸的激动人心的壮伟。

由高山和大海，我联想到了李四光和黄汲清二位大师。他俩不正像一个高山，一个大海嘛！

是的，为了这部作品，我用了数万字如实记述了黄汲清作为当年发现大庆油田的地质科学工作的主要组织者和领导者的历史作用与曲折经历，有人或许会误解我是在全盘否定李四光以及他的地质力学理论。倘若这样认为，那实在又是一个天大的谬误。

关于发现大庆油田问题而生发出的谬误已经害了不少人，我想再不能用更多谬误去冤及他人了。

历史已经进入了20世纪尾声，无论是李四光，还是黄汲清——应当说明，这样的“对立面”90%以上的原因是“文革”制造出来的。后人都应当从先人们在昨天的“名利场”上所经历的一幕幕无论是可歌、还是可泣的大悲大喜的“剧情”中，汲取更多一点的深思与反思。

如果高山能谦让一些，大海会把苦涩留给自己，而通过云霭与雷电为高山送去甘霖；同样，一旦高山变得温驯之后，它也会通过江与河，把涓涓清流还给大海。这正是大自然的令人心旌激荡的天造地设之壮观！

在我们的科学与知识界之间，其实要能像大自然那样，彼此多一点宽容、理解，少一点欺诈与投机，这比什么都重要。

在学术上，在科学的发明与创造中，那种门户之见、一家独尊，为了抬高自己而排斥、打击，甚至毁灭别人的时代，已经不再属于今天！因而在现在，我们更应当用实事求是的冷静态度，去看待一些历史问题，其目的依然是为了明天和未来不再重蹈覆辙。

就像我要继续赞美黄汲清大师在听说大庆油田采油出现不稳产时，不顾80多岁高龄，再度亲临松辽大地为油田指明深度开采方向的献身精神，和他在生命的最后一刻仍心系塔里木油田一样，我同样要赞美李四光作为20世纪杰出的地质大师所做出的不可磨灭的科学贡献——这与指出他在政治运动与“阶级斗争为纲”的年代里那些令人遗憾的行为并不矛盾。

为了写好此文，我专门请教的几位了解李四光学术的先生给我讲述他的成就——

20年代，年轻的大师只身下江南，发现庐山“第四系冰川”，轰动海内外；

40年代，成熟的大师独擎“地质力学”大旗，纵说地壳运动新建树，倾倒国际地质论坛；

60年代，高龄的大师面对天崩地裂的自然灾害，气壮山河地预言：“地震是可以预报的！”

……仅仅这些，我听后就心潮涌动，敬佩之极！

我特别感到欣慰的是，黄汲清身后相当多的弟子与我的感觉一样，他们对李四光及李四光的学术理论也由衷地尊敬。这使我浮想联翩——作为李四光的弟子们，是否也应当摒弃以往或现存的那些成见，以诚恳和求实的态度，向另一位地质大师黄汲清先生的学术思想吸取些营养和学习些他的人格精神呢！

倘若是这样，当这篇作品杀青之时，我的心中便可得到一些慰藉。

最后，我借用一位地质诗人的《山海篇》诗句来结束本文：

我在喜玛拉雅山考察，
拣到了五彩的贝壳；
我在东海里钻井，
取出了古兽的骨骼。

山海易位，是如此无情却又合理，
有抗争，有嫉妒，更有合作……
做海时，时时刻刻和鱼儿休戚与共，
为山时，给草木以土壤开花结果。

呵，贝壳兽骨给我以什么启示，
难道只能由地质学家解说？

我请晋升和下降者都来回答，

怎样接受客观需要的严峻选择……

注：本作《科学大师的名利场》发表于1995年。在此次出版时，对原稿进行了重要删改，特此说明。

出版说明

何建明先生是中国文坛著名作家，长年坚守在报告文学一线。“非典”、汶川地震、天津大爆炸、利比亚撤侨等重大事件发生时，何建明先生都尽可能出现在第一时间、第一现场，将第一手材料及时地呈现给读者，将中国故事讲深、讲透、讲生动、讲精彩。他强烈的责任感和使命感让人感动，其直面真相、忠于现实的精神令人钦佩，是中国当代报告文学界极有影响力的领军人物。

有感于斯，我社特收录何建明先生近40年创作的报告文学作品，结集为《何建明文集》三十卷出版。这些作品是对时代、社会、自然和人文的记录、呈现与见证，是作者响应时代的召唤，置小我于大我之中，循着时代背景和社会需求而创作的，完整、真实地表现了社会各个层面人物的喜怒哀乐，代表了当代中国纪实文学、非虚构创作的高峰水平，大气磅礴、激情豪迈，极具胸怀和气量。其中多部作品获得鲁迅文学奖、国家图书奖、“五个一工程”奖、徐迟报告文学奖等。

每个时代都有自己的特征，每部作品都有自己的特点。为了全面展示何建明先生历时40年创作内容、使用语言和文学风格的变化，本文集对何先生已发表的所有作品原则上不做修饰和润色，除特殊情况外也不做大的删节和修改，以保证今天的结集出版，仍不失当年作品的激情和味道。